JOURNALISM &
COMMUNICATION STUDIES:
Category and Paradigm

新闻传播研究：范畴与范式

◎ 刘立刚／著

中央民族大学出版社
China Minzu University Press

图书在版编目（CIP）数据

新闻传播研究：范畴与范式/刘立刚著. —北京：中央民族大学出版社，2013.10
ISBN 978-7-5660-0531-1

Ⅰ.①新… Ⅱ.①刘… Ⅲ.①新闻学—传播学—研究 Ⅳ.①G210

中国版本图书馆 CIP 数据核字（2013）第 250268 号

新闻传播研究：范畴与范式

作　　者	刘立刚
责任编辑	满福玺
封面设计	布拉格
出 版 者	中央民族大学出版社
	北京市海淀区中关村南大街27号　邮编：100081
	电话：68472815（发行部）　传真：68932751（发行部）
	68932218（总编室）　　　68932447（办公室）
发 行 者	全国各地新华书店
印 刷 厂	北京市宏伟双华印刷有限公司
开　　本	880×1230（毫米）　1/32　印张：19.75
字　　数	275千字
版　　次	2013年10月第1版　2013年10月第1次印刷
书　　号	ISBN 978-7-5660-0531-1
定　　价	58.00元

版权所有　翻印必究

序

　　新闻学的理论创新一直困扰着学术界。总体上看，现有新闻理论体系存在诸如理论体系的开放性不足、重经验论证而轻学理分析等方面的问题。正是由于这些问题，在逻辑、历史地解释新闻现象和新闻媒介的发展历史以及新闻事业与社会变迁之间的复杂互动时，新闻理论常常力不从心，不能体现其在解释实践方面的彻底性。同时，由于缺乏问题意识和学术上的自我革新能力，新闻理论不能从容地和日新月异的新闻传播实践对话，新媒体传播实践的突飞猛进，更使原有的新闻学研究体系和理论建构遇到了空前的挑战。在这样的传媒生态和学术背景下，不断尝试以新的视角、新的方法寻求新闻理论研究的突破，成为新世纪以来新闻学界的一道风景。

　　按照现行的学科建制，新闻学是新闻传播学下面的二级学科，与传播学并列，但很显然，从逻辑关系上看新闻学实际上是指新闻传播学。新闻是传播的结果，新闻生产的所有奥秘都隐含在传播关系、传播过程之中，可以说，无传播则无新闻。只不过，和其他的传播方式相比，新闻传播有自己独特的传播理念与传播方式，传播的效果更加强大、隐蔽而持久。因此，新闻学的建构必须置于传播这个关系框架中，这样，新闻理论的研究才有可能找到新的出发点。从这个意义上说，本书是对现有新闻理论研究体系的一种整体反思，作者以新闻传播结构、传播关系以及媒介生产的逻辑作为分析的起点，考察新闻生产和新闻传播的学术研究路径，从新闻传播过程中的基本矛盾入手，确立新闻传播研究的基本范畴，进而利用新闻学和传播学丰富的学术研究资源，以象征性符号系统生产中的权力生产为主线，全面梳理、论证了新闻传播研究的三个范式和流派。作者对这些基本范畴和研究范式的论证与确立，为新闻传播学方法创新提供了一种可能性和思考的资源。尤其值得赞许的是，作者没有拘囿于传统的研究定论和思维惯性，而是大胆地将各个学术流派的研究成果为我所用，重新思考、归类，紧紧围绕新闻传播中的基本问题和权力生产，展开学术思索与探讨，体现了对新闻传播学的深层次思考。

  在对各种学术资源和研究成果进行梳理的同时，本书将新闻传播放置于更广阔的社会关系背景中去思考。法国社会学家布尔迪厄曾说过，语言交换过程就是象征性权力的生产过程。或许我们可以更进一步说，象征性权力的生产实际上也是现实社会关系的再生产和再调整。这样一来，新闻生产和新闻传播过程同样可以看作是权力的生产和调节过程，由此，葛兰西的"文化霸权"理论和哈贝马斯关于"市民社会"的构想，在新闻的生产和传播的过程中，就有可能获得实证性的阐释。

  这本专著是刘立刚副教授在他的博士论文的基础上修改、补充完成的。还记得在博士论文的写作过程中，他经受了痛苦的煎熬，时常陷入山穷水尽、推倒重来的境地。好在他还是完成了自己的这次思想之旅。作为导师和同行，我期待他以此书作为新闻传播研究的新起点，孜孜以求，大胆探索，有更多的研究成果问世。

  是为序。

中国传媒大学传播研究院院长、教授
全国新闻学研究会常务副会长
雷跃捷
2013 年 10 月于北京

前　言

　　新闻是意识形态栖身和抗争的场域，在这个场域中，各种资本包括政治资本、经济资本、文化资本和象征性资本或强横或含蓄地展示着自身的存在和存在方式。透过新闻传播场域对权力的生成和运作进行考察，我们发现新闻学的研究范畴和研究范式逻辑地、现实地展现出来，这为争取新闻学的话语权和提高新闻学研究的理论自觉提供了可能性。

　　一门科学，倘若没有取得共识的话语规范、研究旨趣、研究对象和研究方法，或者表明这门科学依然处于前科学时期，或者表明它陷入了范式危机时期。目前，国内新闻学的研究和学习者阵容庞大，看表象新闻学似乎已经成为显学，而另一方面，"新闻无学论"依然被很多人认同，甚至有业内研究者也在苦恼于新闻的无学。这些都说明，新闻学必须尽快确立自己的研究旨趣、学科定位和研究方法。为此，本书试图跳出新闻学研究中自己说明自己、自己论证自己的圈圈，从对权力的分析入手，全面考察新闻传播过程中权力的存在形式和权力来源，并以此为立足点建构新闻学的研究范畴，即新闻与事实、新闻传播者与新闻接受者、控制与自由；提出新闻学的研究范式，即以传播者意图实现为中心的影响—控制研究、以意义生产为中心的文化—话语研究、以媒介为中心的控制—自由研究，以供研究者批评。本书的主要内容如下。

　　绪论部分主要分析新闻学研究中存在的三个困境：新闻学和新闻传播学的学术关系与通行的学科关系的矛盾；新闻传播的特殊规定性在哪里寻找；新闻学理论体系创新的突破口如何选择。随后，根据目前新闻学研究存在的问题，提出了理论创新的途径和方法，并对本书所涉及的核心概念进行了学术梳理。

第一章，首先介绍了三种和新闻传播相关的权力观——作为控制力和影响力的权力、作为协商和同意的权力、作为反抗和抵抗的权力，并分析了新闻传播中的权力来源，即文本生产权力、关系生产权力、技术生产权力。之后，提出了新闻传播是权力争夺的场域这一观点。在这一部分，笔者借助布尔迪厄的场域理论和福柯的权力理论，分析了新闻传播场域中的权力存在和权力运行。最后一节，对社会化媒体出现后带来的权力重构进行了分析。

第二章的任务是提出新闻学研究的三个基本范畴，并对这三个基本范畴进行理论论证和学术梳理。新闻与事实这对范畴强调的是新闻是事实的建构、意义的赋予，而不是客观事实本身，进而对客观性问题进行了反思。在新闻传播者和新闻接受者这对范畴中，重点关注的是传播者与受众关系的变化与调整。在自由与控制部分，则重点介绍了媒介的控制与反控制。

第三章借鉴托马斯·库恩的范式理论，讨论了新闻学确立自身范式的必要性和可能性，提出了新闻学研究范式确立的原则。本章的重点是提出了新闻学研究的三种范式，即以传播者意图实现为中心的影响—控制研究、以意义生产为中心的文化—话语研究、以媒介为中心的控制—自由研究，并对三种范式进行了简单说明。

第四章主要是对以传播者意图实现为中心的影响—控制研究进行学术梳理和理论论证，对影响—控制研究的理论流派进行介绍，并对影响控制研究范式的演变进行梳理。在这个基础上，重新考察了新闻学研究中的两个基本问题——新闻与宣传的关系、新闻与舆论的关系。

第五章考察以意义生产为中心的文化—话语研究这一范式的学术渊源和学术流变，重点介绍、分析的内容包括：文化研究中的"意义"发现，文化研究的理论演进和理论传承、理论转向；作为话语的新闻，新闻话语研究的方法、流派和研究瓶颈，罗兰·巴特的神话理论以及新闻传播中的神话运作。

第六章对以媒介为中心的控制—自由研究这一范式进行介绍和

论证，主要内容包括，探讨新闻自由观的嬗变，揭示新闻自由与媒介控制的矛盾，运用麦克卢汉、英尼斯、哈贝马斯等人的理论，分析新媒介引发的自由与控制问题。

第七章和第八章则是重新思考宣传和舆论引导中的权力运作，探讨新闻、宣传和舆论错综复杂的关系，从而进一步解释新闻生产权力机制的形成。

目 录

绪 论 ……………………………………………………………… (1)
  第一节 问题的提出 ………………………………………………… (1)
  第二节 本研究的创新点和研究方法 ……………………………… (6)
  第三节 概念的界定 ………………………………………………… (7)
    一、关于范畴 …………………………………………………… (7)
    二、关于范式 …………………………………………………… (10)

第一章 新闻传播——权力争夺的场域 ………………………… (16)
  第一节 与新闻传播相关的几种权力观 …………………………… (16)
    一、作为控制和影响力的权力 ………………………………… (16)
    二、作为"协商"或者"同意"的权力 ……………………… (18)
    三、作为反抗或者抵抗的权力 ………………………………… (20)
  第二节 新闻传播中的权力来源 …………………………………… (23)
    一、文本生产与权力生产 ……………………………………… (25)
    二、传播关系与权力生产 ……………………………………… (29)
    三、传播技术与权力生产 ……………………………………… (33)
  第三节 新闻传播——权力争夺的场域 …………………………… (37)
    一、新闻传播作为权力场域 …………………………………… (38)
    二、话语即权力 ………………………………………………… (41)
  第四节 社会化媒体时代的权力关系重构 ………………………… (46)
    一、社会化媒体的传播特征 …………………………………… (47)
    二、基于共享的社会化媒体权力重构 ………………………… (48)
    三、福柯权力观下的新媒介权力重构 ………………………… (51)

第二章　新闻学研究的基本范畴 (55)
第一节　新闻与事实 (55)
一、新闻事实与客观事实 (55)
二、事实与诠释 (56)
三、新闻:事实的建构、意义的赋予 (59)
四、作为神话的客观性 (68)
第二节　传播者与受众 (71)
一、传播者:永远的把关人 (71)
二、受众:从被动到主动 (79)
三、传播者与受众之间:从单向到交互 (83)
第三节　自由与控制 (85)
一、被控制的媒介 (87)
二、媒介的反控制 (92)

第三章　新闻学的研究范式 (94)
第一节　确立新闻学研究范式的必要性 (94)
一、社会科学研究中的范式 (94)
二、确立新闻学研究范式的迫切性和必要性 (96)
第二节　确立新闻学研究范式的原则 (99)
一、历史视角 (99)
二、学术逻辑 (101)
三、实践需要 (103)
第三节　新闻学研究的三种范式 (104)
一、以传播者意图实现为中心的影响—控制研究 (104)
二、以意义生产为中心的文化—话语研究 (106)
三、以媒介为中心的控制与自由研究 (108)

第四章　以传播者意图实现为中心的影响—控制研究 (110)
第一节　新闻传播中的多重权力把关 (110)
一、从事实到事件:意识形态把关 (111)
二、从事件到新闻:传播者把关 (113)
三、从新闻到反馈:接收者把关 (117)

第二节　影响与控制中的权力实现 （120）
一、说服与控制 （120）
二、议程设置与控制 （124）
三、沉默的螺旋与控制 （127）

第三节　影响与控制的隐蔽性 （132）
一、意识形态的实践性 （132）
二、召唤理论：意识形态对主体的建构 （135）
三、新闻文本作为象征性权力 （138）
四、知识生产与权力生产 （142）

第五章　以意义生产为中心的文化—话语研究 （146）
第一节　诠释学视阈中的文化研究 （146）
第二节　作为话语的新闻 （151）
一、新闻话语研究描述 （151）
二、新闻与神话 （162）
三、新闻话语的神话运作 （172）

第六章　以媒介为中心的控制—自由研究 （180）
第一节　新闻自由与控制 （180）
一、新闻自由观的嬗变 （180）
二、自由与控制的矛盾 （185）

第二节　新媒介引发的自由与控制问题 （190）
一、新媒介中的控制问题 （190）
二、作为公共领域的新媒介 （196）

第七章　新闻传播与宣传中的权力运作 （201）
第一节　新闻中的"宣传"与宣传中的"新闻" （201）
一、新闻与宣传 （201）
二、新闻与宣传关系再思考 （207）

第二节　新闻传播与宣传：
　　　　价值理性与工具理性的迷思 （216）
一、宣传研究中的"工具理性" （216）
二、新闻传播研究中的"价值理性" （220）

第三节　新闻传播与宣传中的权力生产 …………………… (222)
　　　一、宣传:权力和权力的生产 ………………………………… (222)
　　　二、新闻传播图式中隐含的宣传 ……………………………… (228)
　　　三、以新闻面目呈现的宣传 …………………………………… (241)
第八章　反映—引导舆论:新闻传播的权力隐喻 ……………… (246)
　　第一节　关于舆论的思考 ……………………………………… (246)
　　　一、舆论一律与舆论多元 ……………………………………… (249)
　　　二、三个舆论场:真命题还是伪命题 ………………………… (252)
　　　三、舆论会消失吗 ……………………………………………… (256)
　　第二节　舆论形成中的新闻传播 ……………………………… (257)
　　　一、舆论形成的阶段分析 ……………………………………… (257)
　　　二、舆论形成中的新闻传播 …………………………………… (262)
　　　三、舆论对新闻传播的制约与影响 …………………………… (265)
　　第三节　反映—引导舆论:新闻传播的权力隐喻 …………… (268)
　　　一、新闻传播对舆论的反映与重构 …………………………… (268)
　　　二、舆论引导中的权力运行 …………………………………… (270)
　　　三、新闻传播与控制舆论 ……………………………………… (273)
　　第四节　微博传播对公共舆论形成的负面影响分析 ………… (276)
　　　一、微博空间:一个可能的公共领域 ………………………… (276)
　　　二、微博的匿名性:对主体性的消解 ………………………… (278)
　　　三、去中心化:隐蔽的控制 …………………………………… (279)
　　　四、信息的碎片化与理性危机 ………………………………… (281)
余　论 ……………………………………………………………… (284)
参考文献 …………………………………………………………… (286)
致　谢 ……………………………………………………………… (299)

绪 论

第一节 问题的提出

新闻学、传播学和新闻传播学究竟是怎样的关系？看似简单的问题，却没有人说得清楚，或者干脆就不再说。按照现行的学科关系，新闻传播学是一级学科，新闻学和传播学是其下属的两个二级学科。"传播学"这个词，不过是因为外国有一个传播学理论，硬从词句上设计了一个与"新闻学"不同的"传播学"。[①] 可问题是，这样的划分必然导致逻辑上的死结：新闻传播学脱胎于新闻学，而按照传播学基本理论，新闻传播只是传播的一种形态，所以新闻传播学逻辑上只是传播学的一个分支。学科划分的混乱必然导致学科研究对象、方法的混乱。新闻学的研究近年来裹足不前，茫然地站在传播学的十字路口，地位难继、突围不得。这种尴尬既有新闻学研究传统的前世之因，又是新媒体出现后对新闻学研究方法逼问的现实结果。

即便抛开新闻传播学科和它的二级学科在关系划分上的混乱，新闻学研究面临的困境仍有三个：

第一，是新闻学还是新闻传播学？

确定新闻学的学科属性和学科特点，离不开学科研究逻辑起点的确立。历史地看，人类的传播活动远在新闻实践之前，传播是人

---

① 陈力丹著：《解析中国新闻传播学》，人民日报出版社2012年版，第347页。

类特有的现象，是传播使人类社会成为可能。"人类关系赖以存在和发展的机制，是一切心灵符号及其在空间上的传递、在时间上保存的手段。"① 我国的新闻学研究一直沿用新闻——新闻传播——新闻事业——新闻工作者的线性研究传统来构建理论新闻学，把新闻作为新闻学研究的逻辑起点。这看似合理，但不能解决新闻传播和语言传播、文字传播、印刷传播、电子传播以及互联网传播的关系问题（实际上新闻学研究源于印刷传播时期的报学），更不能清晰地展示新闻和传播的关系。显然，新闻是传播的结果。无传播则无新闻，新闻在传播之中，研究新闻必先研究传播。我国新闻学界长期沿用的传统模式以新闻为新闻学的逻辑起点，割裂了新闻与传播的关系，将复杂的新闻传播活动抽象化、静态化、意识形态化，使新闻学失去了理论解释力和自身革命的活力。早在160多年前，马克思就指出，报纸"具有连植物也具有的那种为我们所承认的东西，即承认它具有自己的内在规律"，并且强调说，"这种规律它不能而且也不应该由于专横暴戾而丧失掉"。② 可问题是这种规定性或者规律性是内生于新闻之内呢，还是存在于传播结构及复杂的互动关系中呢？新闻生产及其发展规律，新闻自身何以解释？这种规律应当并只能在新闻传播活动中寻找。

所以抛开概念之惑，正本清源，还新闻学研究以本来面目，发现新闻学的规定性和内在规律性，就应当重构新闻学研究的逻辑起点和价值体系，新闻学实质上应该也必须是新闻传播学，这是确立新闻学研究历史起点和逻辑起点的内在要求。

第二，新闻传播有着怎样的特殊规定性？

毫无疑问，新闻传播是传播的一种形态或形式，尽管传播学和新闻学是新闻传播学名下两个并列的二级学科。传播是新闻传播学研究的逻辑起点和历史起点。那么，传播的本质是什么呢？传播学

---

① ［美］威尔伯·施拉姆著：《传播学概论》，中国人民大学出版社2011年版，第3页。

② 《马克思恩格斯全集》第一卷，人民出版社1956年版，第190页。

的研究者们从各自的经验、理论领域和旨趣出发,以各种话语方式建构传播。有人认为传播是传递,传播学中著名的拉斯韦尔模式是典型代表。在这些学者看来,传播就是信息的位移,但这只是个不准确的隐喻。新闻传播中的信息必然借助符号和有着"固定成见"和不同文化背景、价值立场的人来传播和接收,这就决定了对符号的理解和阐释是复杂的和多维的,准确的意义和情感移动难以做到。有学者认为传播是控制。这实际上是把传播者作为控制方,把信息接受者看作被动的靶子和全盘照收的容器,这种假设在一定程度、一定历史阶段具有合理性,但忽略了传播现象的复杂性和传播效果的长期性。有学者则在反击控制观的同时提出了传播是游戏的观点。这些学者强调人在传播中的内在感受和自我体验,甚至看到了文本接受者对抗控制和主流意识形态的可能性。"大众传播最好的一点是允许人们沉浸于主动的游戏之中,也就是说它让人快乐。"① 但在现实世界中,主观游戏很可能异化为控制的另一种形式,游戏也有自己的规则,有时候,社会控制和自我陶醉是一回事。也有学者把传播看作共享和互动,在强调传播关系的真诚与平等的基础上提出了传播的仪式论。美国学者詹姆斯·凯瑞提出,传播就是仪式,是一个制造、保持、修补和转换现实的象征性过程,传播仪式是通过对主体的召唤,使他们获得生活中的角色。在这些学者看来,新闻不是简单的信息,是对现实的再现与建构,重要的不是我们通过传播获得了什么信息,而是通过传播,我们获得了对现实的共同理解。②

这些关于传播本质的话语方式都是对所谓传播本质的一种思考,方法不同、对象不同、旨趣不同。"话语就是围绕特定语境中的特定文本所形成的传播实践和社会实践。"③ 刘海龙把几种传播观都看作话语,认为"话语研究不是研究一个事物是什么,而是研究为什么

---

① 刘海龙著:《大众传播理论范式与流派》,中国人民大学出版社2011年版,第16页。
② 刘海龙著:《大众传播理论范式与流派》,中国人民大学出版社2011年版,第28页。
③ [英]诺曼·费尔克拉夫:《话语与社会变迁》,华夏出版社2003年版,第4页。

人们用某种方式对该事物进行表述，是什么社会条件导致了这种话语，这种表述是否能够自我证明，它导致了什么后果"。① 从这个意义上说，对传播的不同理解不过是不同的话语方式，是人们在不同历史阶段和不同侧面对传播活动和传播现象的阐释。也许，传播的本质一直都在传播结构的变动之中，传播的结构决定了对传播本质的理解，而不是传播这个形式能指规定本质所指。那么今天我们该如何历史地、逻辑地建构新闻传播的规定性呢？

新闻传播作为传播的一种，自然适用传播本质的不同话语方式，但新闻传播作为特定历史阶段出现的传播方式，有着自己独特的传播结构，在社会权力结构中有着特殊的位置。新闻传播通常被定义为"通过报纸、广播、电视、互联网向不确定的为数众多的人——读者、听众、观众传递新闻信息的过程"。② 从这个定义方式不难看出，新闻传播只是新闻信息的传递，沿用了传播观念中的传递观。对于类似的新闻传播规定性，我们不禁要问：新闻机构由谁来掌握，他们为什么要进行新闻传播？什么样的新闻会进入传播渠道？传播者和受众在怎样的传播关系中？受众如何看新闻、听新闻？显然，新闻传播的目的不再仅仅在于传递新闻信息，它同时关注意义和意识形态的生产。因此，新闻传播本质上是借助新闻信息而进行的权力博弈，传播者与受众之间的权力关系受制于特定的社会结构，但也推动着社会关系的变革，促使权力关系演变。

新闻传播的特点决定着新闻传播学的研究路径。从传播关系中的权力关系入手，有助于从总体上把握新闻的生产、传播和消费，也更便于确定新闻传播学的对象、范畴、范式和自身的价值体系，从而取得学科研究的自主性和革命性。

第三，新闻学理论体系创新的突破口在哪里？

哈贝马斯把科学知识分为三种类型，经验分析科学、历史——

---

① 刘海龙著：《大众传播理论范式与流派》，中国人民大学出版社2011年版，第5页。

② 何梓华、成美副主编：《新闻理论教程》，高等教育出版社1999年版，第34页。

阐释科学和以批判为导向的科学。在他看来,"经验分析科学的进路包含了一种技术的认知旨趣,历史——阐释科学的进路包含了一种实践的认知旨趣,而以批判为导向的科学进路则包含了一种解放的认知旨趣"。[①] 考察中国新闻传播学的研究类型,不难发现,新闻传播学的研究路径大致包括体系建构型、历史解释型、对策建议型、经验总结型等几种。几种研究类型都形成了各自的研究传统,也取得了不俗的成绩,但由于种种原因,缺乏问题意识、科学意识,创新动力不足。以新闻理论研究为例,尽管社会科学和自然科学领域的新发现、新方法层出不穷,新闻实践取得的新突破、面临的新问题林林总总,但目前大学本科教学所使用的教材和20年前实际上并没有什么大的不同,理论新闻学的研究对象、研究方法和研究路径依然难有创新。学者们或孜孜以求或拔剑四顾,但新闻学所面临的尴尬和无奈仍难以解除——理论解释力不强、研究领域日益萎缩、自我革新动力不足等,甚至有专门著述,对"新闻无学论"进行反思。[②] 是新闻学出了问题,还是我们的研究路径出了问题?答案是显然的。要解决新闻学的发展问题,尊重固有的研究传统固然应该,但不能瞻前顾后、裹足不前,如果没有强烈的问题意识和批判意识,新的学科体系建设或许很难有长足进展。这里所说的问题意识包括三个层次的问题:一是理论对实践的解释问题;二是理论自身的科学性问题;三是理论的自我革新能力问题,即关于问题的问题。卡尔·波普尔强调指出:"科学和知识的增长永远始于问题,终于问题——愈来愈深化的问题,愈来愈能启发大量新问题的问题。"[③] 新闻学必须正视这些问题和问题的问题,打开自己的研究空间,确立自己的价值追求。

---

① 邓正来:《社会科学与知识类型——兼评荷曼斯的〈社会科学的本质〉》,载《中国书评》1994年第2期。
② 孔大为:《"新闻无学论"何以死而不僵——读〈对《新闻无学论》的辨析与反思〉一书的困惑》,载《青年记者》2011年第3期(下)。
③ [奥]卡尔·波普尔著:《猜想与反驳——科学知识的增长》,傅纪重等译,上海译文出版社1986年版,第318页。

新闻传播学研究创新需要确立批判导向的科学方法。哈贝马斯所说的科学知识的三种类型实际上并不是各自独立的，而是三位一体、相互借鉴、相互促进的。经验分析确定、描述研究对象；历史——阐释建构理论体系和模式；批判导向在质疑中寻找新对象，对阐释再阐释。三种方法共同推动着科学的进步。就目前的新闻学研究而言，尽管经验分析的科学性有待商榷，但毕竟开启了一片天地，历史——阐释体系完整但进路不明，因此，亟须以批判、反思为突破，重新确立自己的研究范畴、提出研究范式，从而推动新闻传播学的整体发展。

第二节　本研究的创新点和研究方法

新闻传播学研究如何体现科学性、批判性和实践解释力？如何科学建构自己的逻辑范畴和范式价值？在探讨以上问题的过程中，笔者尝试在以下方面有所创新：

第一，把新闻放置到循环往复的传播过程和复杂的传播关系中进行考察。新闻和意义的生产、消费统一于传播过程之中，而传播必定是一定的控制和反控制的传播。新闻传播是一个开放的过程。为此，本书试图把新闻传播看作权力博弈的场域，从权力和抵抗入手，研究新闻和意义生产的奥秘和规律。

第二，以权力关系与结构为逻辑主线，重新建构新闻传播学的研究范畴，将新闻传播学的基本范畴规定为：新闻与事实；传播者与受众；控制与自由。这三个基本范畴构成了新闻传播学研究的最基础性问题，而对这三对矛盾的解释与看法则构成了新闻传播研究的不同价值和理论模式。

第三，以权力关系结构为逻辑主线，在重新建构新闻传播学研究范畴的基础上，梳理、总结新闻传播学的研究范式和流派，将新闻传播的研究范式大致分为三种：以新闻传播者意图实现为中心的影响——控制研究、以意义生产为中心的文化——话语研究、以新闻媒介为中心的控制——自由研究。三种研究范式旨趣不同但又相互照应，共同搭建新闻传播研究创新的平台。

对此，本研究的研究方法为：

社会科学研究是人们了解、分析、理解社会现象、社会行为和社会过程的一种活动，而人文科学的研究对象是人的生存与信仰、价值与精神、自由与追求等基本问题。新闻学兼具社会科学和人文科学的特征，对新闻学的研究自然应是人文——历史——哲学思维与社会科学研究方法的结合。

在本研究过程中，笔者采用文献研究法、对比研究法、逻辑分析法、文本分析法等研究方法，对新闻传播现象及其实质进行整体性和结构性探究。在理论形成过程中，结合结构主义理论和社会学中的象征互动理论以及语用学基本理论，将新闻传播理论放置到三种不同研究传统的张力之中去考察。一方面，注重对研究结果的"真实性"和"可靠性"考察；另一方面，对新闻传播进行解释性建构，关注研究者间的"视阈融合"和研究者与被研究者间的关系结构；同时，也关注权力对知识生产的影响，因为任何研究都受到一定政治、文化语境的影响，都具有"被批判性"。

第三节　概念的界定

一、关于范畴

（一）范畴的含义

范畴是一个大概念，也是一个基本概念。

范畴，反映事物的特性和关系的基本概念，是人的思维对客观事物的本质的概括和反映。各门具体科学都有范畴，如经济学中的商品、价值、货币等。哲学中的范畴，如物质和意识、时间和空间、现象和本质、具体和抽象等，则是对客观世界最普遍的本质联系的反映，它适用于一切科学领域。马克思主义哲学认为，范畴是人们在社会实践的基础上产生和完善起来的对客观事物的本质联系的概括，是认识不断发展、深化的成果，又是指导人的认识和实践的工具。①

一切范畴，无论是一般科学范畴还是逻辑范畴，它们都是客观辩证法的反映，既不是康德所说的思维的先验形式或先天形式，也不是黑格尔所认定的具有独立本质、绝对观念的形式。华东师范大学教授彭漪涟认为，广义的范畴指一切的范畴；狭义的范畴是指在辩证唯物主义哲学中着重体现逻辑职能的范畴；最狭义的范畴是逻辑科学范畴。彭漪涟指出，范畴是哲学和各门科学体系中的基本概念，是客观现实最一般存在形式的反映，它标志着人类认识史的阶段和总结，并且是逻辑思维反映和把握现实对象的基本形式和逻辑工具。②

（二）范畴与概念、术语

范畴与概念、术语既有联系又有区别。

首先从定义层面来考查。

范畴：反映事物的特性和关系的基本概念，是人的思维对客观事物的本质的概括和反映。

概念：反映同类事物本质属性的思维形式，是逻辑思维的细胞。③

术语：又称专门术语、科学术语，指各门学科所使用的表示科学概念的词语。④

---

① 卢之超主编：《马克思主义大辞典》，中国和平出版社1993年版，第162—163页。
② 田心军：《逻辑范畴理论的新探索、新成果》，载《信阳师范学院学报》（哲学社会科学版）2002年第1期。
③ 卢之超主编：《马克思主义大辞典》，中国和平出版社1993年版，第191页。
④ 董绍克、阎俊杰主编：《汉语知识词典》，警官教育出版社1996年版，第456页。

三者在语义上是递进的关系。"术语"是表示"概念"的专门词汇,而"概念"所涉及的事物则是由"范畴"划定的。但是,三者又是存在区别的,体现在应用层面。

范畴在哲学中,是被用于对所有存在的最广义的分类,它所涵盖的内容遍及了具体学科科学,是各门学科科学的理论起点和基础。任何一门学科的形成,都是从范畴和范式的建立开始的。

概念是一个称呼。事物的本质是客观存在的,认识这种本质并形成相应的概念,则需要一个由感性认识到理性认识的飞跃。人们在对一事物占有大量感性知识材料的基础上进行分析、比较、综合、概括,从个别上升到一般,由具体到抽象,借助语言形成概念。① 概念凝聚了人们对事物认识的精华,并使这种较深刻的认识达到相对的稳定,从而在进一步的认识活动中成为思维的基本要素。因为客观事物不断发生变化,人对客观事物的认识也不断深化,所以概念也随之发展变化。

术语则是各领域、各学科中的专门用语,是语言词汇的一个组成部分。它具有三个特点:(1) 每个术语都具有严格规定的意义;(2) 通常是单义的;(3) 仅为数量相对有限的使用者所熟悉。②

定义是对概念的界定,概念是科学抽象的最小元素,对概念下定义,成为逻辑思维的起点。

(三) 关于逻辑范畴

通过对逻辑范畴广义、狭义、最狭义三个方面的分析,彭漪涟认为逻辑范畴就是"逻辑思维用以认识和把握现实对象的最一般本质和相互关系的基本概念,也就是侧重从逻辑学角度来加以考察和把握的哲学范畴,特别是马克思主义哲学范畴即辩证唯物主义范畴"。③ 同概念一样,逻辑范畴也不是固定、绝对的,而是发展、辩

---

① 卢之超主编:《马克思主义大辞典》,中国和平出版社1993年版,第191页。
② 彭克宏等著:《社会科学大词典》,中国国际广播出版社1989年版,第886页。
③ 彭漪涟主编:《概念论》,学林出版社1991年版,第7页。

证的。正如冯契先生所说的,"逻辑范畴是从思维形式,即概念、判断、推理中概括出来的……一切科学范畴都蕴涵着逻辑范畴"。[①]

恩格斯对逻辑范畴的作用做出了最精确和简要的概括:"要思维就必须有逻辑范畴。"[②]

逻辑范畴的作用可以归为两个方面。第一,逻辑范畴是人类认识历史的总结。人类对自然界和社会的实践活动的认识是通过概念传递并得以保存的,而作为基本概念的逻辑范畴自然也是人类认识史的总结。第二,逻辑范畴具有摹写和规范现实的作用,是思维的逻辑工具。任何一个概念都是对现实对象的特点和本质的反映,能够规范现实对象,逻辑范畴也就能够成为逻辑思维的工具。

从新闻传播学学科的研究实际出发,新闻传播的基本要素包括事实、传播者、新闻、媒介和受众;新闻传播学的逻辑范畴则可界定为新闻与事实、传播者与受众、控制与自由。

二、关于范式

(一) 范式溯源

在中国古代的汉语词汇里,"范式"是由"范"和"式"两字分开呈现的,分别代表着模子、榜样(范)和式样、仪式、模范(式)。[③] 英文中的范式(paradigm)一词源于希腊文,原在语法中表示词型变化的规则,后取"共同显示"的意思,由此引申出模式、模型、范例、规范等含义。

现今的"范式"概念由美国科学哲学家托马斯·库恩于1962年首先提出,这一年,他出版了博士论文《科学革命的结构》。库恩在这本书中阐述了自然科学发展史中的一个规律:科学不是连续性的、

[①] 冯契著:《逻辑思维的辩证法》,华东师范大学出版社1996年版,第309—310页。
[②] 《马克思恩格斯选集》第三卷,人民出版社1995年版,第533页。
[③] 《辞海》(语词分册·上),上海辞书出版社1981年版,第548、第729页。

积累的进步过程，而是范式的间断性转换的结果；范式之间存在着"不可通约性（incommensurability）"。也就是说，科学的发展不是渐进的，而是整体的、革命的。

（二）库恩对"范式"的解读

范式始终是库恩科学哲学思想中一个至关重要的概念，库恩在其研究生涯的不同时期都对这个概念做了各种澄清和归纳性的解释。从《科学革命的结构》中范式含义的模糊所引起的轰动与争议、《再论范式》一文对范式含义的再次说明，到范式内涵的相对性转向，范式的含义随着库恩研究思路的变化也在不断发生着变化。

在《科学革命的结构》中，库恩首先提出了"范式"，但未对"范式"做出一个明确、严格的定义。库恩先是认为范式是一种成就和范例，他说："凡是共有这两个特征的成就，我此后便称之为'范式'。"而关于这两个特征，库恩是这样表述的：科学是"坚实地建立在一种或多种过去科学成就基础上的研究，这些科学成就为某个科学共同体在一段时期内公认为是进一步实践的基础……它们的成就空前地吸引了一些坚定的拥护者，使他们脱离科学活动的其他竞争模式。同时，这些成就又足以无限制地为重新组成的一批实践者留下有待解决的各种问题"。[①]

库恩还认为，范式在促使科学共同体成立、常规科学时期形成后，它更多地表现为一种模型或模式，"我选择这个术语，意欲提示出某些实际科学实践的公认范例——它们包括定律、理论、应用和仪器在一起——为特定的连贯的科学研究的传统提供模型"。[②]

同时，库恩还把范式看作一种规则和规范，认为范式"有时等

---

① ［美］托马斯·库恩著：《科学革命的结构》，金吾伦、胡新和译，北京大学出版社 2003 年版，第 9 页。
② ［美］托马斯·库恩著：《科学革命的结构》，金吾伦、胡新和译，北京大学出版社 2003 年版，第 9 页。

同于'已确立的观点'或'先入之见'"①,"似乎是强把自然界放进一个由范式提供的已经制成且相当坚实的盒子里"。② 可以说也正是范式,"迫使科学家把自然界的某个部分研究得更细致更深入"。③

在《科学革命的结构》中库恩并没有对范式给出过一个明确的定义。对此,英国剑桥语言研究室科学哲学家玛格丽特·玛斯特曼在《范式的本质》一文中指出:"根据我的统计,他在《科学革命的结构》一书中至少以 21 种不同的意思在使用'范式',可能只多不少。"以致库恩在《必要的张力》一书中也写道:"不幸我走得太远了,把这个词(范式)的用法扩展得太广了,竟包括集团所共有的全部成规了。"④ 这一谜题在 1969 年终于解开。这一年,库恩在为一次哲学研讨会提交的论文《再论范式》以及《科学革命的结构》1970 年第二版的附录中,对范式的含义再次加以论述和说明:"'范式'一词无论是实际上还是逻辑上都很接近'科学共同体(community of science)'一词,一种范式仅仅是科学共同体成员所共有的东西。反过来说,也正是由于他们掌握了共同的范式才组成了这个科学共同体。""不管范式一词在《科学革命的结构》一书中有多少用法,还是可以把它们分为两个集合,范式的一种意义是综合的,它包括了科学家集团所共有的全部成规,另一种意义是把其中特别重要的成规抽取出来,成为前者的一个子集。"⑤ 可以看出,这时的库恩强调的是对范式、对"特别重要的成规"达成公认的要求和对范式与"科学共同体"关系的深化。库恩强调科学的发展具有集团性

---

① [美]托马斯·库恩著:《科学革命的结构》,金吾伦、胡新和译,北京大学出版社 2003 年版,第 33 页。
② [美]托马斯·库恩著:《科学革命的结构》,金吾伦、胡新和译,北京大学出版社 2003 年版,第 22 页。
③ [美]托马斯·库恩著:《科学革命的结构》,金吾伦、胡新和译,北京大学出版社 2003 年版,第 22 页。
④ [美]托马斯·库恩著:《必要的张力》,范岱年、纪树立等译,北京大学出版社 2004 年版,第 306 页。
⑤ [美]托马斯·库恩著:《必要的张力》,范岱年、纪树立等译,北京大学出版社 2004 年版,第 288 页。

和社会性，同时也隐含了范式的不可通约性。

范式作为常规科学所赖以运作的理论基础和时间规范，是从事某一科学研究者群体所共同遵从的世界观和行为方式，可以说这是一种对本体论、认识论和方法论的基本承诺，是科学家集团所共同接受的一组前提、假说、理论、准则和方法的综合，而这些在科学家的心里形成了一种共同的信念。

（三）范式的本质特点和功能

范式作为某一科学共同体在某一专业或学科中所具有的共同信念，这种信念规定了他们共同的基本观点、基本理论和基本方法，为他们提供了共同的理论模式和解决问题的框架，并使之成为该共同体的一种传统，为该学科的发展规定了共同的方向。[1]

范式的本质特点表现为三个方面：

首先，提供范例和前提假设。范式为一个学术群体中的大部分成员提供范例和前提假设。在这种共同的范例和前提假设之下发现问题、解决问题，或是设立一些补充的规则来"保证"前提假设的"正确性"。例如，地心说时期，虽然研究者发现有些天体的运动轨迹并不是规则的圆或者是椭圆，而是会有逆行等现象的出现，但以托勒密为代表的研究群体还是通过一种复杂的理论（补充规则）来保证"以地球为中心"这种范式前提。

其次，范式是一个科学共同体共享的世界观，规定了科学共同体的科学信念。这种世界观表现在，对世界本原和科学信念的一致看法，这时的范式"被用以描述为科学共同体的信念系统，是科学中解谜活动的基础"[2]，用以指导整个科学共同体的研究进程，也是范式优先性的体现。例如，19世纪在牛顿力学范式指导下的科学家们都共同享有一个信念：物质第一性。正是在这一基础上，微粒才

---

[1] 参见刘放桐等著：《现代西方哲学》，人民出版社1990年版。

[2] ［美］托马斯·库恩著：《科学革命的结构》，金吾伦、胡新和译，北京大学出版社2003年版，第8页。

得以在力的相互作用下，在时空中无止境地运动，不同的微粒以不同的组合方式形成这个世界形形色色的物理和物质的形态，由此，整个物理世界是受牛顿力学支配的机械系统。

再次，范式的另一个特点是它的不可通约性。不可通约性是欧几里得在《几何原本》第10卷中，用于尺度分割使用的一个术语，原意是指不具有共同的尺度。库恩认为，范式是区别同一时期内不同的科学共同体的标志，科学革命是不可通约的新旧范式的转化和更替的结果。同时，库恩也强调，范式本身并没有优劣之分。

库恩范式的概念提出已有半个世纪之久，虽然争议声不断，但一直被学界视为科学哲学的一次革命，已被除自然科学外的社会科学所借鉴和接纳，一个重要的原因是范式对于"科学共同体"有着不可忽视的作用和功能。

第一，范式的世界观功能。范式的世界观功能蕴涵了富有科学共同体特征的、对世界的本质、物质的组成结构和转化形式等基本问题的独特理解和关系界定，并通过科学信念的规定和赋予，成为支撑科学共同体成员开展各种研究活动、促进共同体不断发展壮大的基本前提和根本动力与信念，造成了新旧范式之间的难以沟通。库恩也曾说道："从现代编史学的眼界来审视过去的研究记录，科学史家可能会惊呼：范式一改变，这世界观便随之改变。"①

第二，范式的价值观功能。库恩曾说道："科学家不是发现真理的勇敢冒险家，毋宁说他们是工作在一种已经确立的世界观中的解谜者。"② 可见，范式明确了科研活动的最终方向，也为研究者提供认识方向和课题决策上的判断依据和价值标准。

第三，范式的方法论功能。因为范式的存在，"科学家被训练成按照一定范式的特定范围和模式来思考他们特定的学科，尽力排斥

---

① ［美］托马斯·库恩著：《科学革命的结构》，金吾伦、胡新和译，北京大学出版社2003年版，第101页。
② ［美］托马斯·库恩著：《科学革命的结构》，金吾伦、胡新和译，北京大学出版社2003年版，第8页。

对自己领域中出现的问题用其他'异类'方法'解谜'的企图"。[①]也就是说,范式不仅为研究者提供了认识事物的理论框架,也为其提供了思维模式、操作模式和步骤。

[①] 田平:《托马斯·库恩后期的科学文本思想》,载《武汉大学学报》(人文科学版)2001年第2期。

第一章 新闻传播——权力争夺的场域

第一节 与新闻传播相关的几种权力观

权力在词源上对应的拉丁语或英语词汇大致上有两种取向，一种认为是拉丁语中的"Potere"，原意为"能够"，或具有做某事的能力，后派生出英文"Power"。另一种认为"权力"一词出于拉丁语"Autorias"，一是指意识和法令，二是指权威，由此派生出"Authority"这个英语单词。在本书中，权力这个词兼有以上两种含义。

一、作为控制和影响力的权力

对权力最早的论述，要追溯到亚里士多德那里。亚里士多德曾说，主人只是这个奴隶的主人，他并不属于这个奴隶；奴隶则不仅是其主人的奴隶，还完全属于其主人。这种不对称的依赖关系，其基础是奴隶根本不能获得实现其自身目标所需要的资源，因而依附于主人对一切暴力手段的垄断。[1] 这种依赖关系的建立，必然导致权力关系的形成。

对"权力"一词最先给出明确定义的，是英国哲学家伯特兰·

---

[1] ［英］罗德里克·马丁著：《权力社会学》，丰子义、张宁译，三联书店1992年版，第128页。

罗素。他认为权力是"若干预期效果的产生"。① 该定义明确了权力在实施过程中的方向性和目的性,说明权力由一方指向另一方,并且是故意为之。

到了近现代,权力成为社会科学研究中的热点概念,但最具代表性和典型性的解释是德国学者马克斯·韦伯和美国社会学家塔尔科特·帕森斯的权力学说。尽管二者对权力的理解有差异,但二人对权力的基本立场是相似的,都强调一方对另一方的支配力或影响力,是单向的。

马克斯·韦伯认为:"权力,就是一个或若干个人在社会生活中即使遇到参与活动的其他人的抵制,仍能有机会实现他们自己的意愿的能力。"② 简言之,就是一种A迫使B实施B不受强迫本不会去实施的行动的能力。韦伯的定义强调了权力关系中的压迫性和反抗性,强调个人意愿对他人行为的影响是权力的核心。罗伯特·舒茨也认为韦伯所下的定义似乎更有道理,"权力将表明有一定社会地位的人的能力或潜力,即在某种社会制度内对于其他人存亡所系的问题规定条件、做出决定,即采取行动的能力或潜力"。③ 这类学者大都持相近的观点,认为权力就是个体促使他人执行其个人指示和命令的能力。

帕森斯在对韦伯的定义进行研究后,指出韦伯的权力定义有两个明显的漏洞,第一是这个定义中已包含了冲突和对抗的假设,A克服了B的反对,就意味着B为了A的利益而牺牲了自己的利益,但这忽略了权力关系可以是一种互惠关系的可能性,权力可能是一种有助于AB双方都实现其各自目标的手段。第二是把权力中相互作用的特性转变为权力主体的属性,只将权力作为一种人的能力进行考察,这是远远不够的。

帕森斯认为系统是在经验现象的复合体中存在相互依存的确定

---

① [英]波特兰·罗素著:《权力论》,吴友三译,商务印书馆2008年版,第23页。
② Mex Weber. Economy and Society. Guenther Roth and Claus Witich, eds, 3Vols (New York : Bedminister Press, 1968), Vol. 1, p53.
③ 卢少华、徐万珉著:《权力社会学》,黑龙江人民出版社1989年版,第17页。

关系，社会系统为满足社会功能的需求，形成了四个重要的子系统：经济系统、政治系统、文化系统和社会系统，而政治系统生产一种资源，即权力或职权，它以此来交换经济系统生产的资源。因此，帕森斯把权力视为一种系统资源。"当根据各种义务与集体目标的关系而使这些义务合法化时，在如果遇到顽抗就理所当然会有靠消极情境采取强制实行的地方，权力是一种保证集体组织系统中各单位履行有约束力的义务的普遍化能力。"① 可见，在帕森斯那里，权力是一种约束能力，这种能力的体现就在于当权力的实施遇到阻力时，它能够用消极制裁来使其得以继续实施下去。我们可以看到，帕森斯在论证了韦伯的疏漏之处后，仍将权力作为一种行动主体的能力来处理。

二、作为"协商"或者"同意"的权力

实际上，帕森斯把权力放置到系统中去考察的思路，已经为我们提供了分析权力实质的另一种可能性，那就是权力在关系中存在，是一种相互依赖的关系，认为权力是单向的影响或者控制并不能把握权力运作的实质。美国著名政治学家罗伯特·达尔认为，权力并不是个人所拥有的什么，而是人与人之间的一种关系，并进而提出了权力的定义："甲对乙拥有权力是指甲能使乙做乙本来不一定去做的事。"② 只要我们把权力放置到关系中去考察，便会发现，权力的实现还必须建立在双方协商或者同意的基础之上。

之后的诸多组织社会学家在达尔的基础上，纷纷对权力提出了不同的观点。法国著名的组织理论大师米歇尔·克罗齐耶对达尔关于权力的研究进行了概括："A 对于 B 的权力，是 A 在与 B 的协商中使交换期限对自己有利的一种能力。权力是一方在与另一方的关

---

① ［英］罗德里克·马丁：《权力社会学》，丰子义、张宁译，三联书店1992年版，第84页。
② ［美］丹尼斯·K. 姆贝著：《组织中的传播和权力：话语、意识形态和统治》，陈德民、陶庆、薛梅译，载中国社会学网。

系中获得对自己有利的交换条件的能力，权力关系就可以被认为是双方参与的一种交换关系和协商关系。"①

克罗齐耶认为达尔的定义中存在三方面的矛盾：（1）双方自觉自愿的、而且蕴含着互相矛盾的权力关系与那种在一方或另一方，或在双方同时都没有意识到的情况下施加的不自觉的权力之间存在着何种不同；（2）A对于B行使权力的能力，会随着行动的变化而变化，而且经验也告诉人们，对措施进行统一标准是不可能的，因为每一种权力都是具体的；（3）权力关系不仅是具体的，而且是相互的。② 这三方面的矛盾，归结起来就是对权力定义中传统的重视冲突性以及方向性的一种反思。权力关系中不仅仅可以有冲突，也可以有妥协和协商，"A与B的权力关系中蕴含着一种重要因素，即协商的因素，使得双方的每一次关系都要求互相的交互和适应"。③ 但在这种协商因素的调节下，权力呈现出双向性，而非韦伯和帕森斯定义中一方强加给另一方的单向强制性，即A对B有权力，B对A也可以有权力。也就是说，A对B行使权力的前提是B的同意，或者相互通过协商达成一致权力才能实现。

延续这一权力关系思路，权力也可以表现为一方使另一方依赖或者信任自己的能力。韦伯在对权力给出定义的同时，也提出了另一个重要概念，即权威。韦伯对权力和权威作了区分，认为"权力是不管人们是否反对强迫人们服从的能力，而权威意味着人们在接受命令时是出于自愿的。权力属于个人品格，而权威则和等级制度中的社会作用或地位有关"。④ 这里的权威实际上也是权力的一种表现形式，强调的是运用知识、观念、思想力量实现影响和控制，也暗含了权力同样存在于协商或者同意的关系之中。从这个意义上说，意识形态同样是一种权力。无论是葛兰西的文化霸权理论中统治阶

---

① 李有梅著：《组织社会学及其决策分析》，上海大学出版社2003年版，第49页。
② 李有梅著：《组织社会学及其决策分析》，上海大学出版社2003年版，第147页。
③ 李有梅著：《组织社会学及其决策分析》，上海大学出版社2003年版，第147页。
④ ［美］丹尼斯·K.姆贝著：《组织中的传播和权力：话语、意识形态和统治》，陈德民、陶庆、薛梅译，载中国社会学网。

级对"常识"的运用,还是阿尔都塞意识形态国家机器理论中对主体的"召唤",都是权力为了维护自身而进行的主动协商,只不过葛兰西注重的是过程,阿尔都塞看重的是结果。英国学者迈克尔·曼则定义了社会权力的四种来源,即经济、意识形态、军事和政治。他认为,意识形态权力源于人类对寻求终极生活意义,共享价值规范和价值,审美实践和仪式活动的需要,是一种"弥散性"的权力。

"协商—同意"的权力观克服了"控制—影响"权力观的单向度权力运作模式,将权力纳入社会关系网络中特别是权力双方的关系中考察,体现出宏观视野和历史眼光,但在"协商—同意"的表象下,依然是对意识形态领导权的争夺。

三、作为反抗或者抵抗的权力

米歇尔·福柯不相信绝对真理在谁手中,拒绝承认任何思想形式能够在话语的游戏之外拥有绝对真理。他认为所有政治和社会形式都不可避免地卷入知识和权力的勾结和相互作用中。因此,有学者认为,安东尼奥·葛兰西提出的霸权概念更接近福柯的权力思想。[1] 葛兰西认为意识形态斗争是诸多斗争之一种,赢得其他集团的赞同或取得优越性——霸权是权力斗争的关键。文化霸权的取得不单靠统治阶级的外部强制力,更主要的是靠一种让人不易觉察的社会价值共识来使某种观念获得一致赞同。文化霸权的取得不是"压迫——反压迫"的过程,而是一个相互斗争、相互谈判、相互妥协的连续过程。霸权不会持久,双方力量不断此消彼长。

但如果我们仔细分析,就会发现,福柯的权力观与葛兰西的权力观是有着质的区别的。在葛兰西那里,权力是以"协商—同意"的方式实现的,至少权力的主体是清晰可见的,权力中心依然存在,尽管权力放低了身段,但依然是自上而下的,这和福柯的权力观有着本质的区别。在福柯看来,权力的各方在本质上是相互依赖的,

---

[1] 胡春阳著:《话语分析:传播研究的新路径》,上海人民出版社2007年版。

第一章 新闻传播——权力争夺的场域

"哪里有权力,哪里就有反抗,反抗绝不是外在于权力的"。① 可以说,福柯的权力哲学也是一种权力反抗的哲学。他提出,主体若想摆脱从属位置,就必须进行反抗,开展"日常社会生活"反抗这一实践形式,"权力不仅仅是指国家、专政机构等权力,更多的应指策略、机制、技术、经济乃至知识、理性所造成的权力,这也是更值得重视的权力,也是更应反抗——因为它真正束缚着人类追求真知的意志——的权力,而且,对这样的权力的反抗,永远应该是从内部进行的"。②

福柯又将反抗分为短暂的和长期的两种。前者以牺牲生命为代价,在这种情况下,人民宁死不屈,一切政权与机构在此也就达到了它们的临界。在那里生命不足惜,权力也就失去了任何意义。面对绞刑架和机关枪,人民揭竿而起,权力也就不能再继续统治人民。然而福柯指出:"这样一种反抗为时太短,它如同闪电,要知道只有长久的而不是短时的反抗对自由才具有重要影响。"③ 由此可见,福柯赞成永久性的、分散的反抗。因此他赞成改良,而拒斥革命。他认为:"无论是统治阶层,国家机器的控制者,还是最重要的经济决定者,都不能控制社会中运转的整个权力网。"④ 所以,反抗统治阶级是远远不够的,如果在国家的理论和国家机器这样传统的范畴中进行反抗或斗争,并不是十分有效,它们并不是权力的代表形式,它们也不能穷尽所有的细微权力,相反,斗争和反抗应围绕着权力的特殊策源地进行。

福柯主张分散化,就其目的而言就是为了反抗现代社会出现的同质化和标准化,解放差异和边缘,这就要敢于反抗权力的压迫,为疯人、犯人、同性恋者等各种在现代社会中受歧视、受压迫的人

---

① [法]米歇尔·福柯著:《性经验史》,于碧平译,上海人民出版社2001年版,第71页。
② [法]迪迪埃·埃里蓬著:《权力与反抗》,谢强、马月译,北京大学出版社1997年版,第3页。
③ 徐大同、马德普著:《现代西方政治思想》,人民出版社2003年版,第324页。
④ 汪民安著:《福柯的界限》,中国社会科学出版社1997年版,第250页。

说话，为他们争取权利。他在《知识考古学》中明言：要"打破中心，即不给任何中心以特权"，从而使人确立起差异意识，通过确立差异的地位来反抗权力表现出的规范化的倾向。福柯号召人们加入斗争的实践中去，把战斗当成自由，把斗争当作艺术，把反抗当成本质上对生活的确认，从而达到一种精神超越式的生活美学。这实际上是在宣扬一种反抗权力的精神策略。

约翰·费斯克是当今最有影响力的电视文化理论家之一，与其他文化研究者所不同的是，费斯克将其研究中心放到了受众对于文化产品体现的"创造性"、"抵抗性"和"主体性"上，并且提出了"金融经济"和"文化经济"两种经济理论以及文本的多义性理论。在费斯克的文化研究过程中，"权力"理论成为其重要的理论基石。费斯克通过对福柯的"权力"理论、都赛德的"对权力的抵制"和巴赫金的"狂欢"理论的吸收，在不懈的学术探索下，建构起自己的权力观和文化研究理论。

费斯克在《传播符号学理论》中专门论述了葛兰西的文化霸权理论。他认为，在赢得霸权的过程中，统治阶级必然遭到各种各样的反抗，在这种霸权与反霸权的过程中，"任何霸权的胜利，任何赢得的共识，必然不是稳定的，绝不可以视为理所当然，要不断地经历斗争、再斗争，赢得、再赢得的过程"。[①] 显然，他对葛兰西文化霸权中的反霸权更感兴趣。费斯克指出："反抗可以克服，但却不可能永远消除。"[②] 反抗何以可能呢？为此，费斯克对大众有了新的阐释。不同于悲观的文化工业中的大众，费斯克认为大众文化是个斗争的场所，作为大众文化的创造者，大众是积极的、动态的，充满活力与创造力。大众文化采用游击战术，借以规避抵抗文化工业的宰制，创造出自己的大众文化。他认为，大众具有一种"游牧式的主体性"，即能在高度精密的社会结构网络中"穿梭往来"，"并根

[①] ［英］约翰·费斯克著：《传播符号学理论》，张锦华等译，远流出版事业股份有限公司 2001 年版，第 232 页。

[②] ［英］约翰·费斯克著：《传播符号学理论》，张锦华等译，远流出版事业股份有限公司 2001 年版，第 232 页。

据当下的需要，重新调整自己的社会效忠从属关系，进入不同的大众层理"①的主体。游走穿梭赋予了大众以创造性和抵抗权力的能动性。

"大众并不是无法抵抗意识形态体制下的无援无助的主体，也不是拥有自由意志、由生物学决定的个体；他们是一组变动的社会效忠从属关系，由社会行为人在某一块社会领地中形成，而这一社会领地之所以属于他们，是因为他们一直拒绝把该领地放弃给强权式的帝国主义。"② 费斯克借用福柯的权力理论和都塞德的抵制理论，阐述大众对主流意识形态"宰制"力量的反抗。

总的来说，费斯克提出的反抗的方法就是"权且利用"，"大众的艺术乃是'权且利用'的艺术"。③ 也就是说，在创造大众文化的过程中，大众无时无刻、无处不在地积极抵抗着支配性意识形态的控制，创造着属于自己的意义和快感。这种抵抗不断冲击、瓦解着统治阶级的意识形态，最终推动社会的进步。

需要指出的是，不管是福柯还是费斯克，尽管他们把抵抗权力和反抗权力作为自己的研究重点，都强调大众对意识形态宰制力量的抗争，但实质上，这种反抗并不涉及对体制的反抗，都是在体制内的斗争。简单说，都忽视了对体制和霸权压制的关注。为此，他们不可避免地受到来自各方的批评。

第二节 新闻传播中的权力来源

新闻传播者或者媒介究竟有着怎么样的权力？权力来源是什么？

---

① [英]约翰·费斯克著：《解大众文化》，王晓珏、宋伟杰译，中央编译出版社2001年版，第29—30页。

② [英]约翰·费斯克著：《解大众文化》，王晓珏、宋伟杰译，中央编译出版社2001年版，第47页。

③ [英]约翰·费斯克著：《解大众文化》，王晓珏、宋伟杰译，中央编译出版社2001年版，第34页。

对此，经验学派、批判学派和技术学派都有自己的研究偏好和研究成果。

经验学派遵循逻辑实证主义思路，坚持实证和量化的研究，将新闻传播的效果和影响作为研究重点。无论是社会责任理论还是议程设置理论、把关人理论，实际上都是对传播者巨大能量以及传播背后的权力发现的结果。

批评学派研究新闻传播者的权力来源还需要回到对新闻传播的结构的分析中来，他们结合结构主义、解释学、现象学文化研究等理论，彻底否定了经验学派的价值中立假设。语言学家费尔迪南·德·索绪尔认为，世界是语言符号与符号间的结构性关系，我们不能直接进入世界，世界是人们价值介入的"文本世界"。文化研究学者更是将世界看作"文化意义的世界"。葛兰西和路易·皮埃尔·阿尔都塞要么把传媒看作文化争霸的工具，要么把传媒看作意识形态工具。实际上，在批判学派看来，传媒从来都是价值和意义的争夺领域，都是权力斗争的场域。

媒介环境学派则从更为宏观的层面论证媒介的权力来源。这一研究团体否定了美国经验主义研究模式，把媒介看成是隐藏在历史进程、社会组织和人类感觉意识变化之后的重要动力。加拿大学者哈罗德·亚当斯·英尼斯首先发现了传播技术的重要意义，并且奠定了研究的基础，马歇尔·麦克卢汉则强调媒介技术对人类感官、思维的影响。英尼斯则总是按照"媒介—权力组织—知识垄断"这样一个演进模式来展现传播的偏向和文明的偏向，在这一研究过程中展开对社会权力关系的定位。

需要说明的是，以上论述中所提及的三个学派只是出于行文方便的需要。实际上，三个学派对媒介权力来源的分析只不过是侧重点上的差异，经常是相互联系、相互证明的。笔者以为，对新闻传播者权力来源的分析，应该打通各相关话语，在各种话语体系中寻找新的平衡点和研究视角。综合考察，新闻传播者权力的来源大致有三：新闻传播者通过制作文本、生产意义和知识，从而生产权力；新闻传播组织依靠传受关系与其他社会权力机构的互动生产权力；

新闻媒介凭借其传播渠道和传播技术生产权力。简而言之,新闻传播者的权力来源为文本、关系、技术和渠道。

一、文本生产与权力生产

宽泛地说,凡能帮助人们产生关于自身、社会和信念的意义的客体都可以看作文本。而新闻文本是在新闻传播关系中接受者所接收到的客体,包括声音、文字、图像等,新闻文本作为对所谓客观世界的符号化表征,呈现给接受者一个意义世界或理解意义的地图。按照传统的对新闻的理解,新闻是主体对客体的反映,新闻生产是为了客观、真实地呈现事实,这是客观主义导向新闻学坚持的基本观点,以价值中立为前提,认为事实是外在于人脑而存在的,新闻文本就像镜子一样映射现实世界。但认知心理学研究早就证明,新闻是被建构出来的。建构事实的同时也在建构意义,甚至可以说,建构事实是为了建构意义。当我们将某一事件称为新闻时,就已经确定了它对受众的意义,也确定了它对自身的价值。新闻传播者通过不间断的文本生产,源源不断地进行着意义的生产和再生产。通过生产文本来生产意义和价值是新闻传播者一切权力资本的来源。

(一) 通过生产知识生产权力

几十年前就有经济学家预言,这个时代是知识的时代,最深刻改变世界的力量,不再是资本,而是知识。在日常用语中,我们会经常用到"知识"这个词的这两种意义。我们说得到很多知识,我们也说具有这样或那样的知识。但是,如果"知识"这个词既表示我们知道什么,又表示我们认知的状况,我们可能要这样说,我们有很多关于知识的知识。此处我们所说的新闻文本通过生产知识生产权力,自然有前一种知识的意思,但更侧重于关于知识的知识,即知识图示之意。

新闻报道表面上看是通过传播新闻事件,使人们了解关于这个世界发生了什么的知识,但知识的生产运作方式是怎样的呢?"无论是生成话语，还是理解话语，认知语境都起着决定性的作用。"[1] 认知语境是以"知识草案"和"心理图示"为方式进行操作的。

知识草案是真实世界的事物、现象、事件的典型结构在人脑中概念化的结果。如"看电影"是确定电影院、买票、找座位、看电影、离开电影院等一系列行为的概括，"宝马轿车"是轿车形象、品牌价值、个人财富、消费偏好等一系列概念的概括。"知识草案"作为人脑中知识块的最基本单位，以最简略的形式储存于记忆中，在需要的时候被以最经济、最便捷的方式激发出来。"知识草案"在特定的认知语境中，经过经验排列，形成规模更大的情景单元或行为"认知图示"。心理图示是人类思维在特定场景中排列组合多个知识草案的方式。

不妨看一下媒体上对"美国波士顿爆炸事件"[2] 的报道，只是告诉人们那里发生了一起恶性事件。但文本的制作显然不会这样简单。当媒体称之为波士顿爆炸事件时，事件是一个理解模式；而当事件被称为"波士顿恐怖袭击事件"时，显然对事件的理解有了另外一种模式。这需要对知识和关于知识的知识进行区分，才能观察新闻报道在知识生产结构中的位置。首先，爆炸事件嫌疑人和恐怖袭击嫌疑人是不同的命名方式，通过两种命名，人们形成了嫌疑人和事件性质的不同理解图示，按照前一种命名方式，事件可能是偶然的，即便是报复性事件也更多表现为"我"和"他"的冲突。而按照第二种命名方式，恐怖袭击则往往蕴含着事件具有必然性，和美国的霸权地位或美国价值观有关，嫌疑人可能是属于仇恨美国的族群等。不同命名方式从不同角度巩固着人们原有的知识。其次，不同的报道方式，既反映了报道者对事件的理解，也以不同的叙事结构为新闻受众提供了不同的新闻认知语境。特别是当报道把此次事件与"9·11恐怖袭击"等联系在一起互为背景的时候。可以看

---

[1] 曾庆香著：《新闻叙事学》，中国广播电视出版社2005年版，第64页。
[2] 2013年4月15日，美国波士顿马拉松终点发生两起炸弹爆炸事件，造成3人遇难，173人受伤。

出，新闻报道或者说新闻文本的生产是一个已知知识和已有知识图示再生产的过程。

（二）通过生产价值和意识形态生产权力

新闻传播者传播新闻的动机是什么，人们阅听新闻的目的又是什么，相关研究汗牛充栋，成果颇多。但如果把新闻传播放置到社会生活和社会实践的宏大背景中分析，意义和价值的生产与消费一直是研究者们考察传播实质的核心概念。

新闻文本的意义生产贯穿于新闻的选择、呈现和传播的全过程。

在新闻选择理论中，一般认为，新闻价值即新近或正在发生的事实中蕴含的能满足受众需求的素质的总和，包括显赫、接近、冲突、反常等，是新闻选择的基础性或客观依据。问题在于，满足受众需求的那些素质是由谁做出判断的，做出判断的依据是什么？美国学者赫伯特·甘斯把新闻价值区分为"话题性"价值和"恒久性"[1]价值，前一种价值是借助单个事件表达意见的价值，后一种价值是长时间内出现的不同类型故事的共同价值。他将恒久价值分为八组：民族优越感、利他的民主、负责任的资本主义、小城镇的田园主义、个人主义、温和主义、社会秩序以及国家领导权。最后两组价值比其他几组价值更重要。在甘斯看来，意义和价值是新闻选择的最终依据。这里，新闻文本显然不是面向世界的镜子。与其说新闻传播者在报道事实，还不如说是在诠释事实，甚至我们可以说，意义和价值的生产是先于事实发生的。哈里森进一步指出了专业文化和新闻制作、新闻传播的关系："具有一致性的模式、实践、规范化的判断和显性的价值观共同创造出一种新闻文化；换言之，它们既是新闻文化产生的源泉，同时又是新闻文化的产物。"[2] 结构主义符号学对文本生产意义和价值的认识更为彻底。因为，在索绪尔看来语言符号本身并没有所指意义。符号的生产就是意义生产的

---

[1] 甘斯著：《什么在决定新闻》，北京大学出版社2011年版，第50—51页。
[2] ［英］格雷姆·伯顿著：《媒体与社会》，史安斌译，清华大学出版社2007年版。

过程。在结构主义语言学者看来，新闻话语恰恰是割断了人和世界之间、人和人之间的直接联系。法国语言学家本尼维斯特曾指出："语言这样一种象征系统的存在，揭示了人类状况的一个基本的，也许是最基本的事实：人与世界和人与人之间不存在自然的、无中介的和直接的关系。"① 任何事实都是符号化的过程，并不存在一个客观的、在我们意识或者语言之外的"现实世界"。"事实上，'现实世界'在很大程度上是建立在团体的语言习惯之上的。绝没有两种语言在表现同一个社会现实时是被视完全相同的。不同的社会所生活于其中的世界是不同的世界，不只是贴上不同的标签的同一个世界……我们确实可以看到、听到和体验到许许多多的东西，但这是因为我们这个社团的语言习惯预先给了我们解释世界的一些选择。"②

新闻生产既是意义和价值生产的过程，又是意义和价值生产的结果。世界是什么，事实是什么，在新闻生产过程中已退居到了次要的位置。意义和价值生产则成为权力生产的制度性因素。

对新闻话语的意识形态解读是对新闻建构知识、意义和价值的延续。西方马克思主义者葛兰西、阿尔都塞等从社会结构出发研究新闻传播背后的意识形态，展开对媒介权力运行的思考。笔者在下一节将另行介绍和分析。法国文学批评家、文学家、社会学家、哲学家和符号学家罗兰·巴特的神话理论为我们对新闻文本的理解提供了另一种可能性。他认为，权势或者权力不仅仅表现为政治权力，而是一种意识形态现象，权力出现于社会交流各种精巧的结构中，不只是在国家、阶级集团的斗争中，也弥漫于时装、演出、娱乐、运动、新闻、家庭和私人关系中。他认为，全部语言结构是一种普遍化的支配力量。"神话是一种意指作用的方式，一种形式……那

---

① 曾庆香著：《新闻叙事学》，中国广播电视出版社2005年版，第193页。
② [英]特伦斯·霍克斯著：《结构主义和符号学》，瞿铁鹏译，上海译文出版社1997年版，第23—24页。

么，每件事情都是神话吗？是的，我相信如此。"[①] 意识形态在媒介文本中的具体表现就是建构符号文本的特定意义，防止意义的无限扩散。罗兰·巴特把渗透了意识形态的符号文本称为"神话"，而他自负的使命就是揭示意识形态在神话中的运作方式，并对此进行解构和批判。

针对西方新闻界的客观性神话，美国学者朗杰针对新闻生产中的意识形态生产机制做出判断："通过选择、分类和重复的过程，新闻生产者在实践中创造出关于事件的感觉、意义和读解，从而使这种看待世界的方式'自然化'：这种方式又有助于维护和复制威权实施和分配上的现存秩序。"[②]

二、传播关系与权力生产

新闻文本生产权力重点关注的是文本和知识生产以及价值、意识形态生产之间的关系，是分析媒介权力来源的一个维度。对这个问题的分析自然会引发新的问题：是谁在生产新闻文本？为什么要生产？这种生产方式和新闻媒介的政治、经济、文化环境有着怎么样的关系？新闻文本更多表现为象征性、潜在性权力，那么作为组织的新闻媒介，究竟是不是一种制度性的现实权力呢？答案应当是肯定的。传播关系同样生产权力。正是媒介作为结构性的、现实性的权力存在决定了文本的意义和价值生产方式，实际权力和象征性权力互为表里，互为依傍。

任何新闻传播都只能在特定的传播关系中进行，在那个场域中，传播关系实际上是权力关系，传播关系又取决于特定社会的权力结构。例如，一个老师和一个学生的权力关系方式取决于他们之间的传播关系。当学生和老师是直接的师生关系时，权力关系是显而易

---

① [法] 罗兰·巴特著：《神话学》，许蔷蔷、许绮玲译，新知出版社1999年版，第169页。
② [英] 格雷姆·伯顿著：《媒体与社会》，史安斌主译，清华大学出版社2007年版，第308页。

见的：老师往往是权力的拥有者；当学生和老师只是身份意义上的关系并不直接具有稳定的传播关系时，那种具有支配性的权力关系便不复存在，尽管一个还是学生，一个还是老师。所以抛开具体的传播关系谈论权力并无实际意义。在新闻传播中，新闻媒介和阅听者形成了直接的传播关系。尽管这种关系不具有强制性，但由于新闻媒介在新闻供应中的地位、专业化的操作理念和实践以及长期形成的专业声誉，再加上阅听者的自身需求，往往对阅听者具有强大的吸引力。"这便是媒体机构所具有的权力———一种能够吸引受众并且使其着迷的影响力。"[1] 英国学者丹尼斯·麦奎尔，将媒体权力的主要方面概括如下："吸引和导引公众的注意力；对观点和信念进行劝服；影响行为；构建和界定'现实概念'；赋予社会地位和合法性；迅速而广泛地告知公众。"[2]

麦奎尔等人对媒介权力的表述不无道理，但仅仅属于微观层面，只是在具体的、无意图的"传—受"关系中考察。实际情况是，传播关系不仅局限于传受关系（即便是传受关系也不会是委托人理论所认为的传媒没有自己利益，只是为公众服务那么简单），还包括与社会其他权力——政治、经济、文化权力的关系等，此外，也包括媒体内部的权力组织关系。

作为马克思主义在传播领域的具体化，传播政治经济学研究传媒资本的垄断和集中对新闻生产的影响、传播资源分配和阶级分化的关系、新闻媒介所有权与资本主义意识形态生产之间的关系，资本、国家和其他结构性力量如何对传播产生影响等问题，把传播作为广阔的社会整体或社会权力实体中的一个方面，作为资本主义生产关系的生产和再生产过程的一部分来考察。总之，"政治经济学试图揭示，政治经济权力中心与传播权力中心（比如国家、传媒集团、

---

[1] [英] 格雷姆·伯顿著：《媒体与社会》，史安斌主译，清华大学出版社2007年版，第26页。
[2] [英] 格雷姆·伯顿著：《媒体与社会》，史安斌主译，清华大学出版社2007年版，第26页。

社会力量）之间是怎样的相互建构的关系"。① 例如，赫伯特·席勒就在《大众传媒与美利坚帝国》一书中揭示，经济实力与信息控制、形象制造、舆论建构的融合是新权力的本质。在权力图谱绘制过程中，传播政治经济学关注权力的博弈过程和复杂交错的表现。正如席勒所言："在任何一个具体的实例中，都存在大量不连续的变量，这些变量以不同的方式共同影响产生的结果。"② 传播政治经济学提示我们：研究新闻传播中的权力关系必须把新闻传播放置到资本主义生产关系中去考察，在此基础上描绘传播中的权力图谱。

新闻传播者或者新闻媒介的权力总是和传播体系、权力关系互为因果的。权力的大小和运作方式也由它在传播体系中的位置来确定。在《大众传媒与社会》中，彼得·戈尔丁和格雷厄姆·默多克这样评论媒体巨头的权力："在新的环境下，权力会集中在以下这些人的手中：他们拥有构建新的传播体系的重要基石；他们拥有使用新技术中的核心部分的权力；更为重要的是，他们还拥有文化素材——电影、书籍、影像、声音和文字——这些素材能够被组合在一起，提供新的服务项目……在这方面，媒体巨头们拥有相当大的优势。这是因为他们已经占有了许多赋予表现力的有利条件。他们所涉及的范围相当广泛，处于公共文化的核心地位。"③ 的确，谁拥有更多的资本，更丰富的资源，谁就会处于新闻传播权力关系的主导位置，就越有可能使自己的位置不断得到巩固。

与传播政治经济学对传播关系的研究旨趣不同，葛兰西和阿尔都塞则把关注点聚焦在媒介与国家权力关系的研究上，借此揭示媒体的权力来源和权力运作。他们都将传媒作为价值介入的世界，揭示出传媒世界是具有内在不平等、充满斗争、妥协的场域。他们的

---

① 赵月枝著：《传播与社会：政治经济与文化分析》，中国传媒大学出版社2011年版，第10页。
② 赵月枝著：《传播与社会：政治经济与文化分析》，中国传媒大学出版社2011年版，第11页。
③ 赵月枝著：《传播与社会：政治经济与文化分析》，中国传媒大学出版社2011年版，第25页。

传媒批判理论时刻警醒人们：大众传媒是一双巨大的看不见的手，时时刻刻在控制着我们的日常生活——精神的和物质的日常生活，新闻媒介构成了当代社会新的权力核心。葛兰西和阿尔都塞的共同点在于，意识形态是内在于人的精神世界和日常实践的价值系统，意识形态塑造着人们的生活。"文化霸权"是葛兰西意识形态理论中的核心概念。在对现代社会的权力动因的评论中，葛兰西把霸权简单表述为："一种'自发'同意的关系。在根本上占统治地位的集团规定了社会生活的总方向，而广大市民则'自发'同意了这一方向；统治集团在生产世界中享有的地位和职能使他们享有威望（以及随之而来的自信心），这就是同意产生的'历史'原因。"①"文化霸权理论"描述了这样一幅权力争霸画面：社会是一个权力争霸的领域，在其中，各种权力互相博弈、争斗、妥协。统治阶级不是简单靠强制力来维护政治、经济统治的，更重要的是通过对知识和道德的领导权，来争取被统治者的自发甚至自觉的同意和拥护，从而使其统治合法化。在他那里，文化是混杂了多种社会团体的意识形态领域。大众传媒就是文化争霸最重要的阵地之一。

　　路易·皮埃尔·阿尔都塞综合马克思主义和结构主义，对意识形态做了全面深入的思考，认为"意识形态是个人与其实在生存条件的想象性关系的表述"。② 他认为，理解意识形态不能停留在虚假意识的层面上，而应从意识形态本身及内在关系的神秘化、颠倒性上去理解。同时，也不能从简单的经济决定论上去理解意识形态，而是要从生产、生活实践中考察。他继承和发展了马克思的再生产理论，认为意识形态的生产与再生产是国家权力存在和巩固的前提。意识形态是一个坚固、隐秘而又无处不在"召唤"主体的观念体系。承担意识形态生产和再生产任务的，自然包括大众传媒，而大众传媒的任务就是通过建构特定历史时期的观念体系，将个人纳入到主

---

①　［英］斯图亚特·艾伦著：《新闻文化》，方洁等译，北京大学出版社 2008 年版。
②　［法］路易·皮埃尔·阿尔都塞著：《哲学与政治》，陈越编，吉林出版社 2003 年版，第 352 页。

体建构中，并以此来感知、解释自己的生活和意义。在阿尔都塞看来，任何一条新闻都可能是社会权力运作的结果，而参与权力运作又是大众传媒确立自身存在的前提。

对于传播关系以及权力关系的研究，尽管各种流派都有自己的侧重点，但一直都是新闻传播学研究的核心问题之一。

三、传播技术与权力生产

探讨新闻传播者的权力来源，对传播技术的研究是不可或缺的。新闻传播者通过生产文本生产象征性权力，传播关系使权力关系制度化、结构化，而传播技术则对以上两种权力生产方式产生影响。一方面，传播技术不断改变着新闻的生产方式，改变着文本的象征效果，从而影响意义、价值、意识形态的生产方式。"表叔"的出现即是典型例证。假若没有网络这一社会化媒体，作为一个负面典型的形象就很难被快速确定，"表叔"这一意识形态神话也不可能如此之快地被锁定。另一方面，传播技术也在改变着人与人的交往方式和传播关系，传播关系的改变必然会带来传播权力、生产方式的演变。再者，传播技术的发展还会带来社会关系的变革，带来社会组织方式、管理方式、社会权力运行方式、社会权力网络结构的全面转型。从新闻传播的历史看，传播技术深刻影响着新闻传播者的权力生产和权力运作。

关于传播技术对社会权力结构的影响研究，最有代表性的莫过于加拿大学者英尼斯和麦克卢汉。在他们的视野中，媒介并不仅包括报纸、广播、电视等大众媒介，语言、技术、制度都是社会关系形成和维系的考察面向。他们突破了内容分析、效果研究的传统，认为传播技术的意义不是单纯加入信息发送者与信息受众之间，而更关注传播者生活这一传播技术环境本身，正是这种环境影响了人们的交往互动方式，从根本上影响了被传输或者被交换的信息的意义。英尼斯把媒介置于社会的轴心，把传播媒介看作社会权力分配的关键要素。麦克卢汉将媒介置于人类思维形成过程的首要地位，提出不同的媒介类型影响着人的心灵和心理模式。尽管两人的研究旨趣不尽相同，但他们的媒介权力观对新闻传播者权力的研究具有极大的启发意义。

（一）媒介形式与权力

媒介形式影响着人的思维和心灵结构，也改变着社会结构。在麦克卢汉的媒介理论中，语言占有关键性地位，作为符号系统和象征体系，其魔力在于"借助词语把直接的经验转换成有声的语言符号，我们可以在任何时刻召唤和找回'整个世界'"。[①] 他把语言作为所有媒介的源头，由此任何一种新媒介都不过是不同形式的语言。他相信语言作为最基本的人类感知世界的方式，能够规范、控制个人体验，影响读者的思想结构和思维方式。20世纪50年代，人类语言学中的"萨丕尔—沃尔夫假说"被提出，认为语言并非是传递信息和经验的中性工具，相反，它把信息和经验通过特殊的方式进行解码，从而使不同的谈话人相区别。他们认为，语言是形成文化和世界观的基础。麦克卢汉肯定了这一观点，并把所有媒介都看作同样角色，也正是从此出发，他得出了"媒介即信息"的结论。

的确，回顾媒介的演变史，我们不难发现，每一次传播技术的变革都影响着人们的思维方式。口语传播时代，人与人的交往是直接的、感性的，人类可能更具有儿童般纯真的特质；文字出现后，人类的逻辑思维能力逐渐增强，感性世界和理性世界逐渐分离；印刷传播时代，思维可能在同质和异质两个方向延伸；电子传播时代，人和自身分离，时间和空间概念弱化；网络传播时代，人和现实疏离，虚拟和现实混合。

也正是因为发现了媒介形式对人的巨大影响力，尼尔·波兹曼赞同麦克卢汉的立场——每种媒介都创造了自己独特的符号体系和符号环境，但波兹曼进一步提出，与其说"媒介即讯息"，不如说

---

① ［加］马歇尔·麦克卢汉著：《理解媒介》，何道宽译，商务印书馆2003年版，第93页。

"媒介即隐喻",因为媒介"用一种隐蔽但有力的暗示定义现实世界"①。任何一种新的媒介实际上都在改变我们的交流方式和对这个世界的理解方式。

语言同样是英尼斯关注的重点和分析媒介的起点。他认为口语传统诉诸记忆,有与时间相关联的历史连续性,在口语相传中,眼睛、耳朵、大脑各种器官相互协调、刺激和补充,因此,口语更具有生命力和价值,希腊口语传统"暗含着对连续性的强调。它创造了公认的标准、持久的道德和社会制度。它确立了社会组织的灵魂,维持其连续性。它形成了维持自身绵延不绝的机制"②。另外,他认为口语传统具有开放性并承载情感。"原创性思想要依靠口头传统……当辩题是人的行为和感情时,口头的辩难是极端重要的。在发现真理上,口头的辩难至关重要。口头的讨论固有的特点是亲自接触,是考虑对方的情感。这和机械化传播的冷酷,形成强烈的反差。"③ 当然,英尼斯并未就每种媒介形态的影响方式展开论述,他对媒介的影响是放置在权力生产和关系生产这样一个宏大背景中考察的,但他对媒介形式的分析视角依然值得我们关注。

(二)时间、空间和社会权力结构

1961年,麦克卢汉的《古登堡星汉璀璨》出版,他以主导性的传播方式为标准,将媒介发展史分为口语、手抄本、古登堡印刷工业、电子媒介四个时代。这四个时代的划分依据蕴含了麦克卢汉对时间、空间概念的思考,"他把技术变化如何改变人们的时间和空间概念,从而改变人类的感知比例和思维方式作为技术塑造文化的根

---

① [美]尼尔·波兹曼著:《娱乐至死》,章艳译,广西师范大学出版社2004年版,第12页。
② [加]哈罗德·亚当斯·英尼斯著:《帝国与传播》,何道宽译,中国人民大学出版社2003年版,第72页。
③ [加]哈罗德·亚当斯·英尼斯著:《帝国与传播》,何道宽译,中国人民大学出版社2003年版,第72页。

本方式"。① 在麦克卢汉看来，技术的进步都意味着人的延伸，而要弄懂技术环境带来的心理影响和社会影响，还要到人们空间、时间观念的演化上找源头。"技术的影响不是发生在意见和观念层面上，而是要坚定不移、不可抗拒地改变人的感觉比率和感知模式。"② 任何一个感觉的延伸都可以改变我们理解世界的方式。其中，视觉、听觉受到的影响最大，这两种感官在人类思维活动中的位置最为重要。因此，"'声觉—视觉'成为麦克卢汉媒介理论最为核心的概念术语"。在他看来，眼睛创造了视觉空间，这个空间具有线性、连贯性和一致性。耳朵创造了声觉空间，这个空间分割而不连续。总而言之，视觉让我们分离、专门化，其他的感官使我们参与、卷入化。对于古登堡印刷术给西方带来的思想革命，他评价，"以无穷的数量和以前不可能的速度复制信息，使眼睛在人的感官系统中稳居霸主地位"。③ 由此，缔造了分割肢解的个人和整齐划一的社会，把西方人带入了专业化、同质化的时代。

与麦克卢汉始终从个体视角考察媒介不同，英尼斯试图通过时间和空间概念的引入，发现权力与技术之间的关系。"人进行思考，用的是符号而不是物体，这种思想过程也超越了具体的经验世界，进入概念的关系。在这个概念的世界中，时间和空间均已放大……时间的世界超越了记忆中的物体的范围，空间的世界超越了熟悉的地方的范围。"④ 时空观影响着人们对自身的理解，也影响着人们的传播关系。在英尼斯那里，时空观的不同进一步影响着社会权力运行的结构和模式。他认为偏时间的媒介能够保持连续性和思想的传承，有利于形成去中心化的多元社会结构，而偏空间的媒介则对集

---

① 李洁著：《传播技术建构共同体——从英尼斯到麦克卢汉》，暨南大学出版社2009年版，第16页。

② [加] 马歇尔·麦克卢汉著：《理解媒介》，何道宽译，商务印书馆2003年版，第46页。

③ [加] 马歇尔·麦克卢汉、秦格龙著：《麦克卢汉精粹》，何道宽译，南京大学出版社2000年版，第457页。

④ [加] 哈罗德·亚当斯·英尼斯著：《帝国与传播》，何道宽译，中国人民大学出版社2003年版，第7页。

中和社会控制有利。他历史地、宏观地从技术与传播者的关系入手，探讨技术是如何参与权力分配、建构公共生活的。与麦克卢汉不同，他不认为是技术塑造了社会，相反，是社会宰制性权力利用传播技术垄断了知识生产，用知识规制了人的思维和观念。

按照一般化的理解，传播技术的创新应该带来人的思维方式的创新和人的全面解放。在网络时代的今天，人们对网络传播依然充满了乌托邦式的想象——开放、公开、民主、自由、公共领域，似乎都找到了自己的理论支撑。也正是因为新的传播技术的出现，每一个乌托邦想象的对立面也同样可能一并出现。英尼斯早就发现，新的传播技术一旦出现，就很快会被政治、经济、文化权力所收编，成为知识垄断和权力垄断的工具。

第三节　新闻传播——权力争夺的场域

权力与权力关系一直是新闻传播历史叙事的最重要的叙事线索。美国伊利诺大学教授弗雷德·西伯特、西奥多·彼得森和韦尔伯·施拉姆，1956年出版《报刊的四种理论》（Four Theories of the Press），曾得到美国领导集团的赏识和美国新闻学荣誉学会授予的奖章。该书所用"报刊"一词，是指一切大众传播媒介。该书的著者认为，世界各国的新闻传播制度与其社会政治制度是一脉相承的，基本上可以分为四种：集权主义理论、自由主义理论、社会责任理论、苏联的共产主义理论。四种理论其实只有一个核心，那就是权力关系的演变。和他们的研究旨趣相类似，英国学者詹姆斯·卡伦在对英国媒体发展史进行梳理时，使用的核心概念依然是权力，并由此把媒介叙事史归纳为自由主义的叙事、民粹主义叙事、激进主义叙事、人类学取向的历史叙事等七种历史叙事方式。[1]

---

[1] ［英］詹姆斯·卡伦著：《媒体与权力》，史安斌、董关鹏译，清华大学出版社2006年版，第4—50页。

对权力的发现与诠释是研究新闻传播历史的钥匙,也是建构新闻传播理论的逻辑前提。传播本质的话语中不论是传递观、控制观、游戏观,还是权力观、共享观,实际都是对新闻传播中权力的发现与建构。

一、新闻传播作为权力场域

法国社会学家皮埃尔·布尔迪厄打破传统结构功能主义的窠臼,提出了场域理论(field theory),给新闻的研究提供了一种全新范式。布尔迪厄认为社会世界不是一个浑然整合的总体,而是由相对自主的社会小世界构成,各小世界遵循着自己独特的运作逻辑,其中的行动者为着特定的目的而展开竞争。他将"场域"(field)定义为:"在各种不同位置之间存在的客观关系的一个网络(network)或一个构型(configuration)。"①

在布尔迪厄看来,人作为社会行动者,其思想、精神活动和社会实践活动,都是与主观世界和客观世界的双重领域发生着紧密的关系,并具有主观和客观的性质。场域中的行动者,有知觉、有意识、有精神属性。惯习正是关于场域中行动者的理论。"所谓惯习,就是知觉、评价和行动的分类图式构成的系统,它具有一定的稳定性,又可以置换,它来自于社会制度,又寄居在身体之中(或者说生物性的个体里)。"②

在布尔迪厄的观念中,资本指行动者的社会实践工具,是行动者积累起来的劳动,形式可以是物质的,也可以是身体化的。每种类型的资本多具有可传递性,不同资本类型之间具有可转换性。他主要关注三种类型的资本:经济资本(货币与财产)、文化资本(包括教育文凭在内的文化商品与服务)、社会资本(熟人与关系网

---

① [法]皮埃尔·布尔迪厄、华康德著:《实践与反思——反思社会学导论》,李康、李猛译,中央编译出版社1998年版,第135页。

② 高宣扬著:《当代法国思想五十年》(下),中国人民大学出版社2005年版,第266页。

络),此外他非常关注第四种资本——符号资本(合法性)。

　　将新闻视为一个场域来分析和揭示正是布尔迪厄批评理论的独到之处。在布尔迪厄看来,现代社会不是一个浑然一体的世界,而是分化为许多"各自为政"又相互联系的小世界。小世界与社会世界存在着异质同构关系(homology),都遵循社会等级结构的支配作用。携带不同习性和资本(经济的、政治的、文化和象征四种形态)的行动者,或者一些机构、团体,在竞技场域中获得各自的位置。场域的自律是相对的,每个场域最终受到社会支配性权力——经济逻辑的制约和影响。卡西尔人类学对关系式思维的强调给予布尔迪厄很大启发,他提出"场域"概念,以此来建构社会空间。"一个场就是一个有结构的社会空间,一个实力场——有统治者和被统治者,有在此空间起作用的持久的不平等关系——同时也是一个为改变或保存这一实力场而进行的斗争的战场。"① 透过关系性的实践结构理解社会矛盾和运作的方法,避免了从本质和实体的角度理解权力及其支配关系,便于揭示场域空间的内在和外在、微观和宏观的交错关系。

　　布尔迪厄从场域的历史结构关系揭示了后现代社会里新闻场与政治场的交错和重叠。通过收视率这一压力,经济在向电视施加影响,而通过电视对新闻场的影响,经济又向其他报纸,包括最"纯粹"的报纸,向渐渐地被电视问题所控制的记者施加影响。同样,借助整个新闻场的作用,经济又以自己的影响控制着所有的文化生产场。

　　语言不但建构了社会存在所必须的意义网络,也建构了保证社会运作的权力关系网络。在布尔迪厄看来,"语言不仅仅是单纯的沟通手段,而且也是整个社会结构进行再建构和再生产的一个中介,同时又是社会中处于不同地位和拥有不同资本的行动者和群体,为

---

① [法]皮埃尔·布尔迪厄著:《关于电视》,许钧译,辽宁教育出版社2000年版,第46页。

了寻求他们的利益、提高他们的社会地位和发挥他们实践能力的中介"。① 布尔迪厄强调语言具有象征性权力，这种"象征性"既表达语言论述所意指的，也表达语言论述所不能意指的；既表达已经意指的，也表达已经被意指层面的背后的可能性意义网络。"任何人都不应该忘记，最好的沟通关系，也就是语言交换活动，其本身同样也是象征性权力关系；说话者之间的权力关系或者跟他们相关的群体之间的权力关系，就是在这种语言交换活动中实现的。"②

布尔迪厄揭示出新闻场的操纵和被操纵之所以显得合情合理，是因为它有效地利用了象征资本或象征权力产生的巫术效果。他相信，在当代社会，统治的基本模式已经从赤裸裸的暴力转向了符号操纵。事实上在社会空间中，象征权力和象征资本的踪迹无处不在。它们或是烟尘弥漫，或是潜移默化、了无痕迹，然而其乐融融的社会表象，民主、平等的繁荣"胜景"，知识、文化的"盛宴"往往是人们主动接受的神话，是象征资本在浑然不觉中施行的迷魂巫术。

布尔迪厄认为象征资本是有形的经济资本被转换和被伪装的形式，象征资本产生适当效应的原因，也正是仅仅因为它掩盖了源自物质性资本这一事实。物质性资本同时也是象征资本的各种效应的根本来源。③ 由于象征资本的合法化效果，社会空间就像被施行了魔法，社会成员在魔法作用下形成共同"信仰"，认同自身在等级社会中所属的差异性身份的天然合理性，并生产和再生产社会结构。布尔迪尔强调，符号系统不仅提供认知的与整合的功能，而且作为统治工具发挥功能。"占支配地位的符号系统为统治集团提供整合，为社会群体的排列提供区别与等级，同时还通过鼓励被统治者接受现

---

① 高宣扬著：《当代法国思想五十年》（下），中国人民大学出版社 2005 年版，第 534 页。

② 高宣扬著：《当代法国思想五十年》（下），中国人民大学出版社 2005 年版，第 534 页。

③ Pierre Bourdieu. The Logic of Practice, trans. R. Nice, Stanford University Press, 1990, p118.

存的社会区分等级而把社会的等级排列合法化。"①

象征体系作为行动者和社会之间的中介,既是行动者实践的产物,同时也塑造和雕刻行动者的社会身份。象征体系具备认知、交流和社会区分等相关功能。象征系统首先是"建构中的结构",譬如宗教、艺术、语言、阶级、性别等意义体系和区分模式,给予社会世界以意义和秩序。象征系统还是"被建构的结构",象征符号作为交流和认知的结构被内嵌入行动者身体,成为内在的感知体系,比如社会空间建构的诸多区分原则:西方/东方、主体/客体、中心/边缘、繁荣/贫穷、进步/落后等。

进一步讲,在布尔迪厄看来,意识形态或"符号暴力"是以伪装的、习以为常的形式再现经济与政治权力来强制性地推行理解与适应社会的能力。符号系统"只有通过那些并不想知道他们臣属于符号权力甚至他们自己就在实施符号权力的人的合谋"② 才能实施符号权力。因此,象征权力也是支配场域的软性暴力,它潜移默化地将场域的区分原则和被合法化的世界观渗透给行动者。象征资本的运作不过是社会的集体巫术,是社会场域建构的制度和社会行动者共同参与的骗局,使权力运作成为顺理成章的游戏。通过使用"符号暴力"一词,布尔迪厄强调的是被统治者把自己的被统治状态自然化。

二、话语即权力

福柯是法国从结构主义向解构主义过渡的哲学家,是后现代主义的领军人物。作为20世纪重要的思想家之一,米歇尔·福柯解构了二元对立模式中权力思考的框架,超越了传统权力观对权力概念理解的局限,创建了自己的权力的"微观物理学"。

---

① [美]戴维·斯沃茨著:《文化与权力》,陶东风译,上海译文出版社2006年版,第97页。
② [美]戴维·斯沃茨著:《文化与权力》,陶东风译,上海译文出版社2006年版,第103页。

(一) 福柯的权力观

总体说来，福柯的权力观有以下几个特点：

1. 权力主体的匿名性

现代性理论中占有统治地位的人，在福柯看来只是在近代的知识结构中诞生的，是现代性的语言、知识的产物，或者说是近代开始的话语霸权的产物，随着现代性的知识结构被后现代性的知识结构所取代，随着旧的话语霸权的解构，这种主体也就消失了。因此，福柯一再强调权力问题的关键不在于谁（主体）掌握权力，一直淡化权力由谁（主体）实施的问题。福柯的权力无主体的观念其实与权力是一种关系、一种相互交错的网络的观念是完全一致的，"权力内在于某一机制，而不是束缚于某一主体，实际上，任何一个主体，只要利用这个机体，都可以产生权力效应。这表明，权力是以一种机制发挥效用的，它是这种机制的内在成分，它是匿名的，也是非人格化和非主体化的"。[①]

权力的匿名性强调，权力的主体是不确定的，任何人都可能成为权力的实施者，也有可能成为权力的实施对象。

2. 权力是去中心化的

福柯主张，不要在它们（权力）的中心，在可能是它们的普通机制或整体效力的地方，分析权力的规则和合法形式。相反，重要的是在权力的极限，在它的最后一条线上抓住权力，那里它变成毛细血管的状态："也就是说，在权力最地区性的、最局部的形式和制度中，抓住它并对它进行研究。"[②] 福柯将权力的分析引向被统治者方面，实际的操作方面，奴役的形态方面，而不是指向法律制度、国家机器等上层建筑方面。在最地区性、最局部的地方才能看到权力实际运行的意图和真实效果，才能真正了解权力是如何运作的。

[①] 征民安著：《福柯的界限》，中国社会科学出版社2002年版，第200页。

[②] [法] 米歇尔·福柯著：《必须保卫社会》，上海人民出版社1999年版，第26页。

3. 权力是自下而上的

权力不是自上而下，而是自下而上的。统治与被统治的二元对立并非权力诸关系产生的母体，生产结构、家庭、团体形成发生作用的力的关系，紧张的局部对抗才导致伟大的统治。这种统治的特点，是权力以人们的同意为基础。"权力只有将自己主要的部分伪装起来，才能够让人容忍它，这个一般的、战术的理由似乎是自然而然的。权力的成功与它是否能够成功地掩盖自己的手段成正比，一个厚颜无耻的权力难道能为人所接受？"①

4. 其他特征

除了以上内容外，还有如下几点特征：权力关系处于其他关系之中，如经济进程、知识关系、性的关系等，它在其中运动、分化，是不均等变化的结果；哪里有权力哪里就有反抗，抵抗点无处不在，但是，即使权力促生抵制，也只能在权力关系弥散无边、转换无定的游戏中进行；权力是意象性的但非主观的，统治集团的国家机器是控制不了一个社会的权力网的。

很容易看出，福柯在质疑和批判的基础上提出了一个"全新"的权力概念。他努力把我们对权力的理解转移到"细小仪式"或权力的"微观物理学"上来。在他看来，权力不是单向的、自上而下的，并没有一个特定的来源。权力从无数个点出发，像毛细血管一样渗透到社会生活的各个角落。权力是无所不在的。"我所说的权力既不是指在确定的一个国家里保证公民服从的一系列机构与机器，即'政权'，也不是指某种非暴力的、表现为规章制度的约束方式，也不是指由某一分子或团体对另一分子或团体实行的一般统治体系。"② 它并不包括稳固的"双向对立"——如统治者与被统治者。那么政治权力和福柯所说的权力之间的关系是什么呢？"首先应该将权力理解为：众多的力的关系……权力，不是什么制度，不是什么

---

① ［法］米歇尔·福柯著：《求知之志》，尚恒译，载杜小真编选《福柯集》，上海远东出版社 2003 年版，第 295 页。

② ［法］米歇尔·福柯著：《求知之志》，尚恒译，载杜小真编选《福柯集》，上海远东出版社 2003 年版，第 345 页。

结构，不是一些人拥有什么势力，而是人们赋予某一个社会中的复杂的战略形势的名称。"①

（二）话语——权力的形式

传统上，对话语的研究主要集中在修辞学和诗学领域。古希腊的亚里士多德就详细论证了话语的各种结构。话语在语言学中用来指称比句子更重要的动词性言说。话语分析关心的不仅是某个言说者的复合语句，而且更常考虑的是两个或更多言说者的交替互动，以及用来操持和控制特定语境中之话语的语言规则和社会习俗。②

话语的概念主要是经过米歇尔·福柯的论述而成为一种普遍的理念。"话语"概念在福柯那里也有广狭之分。广义地讲，"文化生活的所有形式和范畴"都是"话语"。正是在这个意义上，他称自己的工作为关于"话语"的"话语"。狭义的"话语"，在福柯那里，按照哈贝马斯的说法，接近于"语言的形式"。

本书所讨论的福柯的"话语"概念，主要指的是狭义的"话语"。然而，就是在狭义的意义上使用的"话语"概念，在福柯那里也是有其独特含义的。

福柯在索绪尔语言和言语二分法的基础上提出了自己的"话语"概念。索绪尔认为，语言是言语活动中确定的部分，是社会集团约定俗成的规则，言语是个人说出的话。而在福柯的视域中，话语既不同于言语也不同于语言，同时又不能脱离言语和语言。"话语"不是一个单纯的语言学概念，而更主要的是一个多元综合的关于意识形态再生产方式的实践概念，它具有自身的实践性，存在于立体的语境中，既随着语境变化又反作用于语境，人类与世界的关系是一种"话语"关系，任何事物都不可能脱离"话语"而存在。

福柯认为，话语构成过程受制于"一组匿名的历史规则"，它决

---

① ［法］米歇尔·福柯著：《求知之志》，尚恒译，载杜小真选编《福柯集》，上海远东出版社 2003 年版，第 345—346 页。
② ［英］约翰·费斯克等编撰：《关键概念：传播与文化研究辞典》（第二版），李彬译，新华出版社 2004 年版，第 84 页。

定着语言、观念如何相互交换等话语活动，潜在的规范要求话语如何去实践。福柯选择了一个"知识型"的概念来表达这个比话语更深层次的存在，或把它叫做"历史前提"，它决定着一个时代的话语模式，包括人的认知、理解和接受方式。

话语是社会化、历史化及制度化形构的产物，而意义就是由这些制度化的话语所产生的。"话语是一种权力关系。它意味着谁有发言权，谁无发言权。一些人得保持沉默（至少在某些场合下），或者他们的话语被认为不值得关注。语言系统在情感和思想层面上产生压制；尽管它是一种隐蔽的、表面上无行为人的控制系统，然而它在社会中是一种真实的权力。"[①]

在他看来，"话语"不仅仅是语言学意义上的"所指"与"能指"，它更是一种"权力"。统治者为了维护和巩固自身统治的基础，在物质或情感的手段以外，都会以一套特定的话语系统去影响人们，唤起人们对其统治合法性的信仰与尊重。他认为，话语是不同群体争夺霸权及意义与意识形态产品的斗争场所和斗争对象，而权力是"各种力量关系的、多形态的、流动性的场（field），在这个场中，产生了范围广远但却从未完全稳定的统治效应"[②]。权力和理性嵌刻于各种话语和制度性场域之中。在任何社会中话语即是权力，因为那些对话语起决定性作用的规则强化了有关何为理性、理智以及真实的判定标准。权力与知识的共生关系显然无法脱离话语的构建。影响、控制话语的根本动力是权力，权力创造知识，而权力只有通过话语这个媒介才能实现其作用。权力通过借助话语"发声"，而话语通过掌握权力"表意"。在每个社会关系中，知识通过话语获得，话语的产生由权力形式来控制、选择、组织和分配。权力决定话语中的禁止与排除，即什么是合理的语言，什么是不合理的禁语。影响、控制话语的内在因素是权力。霍伊曾评价说，对于福柯，话

---

① ［英］约翰·斯道雷著：《文化理论与通俗文化导论》，南京大学出版社 2001 年版，第 121 页。
② 陈芳：《权力与话语：意识形态对翻译实践的操纵》，载《湖南第一师范学报》2004 年第 3 期。

语是权力的一种形式。

话语是知识的载体和工具，在福柯看来，权力和知识携手共进。这个共生体的表象是知识，但其实质是权力。所谓说话，归根到底就是说话的权力，谁在说话，代表谁说话。话语是一种压迫和排斥的权力形式，它代表的一方即意味着他必定有对立的一方，而对立的一方必定受到压制和限定。"所有的知识都是权力意志的体现，这就意味着我们不敢讲出实在的真理和客观的知识。"① 正如他在《疯癫与文明》中所阐释的，话语被谁掌握，谁就有了说话的权利。疯子之所以被理性驱逐在外，也是因为疯癫权力的不在场和失声。他之所以不遗余力地为疯癫说话，就是为了使被权力统治排除在外的，处于边缘的东西说话，让他们发出自己的声音。在米歇尔·福柯眼中，话语是权力争夺的对象，并且是一个特殊的对象。如果是权力争夺不到的话语，那它就不叫作权力。

第四节　社会化媒体时代的权力关系重构

"社会化媒体"来自英文词组"social-media"，最早出现在一本《什么是社会化媒体》的电子书里。作者将社会化媒体定义为："一种给予用户极大参与空间的新型在线媒体，具有以下几个特征：参与、公开、交流、对话、社区化和连通性。"② 目前对社会化媒体的界定基本包括博客（Blog）、维基百科（wiki）、论坛（BBS）、社交网络（SNS）、播客（Podcast）、微型博客（Twitter）、内容社区（contentcommunity）七种形式。社会化媒体的出现营造出全新的媒介生态，也使共享传播成为可能，在整个网络社会中掀起一股新的浪潮，甚至可能对现实生活、社会结构产生重大影响。

---

① Selden, Rama n A Reader's Guide to Contemporary Literary Theory. [M] Sussex: The Harvester Press Limited, 1985.

② 孙楠楠：《对社会化媒体的传播学思考》，载《传媒观察》2009 年第 9 期。

一、社会化媒体的传播特征

相对于传统媒体，社会化媒体有着新型的传播形态，在传播的各个环节、各个层面都特点鲜明，使得传播能够更快、更广、更平等地进行。

第一，社会化媒体的传播内容丰富。海量的信息、迥异的观点以文字、图片、音视频、超链接等多样化的形式呈现出来，用户可以自由选择个性化的内容，做自己的"把关人"。在社会化媒体中传播的不仅仅是专业性强的新闻报道、公共信息，更多的是碎片化的文本以及个性化的表达。通过微博、社交网络，用户真正实现了"秀才不出门，便知天下事"，UGC（用户生产内容）的模式使传播内容得以在更大的范围内共享。

第二，社会化媒体的传受关系一体化。人人都是信息的发布者，也是信息的接收者。不同于传统媒体的是，传播者不再仅限于媒介组织的专业人员，只要有传递信息、分享感受的愿望，每个人都可以成为记者。不仅如此，社会化媒体的用户在拥有传播的主动权的同时，也能自主地接收信息，这就摆脱了传统受众的被动地位。传者和受者之间的界限是模糊的，身份可以随时转换。传受关系的一体化使得用户更像是一场"传播盛宴"的参与者，能够充分地投入其中，享受着整个过程。

第三，社会化媒体的开放性。作为一个新型传播渠道，社会化媒体为人们提供了一个相对平等开放的平台，微博、SNS 等大多是免费使用的，进入门槛低。它们鼓励用户参与话题讨论，通过渠道的共享把成千上万的"陌生人"聚集在这个"公共社区"中，一定程度上拉近了人与人之间的距离，也更易形成各种"共同体"。

第四，社会化媒体裂变式的传播模式。社会化媒体改变了以往互动性不强的线性传播，从"一对多"变为"多对多"。在这个过程中，"信息的运动不像流星一闪而过，而是像原子的裂变反应，由一种信息扩充出许许多多联系；又从许许多多联系中折射出不同形式的结构。信息的力量就产生于整个的裂变过程中"。① 所以，在社会化媒体上信息从发布——扩散——接受——聚合——再发布的传播模式，扩大了传播的空间，也提高了传播的速度，传播的效果更为凸显，尤其是在公共事件发生时，社会化媒体将不同身份、不同地域的人"捆绑"在一起，极易产生意见、情感上的"共鸣"，营造出一种"天涯共此时"的舆论氛围。因此，一个"草根"的声音可能会被无限放大，甚至能够影响现实社会。除了短期的线性效果外，裂变式的传播模式也会对人的思维方式、行为方式产生潜移默化的影响，在满足信息需求和激发参与公共事务的兴趣的同时，促使网络社会与现实社会的共振，从而实现传播功能的最大化。

内容的充分享用、主体的彻底融合、渠道的共同占有、过程的全程参与，这些都是基于共享的社会化媒体的传播特征，也是传播得以顺利实现的保障。正是因为这些特点，"传播"一词被很好地诠释，它还原了本来面貌，恢复了根本价值。因此，社会化媒体使真正的传播成为可能。

二、基于共享的社会化媒体权力重构

"媒介即权力"是指传播媒介对个人和社会进行影响、操纵和支配的力量，它既能建构客观世界和社会现实、改变人们对外界的感知和认识，也能作用于外部环境，使社会关系和结构发生巨大改变。媒介是一种工具，可以为人所用；也是一种物质载体，传达丰富的精神内涵。现代社会，谁拥有媒介，谁就掌握了话语的主动权，也就能够在社会系统中取得支配性地位。

如果说"媒介即权力"强调的是传统媒体在社会体系中力量的强化，那么社会化媒体的产生和发展带来的则是权力的重构和社会关系的重新"洗牌"。基于共享理念的传播模式消灭了技术造成的"信息差"，"人人都有麦克风"的现状充分满足了多样化的信息需

---

① 丁海晏著：《电视传播的哲学》，北京广播学院出版社2001年版。

求，也调动了参与者的积极性，时间空间范围的扩大和关注焦点的瞬息万变加剧了支配和操纵社会化媒体的难度。因此，媒介的信息垄断权开始瓦解，话语权逐渐下放，传播权力的变化也可能导致社会权力系统的改组。目前看来，基于共享的社会化媒体的权力重构成为必然趋势。

中国互联网络信息中心（CNNIC）2012年1月16日发布的《第29次中国互联网络发展状况统计报告》显示，中国网民的数量已达5.12亿，网络普及率达38.3%，其中，微博的用户数量更是呈井喷式增长，社交网站的用户黏性也有所提高。相比之下，报纸和电视的受众市场和广告收入却日益萎缩。据美国 Carnegie 公司调查，在1964年，80%的美国人看报纸，而今天只有50%，年轻人则不到20%。① 从2010年起，美国网络广告的收入超过印刷媒体，其中相当部分流入新闻聚合服务商那里；三大有线电视网的观众十几年来首次下降。这一切都证明传统媒体的受众向新媒体尤其是社会化媒体过渡，随之而来的是权力的转移和交接。对媒体"唯命是从"的时代一去不复返了，能够把握社会化媒体的传播规律并顺势而为之，成为获得权力的关键。

权力重构的最为明显的特征是精英权力的下放与普通用户权力的崛起，社会化媒体掌握了内容的生产权。福柯认为，权力不总是压制和支配的，它也有积极的一面。总体来讲，生产性的权力激发了活动，而不是禁锢了活动；诱导了思想，而不是压抑了思想；引发了话语，而不是打断了话语。② 社会化媒体的最大特点就是 UGC，即用户生产内容，它构成了主要的媒介资源。学者 Cmswiki 对微内容的解释是"最小的独立的内容数据，如一个简单的链接，一篇网志，一张图片、音频、视频，一个关于作者、标题的元数据，E-mail 的主题、RSS 的内容列表等"。也就是说社会化媒体用户所生产

---

① 《权力向新媒体转移》，http://www.cctv.com/cctvsurvey/special/01/20110706/111106.shtml，2012年11月2日。

② 马汉广：《论福柯的微型权力理论》，载《学习与探索》2009年第6期。

的任何数据，小到一句话，大到音频文件、视频文件，甚至过客用户的每一次支持或反对的点击，都是微内容。这些零星散乱的数据聚沙成塔，成为网络神奇力量的真正来源，也成为颠覆传统媒介权力的主要载体。

数量庞大的用户群对微内容的制作是不遗余力且丰富多彩的，"裂变式"的传播使微内容的生产、扩散到接收在瞬间完成。用户成为社会化权力的主体，掌握了信息的发布权和舆论的引导权，媒介权力由集中变为分散。与传统媒体的精英控制不同，社会化媒体的繁荣挑战了"自上而下"的话语霸权，解构甚至瓦解了旧的价值体系。

社会化媒体颠覆了传统媒体的权力构成。首先，权力的来源不同。在社会化媒体中，个人真实的社会身份和地位不再是权力的保障，能够利用新的传播方式生产用户感兴趣的内容，吸引更多的注意力才是衡量权力大小的标准。以微博为例，某专家或名人可能因为粉丝量少而失去意见领袖的地位，一个默默无闻的平民却可能由于发布了某条众人关心的信息而悄然走红，并拥有了对事实的解释权和广泛影响力。渠道的开放性和内容的共享性使人人都能拥有权力，而权力的下放和分散也激发了用户进行再生产的热情，造成一个无限循环的过程。其次，权力的行使方式不同。传播主体的能动性导致权力向个人转移，因此权力的行使方式变为信息或舆论的聚合与分化。传统媒体的意图在于控制信息的发布和流向，改变人们的认知和行为，受众处于被动的地位，是权力的作用对象；社会化媒体权力行使方式恰好相反，普通用户是权力的享有者和实施者，通过对某条信息或某个观点的转发、评论，某个帖子的"顶"或"踩"，来行使自己的选择权和否定权。信息的分裂式传播能够使权力的作用范围扩大，而观点和意见的聚合、情感上的共鸣又使用户权力影响极大。由"分裂"到"聚合"的过程，是权力积微成著的过程，也是个人作用他人的方式。这与传统媒介的"发号施令"的强制行使不同，在社会化媒体的权力行使中，普通人成为主角，强权逐渐势微。

三、福柯权力观下的新媒介权力重构

在福柯的著作中,"权力"问题是其论述的重要议题。福柯的权力观不同于一般观念上的权力,是因为他认为权力是无处不在地存在于关系之中,并且权力是无中心化和无主体性的。福柯通过对于"规训性权力机制"的阐释,来分析当代社会支配公众的运行机制。

福柯的权力观投射在当今的新媒体时代,传统媒体与新媒体在权力博弈场上同台竞技。借力于媒介技术的发展,新媒体的形式层出不穷,新媒介的功能发生了颠覆性的优化升级,各种媒介对于知识、话语权的控制力量出现分化,对公众原来所处的权力生态也产生了新的影响。因此从福柯的权力观入手,来探究新媒介时代的权力格局的重构,大致可以从权力流向的转移、权力主体的变化、权力边界的重新划分三个方面加以关照。

首先,权力流向由传统媒体转移到新媒体。福柯认为权力是在相互关系的作用下得以呈现,并不是固定地被某人所专享的,而是处于流动循环的过程之中。"权力应当作为流动的东西,或作为只在链条上才能运转的东西加以分析。权力从未确定位置,它从不在某些人手中,从不像财产或财富那样被据为己有。权力运转着。"[①]

随着媒介技术的革新,新媒介裹挟着数字化的利器,对传统媒体权力阵营发起挑战。新媒介不仅使"人人都是一家电视台"成为可能,打破了传统媒体进行信息发布的权力格局,还凭借移动终端、APP第三方应用等强大的兼容性、传播力,增强了与公众的黏着度,延伸着公众的感知触角,将公众深度卷入新媒体的话语体系中。传统媒体时代的受众开始转投到新媒介的怀抱,使得媒介对于公众的控制方式发生了转向,改变着媒体权力的力量对比。传统媒介的权力已经被新媒体分解,新媒体在与传统媒体进行权力的对话中不断

[①] [法]米歇尔·福柯:《必须保卫社会》,钱翰译,上海人民出版社2010年版,第22页。

提升话语权，使得权力流向从传统媒介转向新媒介。

其次，权力主体由单一主体向多元主体转型。福柯认为权力是一个场、一个网，没有人单独掌控话语权，进行从上而下的单向度控制。每个人都处于相互交错的权力网中，既可能成为被权力控制、支配的对象，也可能成为实施权力的角色。因此不能简单区分占有权力的统治者和被权力控制的被统治者，权力主体应该是多元化的。"在权力之网上，个人不仅在流动，而且他们总是既处于服从的地位又同时运用权力。"①

在传统媒体时代，媒介权力掌握在官方组织和权力机关手中，通过权力主体的议程设置和文化编码，实现对于公众的控制。而在新媒介的话语体系里，世界是"平"的。基于共享理念的传播模式消灭了技术造成的"信息差"，"人人都有麦克风"的现状充分满足了多样化的信息需求，也调动了参与者的积极性，因此，传统媒介的信息垄断权开始瓦解，话语权逐渐下放。越来越多的公众接近新媒介，运用新媒介进行意见表达，改变了以往自上而下的单向传播模式，向现在的互动式传播转移。权力从而呈现"去中心"化状态，权力下放给了占大多数的公众，公众因此跃升为权力行使的主体。

公众按照自己的偏好和习惯，通过微博进行内容的筛选、议程的设置和个性化的意见发布，不再受制于传统媒体的权力把控。在这种媒介生态下，公众获得了传受一体的身份属性，"微博主与自己的粉丝之间以信息为纽带建立了一种比较松散的契约关系"②，使得以往掌握权力的主体由媒体、记者等向范围更为广阔的公民扩容，从而改写了媒体旧有的权力格局。

最后，权力边界在从全盘控制向互相制衡的转变中实现重塑。福柯认为权力总是在不均衡的力量较量之间获得持续和长久。"权力

---

① ［法］米歇尔·福柯：《必须保卫社会》，钱翰译，上海人民出版社 2010 年版，第 22 页。
② 喻国明、欧亚等著：《微博：一种新传播形态的考察——影响力模型和社会性应用》，载《人民日报》2011 年 5 月。

是通过持续不断的斗争和较量而转化、增强或颠倒的过程。"① 权力流向的转移和权力主体的多元，引起了权力力量分布的不均衡，因此势必会导致权力边界的重新划定。福柯认为："来自于社会各个机体的力量联结在一起，构成对统治集团的挑战，从而导致力量的再分配和再调整。"② 由于权力无处不在，所以相对于权力的反抗也无处不在。权力关系的存在是因为反抗力量的存在。"权力是这些力量关系相互之间的依靠"③，因此要确立权力的新边界，必须要充分发挥新媒介时代多元化主体的主体性，规制权力流向的路径，形成权力与权力之间的制衡，从而打破传统观媒体时代媒体对于权力空间的全盘控制。

为此，福柯提出"规训性权力机制"，他认为："没有必要发展军备、增加暴力和进行有形的控制。只要有注视的目光就行了。一种监视的目光，每一个人在这种目光的压力之下，都会逐渐自觉地变成自己的监视者，这样就可以实现自我渐进。这个办法妙极了：权力可以如水银泻地般地得到具体而微的实施，而只需花费最小的代价。"④

微博中具有代表性的热点事件，往往牵涉到公权力与公共权力的争夺。一方面是数以亿计的网民集体意识的苏醒，他们开始运用新媒体表达自己的诉求、争取合法的权益；另一方面是公职机关试图借助媒介技术维护自身权威性和合法性，从而继续享有公众的仰视。当两种权力发生冲突时，"规训性权力机制"就为权力边界的分野提供现实可操作性。以2011年轰动一时的"郭美美事件"为例，从一个微博用户的炫富到公众对红十字会的质疑，直至扩展为中国

---

① [法] 米歇尔·福柯著：《性史》，姬旭升译，青海人民出版社1999年版，第80页。
② [法] 米歇尔·福柯著：《性史》，姬旭升译，青海人民出版社1999年版，第80页。
③ [法] 米歇尔·福柯著：《性史》，姬旭升译，青海人民出版社1999年版，第80页。
④ [法] 米歇尔·福柯著：《权力的眼睛》，上海人民出版社1997年版，第158页。

慈善事业的危机，网民的质问和关注推动着整个事件的发展，也将触角伸向了鲜为人知的社会领域。虽然事件扑朔迷离、牵涉人物众多，但是网民通过微博对公权力的监督并由此产生的显著效果不容忽视。

总而言之，新媒介的狂飙突进，已经使得权力的操作主体、操作方式、博弈关系等发生了量和质的深刻变化，个人之间、各个组织机构和利益集团之间的竞争在社会化媒体上愈演愈烈，进而引发媒体权力的重构。反过来，这种博弈客观上也开始疗愈旧有权力格局的痼疾，使得共享而不是独占成为权力实现的途径，从而使权力运作变得相对透明和公平。同时，新媒体还释放了公众的权力空间，使得公众权力开始有了更多发声立言的平台。可以说，新媒介调整了权力的力量对比，开始划分权力之间的新边界。

第二章 新闻学研究的基本范畴

第一节 新闻与事实

一、新闻事实与客观事实

客观事实是独立于人的意志之外的客观存在，它可以被认识。而新闻事实则指人依靠对客观事实的认识能力和加工制作技术，表现在媒介报道中的对客观事实的反应。也就是说，客观事实是独立于新闻之外、与新闻传播的事实不能直接画等号的客观存在。①

新闻事实是新闻传受过程中的观念事实。杨保军把新闻传受过程作为研究对象，提出了"新闻的过程形态"——新闻的本源态、传播态以及收受态②，对应着新闻事实存在的三种事实形态：客观存在的事实、媒介传播的事实以及受众收受到的事实。在新闻的传播与收受中的新闻事实都是观念事实，它们的现实来源是客观事实。二者都会受到主体认识水平和符号表征能力的限制。

新闻真实是一种以符号为媒介的"再现"真实。符号有自身的规律性，不同符号体系进行言说时的意义不同。任何符号在告知一

---

① 徐李子：《"新闻事实"不等于客观事实》，载《新闻知识》2004 年第 1 期。
② 杨保军著：《新闻理论研究引论》，中国人民大学出版社 2008 年版，第 54—64 页。

部分事实时，同时也在遮蔽另一部分事实。

　　新闻真实是一种"有限"真实。一方面，客观事实具有不可复制性，任何对事实本身的复制与反映，都只能是接近事实，而不是事实本身。同一事件发生后，不同目击者之间的陈述既不一致，也不能保证准确无误。即便是高科技手段所记录下来的"事实"，也不是事实本身，只能反映事实的一部分表象。因为这种记录过程的控制者本身是人，记录过程代表了人在观察角度、截取片段、清晰程度等方面的选择。① 由于观察介入的角度不同、新闻源不同、媒介所持有的立场和利益不同、新闻记者对整个事件的认识水平不同，新闻呈现出的必定是有限的真实。同一个事实陈述的背景变了，事实的意义也就变了。

　　人们常说，事实胜于雄辩，实际上使用这句话时，大多是在用事实雄辩。在法律理论界，同样有"法律事实不是客观事实"之说。法律事实，是人们所能认识或已经认识且具有法律意义的事实，而不是客观事实本身和全部。案件本身是客观事实，而人们所认定的案情，不过是办案部门依照法律程序竭力再现的案件实际。人们所获得的"事实"只是无限接近于客观事实的"法律事实"，而不是客观事实本身。由于证据的限制，有的案件的真相即客观事实在宣判后若干年才真相大白，而有的则永远都不知真相。有强大的国家机器作为保障、有先进的科技手段辅助、有严密司法程序限制的"法律事实"都不能等同于客观事实，"新闻事实"不等于客观事实就更不用说了。②

二、事实与诠释

　　在西方，诠释学最初是作为一种诠释技艺出现的，指向的是某些特定的领域，例如宗教或者法律，是以特定的文本，例如宗教的

---

① 参见徐李子：《"新闻事实"不等于客观事实》，载《新闻知识》2004年第1期。
② 参见徐李子：《"新闻事实"不等于客观事实》，载《新闻知识》2004年第1期。

经典、法典或文学作品为诠释对象而进行的特定的实践活动。诠释学作为现代西方主流哲学思潮之一，作为解释和理解的理论和方法被广泛地运用在社会科学研究的各个领域。

尼采曾经说过："没有事实，只有诠释。"虽然这句话最初讲的是沟通的作用，但能够给人以思考的更大空间，如果没有诠释，事实也无从可知。在新闻传播的领域里，新闻事实以新闻的形式呈现在受众的面前，即是经过诠释后的新闻事实。从诠释学和新闻学的逻辑看，新闻的生产和接收经过了三个层次的诠释：传播者对事实的诠释、受众对新闻报道的诠释和文本语言自身的诠释结构。从这个意义上说，新闻是对新闻事实的诠释与呈现。

（一）关于诠释

诠释学的最初含义是指一种宣告、口译、阐明和解释的技艺[①]，与神话和宗教密切相关。"直到18世纪为止，从神学和语文学里成长起来的诠释学学科仍是片断零碎的，只服务于说教的目的。"[②] 到了19世纪，在神学家施莱尔马赫的努力下，诠释学摆脱了一切教义的偶然因素，作为一门关于理解和解释的一般学说出现。使得诠释学从诠释技艺成为理解方法论。

而诠释学在西方之所以能够成为一门显学，具有转折意义的是哲学家伽达默尔在海德格尔的引领下完成了诠释学的本体论转向，对诠释学进行了系统化的建构。他对"理解本体论的基本内容主要是从理解的历史性、理解的语言性和理解的应用性三个方面加以揭示的"[③] 所谓理解的历史性指的是由于历史的疏远化作用，文本的理解者处于和文本的作者不同的历史情境之中，有着独特的历史性，而这种历史性会必然地渗透到理解的过程中，影响读者对于文本的理解。所以伽达默尔强调"文本的意义超越他的作者，这并不是暂

[①] 彭启福著：《理解之思——诠释学初论》，安徽人民出版社2005年版，第9页。
[②] 彭启福著：《理解之思——诠释学初论》，安徽人民出版社2005年版，第15页。
[③] ［德］汉斯-格奥尔格·伽达默尔著：《真理与方法》第二版序言，洪汉鼎译，上海译文出版社1999年版，第8页。

时的，而是永远如此的。因此，理解就不只是一种复制行为，而始终是一种创造性行为"。① 海德格尔有一个非常著名的命题即"语言是存在的家"，这种语言和存在的固有关系引领伽达默尔做出了"能被理解的存在就是语言"的论断。由此，理解的语言性可以表述为，语言作为一种媒介存在，对诠释学的对象和过程有着规定性，这也就引出第三个方面——理解的应用性。理解，也就是诠释，是一种语言应用的过程，而诠释的本身也是一种应用。这使得整个理解和诠释过程具有双重的指向性，既指向现时代的生活，也指向文本本身。借助于文本的解读而实现读者和文本作者之间的主体间互动，既促进了文本意义的流动，也引发了读者状态的改变，伴随产生新的意义。伽达默尔对于这三个方面的阐释对于新闻的解读有着重要的意义。

伽达默尔诠释体系的建立掀起了一波批判与反批判的热潮，也形成了当代西方诠释学的多元发展的格局。

意大利法学史家贝蒂和美国诠释学家赫施通过对伽达默尔的批判，把诠释学建构成一种精神科学的一般方法论。哈贝马斯认为伽达默尔的学说缺乏批判性，由此提出了批判诠释学。他认为，人类的任何行为都只能在交往中进行，交往行为是直接以语言为媒介展开的，旨在达到主体间的相互理解的意向性活动。无论是作为理解活动得以展开的媒介的语言，还是在语言背后起决定作用的社会交往行为，都带有意识形态的特征。语言本身就是一种意识形态，对语言的意识形态批判就应该成为诠释学的题中之意。而利科尔则从语义学的角度出发，发展出了文本诠释学，即把文本作为理解和解释的重心，尊重了文本的客观性，同时也尊重了读者的主观特性。

作者、文本和读者之间的相互关系构成了西方诠释学的主要内容。上文中所提及的多元发展的趋向也明确了三种诠释学的转向：作者中心论、读者中心论和文本中心论。这将在后文中结合新闻是

---

① ［德］汉斯－格奥尔格·伽达默尔著：《真理与方法》第二版序言，洪汉鼎译，上海译文出版社1999年版，第380页。

对事实诠释后的呈现进行论述。

（二）新闻：对事实的诠释与呈现

前文中提到，诠释学的三次转向分别为作者中心论、读者中心论、文本中心论。作者中心论中文本存在的意义在于表达作者的原意，读者对于文本的解读就是要把握作者的原意，作者的原意也因此成为支配理解活动的核心。而在读者中心论中，读者对于文本的解读并不是一种向作者原意的回溯，相反是一种借助于文本而实现的此在的存在方式，它强调的是意义创生的过程。文本中心论就是对作者中心论和读者中心论两者协调起来的一种论说，强调的是书写文本的自主性，也就是语言的诠释意义，也就解释了"因为书写，事情已经开始发生变化了，因为不再有作者和读者的共同的语境了"。①

从诠释学的意义来看，对新闻的理解同样有着传播者、受众和新闻文本的三个取向。可见，呈现在受众面前被受众阅读过的新闻已不再是客观事实，而是经过了传播者、文本、受众诠释之后的事实。这也就不难理解，新闻是事实诠释后的呈现，涉及了传播者、文本、受众三方面的诠释。这种诠释更多地体现在语言的运用上，也是一种意识形态的角逐。

三、新闻：事实的建构、意义的赋予

尽管新闻事实不等于客观事实，新闻也不可能精确地反映全部事实，但是这并不能妨碍新闻界对于新闻客观性的向往与追求，这是对新闻客观与真实的追求。长久以来，"新闻客观性"是新闻学研究的经典命题之一，也是备受业界推崇的新闻传播原则之一，其基本思想是意见与事实分开，禁止在报道中直接、公开地采取带有撰

---

① ［法］保罗·利科尔著：《解释学与人文科学》，陶远华等译，河北人民出版社1987年版，第144页。

稿人主观倾向的立场。① 然而，"新闻客观性"原则更像是一种崇高的理念，这种理念只有在完全"真空"的环境中才能真正实现，在现实世界中举步维艰。②

因此，在新闻传播的实践层面，人们更多的是在建构主义（constructivism）或者社会建构论（social construction of reality）的框架中，去讨论新闻真实性实现的种种障碍。从记者个体的主观性、认识能力局限性、媒体组织的文化、惯例与赢利驱动，到媒体组织之外的政治、经济的压力与文化习俗的制约等，无一不对新闻生产过程发生影响。③

（一）关于新闻的建构主义

简单地说，"建构论"或者"建构主义"，就是把某一事物看作是建构（building, making, constructing）起来的。所谓建构出来的，就是与"本质"、"本性"、"内在属性"相对，很多事情不归因于事物的本性，而归于人们（尤其是社会）让它变成这个样子④，隐含有社会活动的人工性质。"建构主义"蕴涵有这样的信念，即自然事物的结果本身是能够加以改变并重新安排的⑤。

后现代主义思潮常常表现为"建构论"，认为，人所有以为是事物本质的东西，其实全都是建构起来的。例如说，"性别"是建构起来的。不过是默认男性、女性的角色和特点，男性要爱好运动，女性要会化妆，男性该挣钱干事业，女性就该持家带孩子，这都不是男女生下来就要这样的，是社会慢慢规范出来的。再比如说，"科学知识"是建构起来的。科学理论不是单纯对"物质世界的反映"，

---

① 陈力丹、王亦高：《深刻理解"新闻客观性"》，载《新闻大学》2006年第1期。
② 梁宵：《"新闻客观性"演变的二元路径和现实矛盾》，http://www.studa.net/xinwen/090821/1050321.html，2013年4月5日。
③ 邓理峰：《理解媒介现实的两种范式》，载《现代传播》2008年第3期。
④ 《什么叫建构论哲学》，http://zhidao.baidu.com/question/411903079.html，2013年4月5日。
⑤ 邓理峰：《理解媒介现实的两种范式》，载《现代传播》（中国传媒大学学报）2008年第3期。

是科学家群体筛选出来的,你的研究必须先认同、遵守现行某一门科学的种种规范,才会入这门科学的专家法眼,等等。①

同时,"建构论"又是与"实在论"相对应的哲学术语,实际上是西方哲学史上延续了两千多年的一场争论的支脉。二者的区别简言之就是:世界是独立于人的意识真实地存在那里,还是只不过是我们人类建构的结果?②

作为一种不同于传统的认识论和思维方式,"建构主义"认为,人类不是静态地认识、发现外在的客体世界,而是经由认识、发现过程本身,不断构造着新的现实世界。③社会知识并不是人类对外部世界的发现和描述,而是人们的一种发明和创造,是人们建构的产物,并且认为所有的社会知识都是社会实践、社会制度和社会文化的产物,是相关社会群体在互动和协商中建构的结果。由此我们可以看到,在哲学立场上,实在论和建构论是相互竞争的对世界的解释方式。实在论强调事实独立于人的活动和作用,而建构论则更多地注意到事实对人类活动和作用的依赖。④

美国著名新闻记者、政治评论家李普曼提出的"拟态环境"(pseudo environment),被视为新闻建构思想的萌芽。⑤他发现"由于真正的环境总起来说太大、太复杂,变化得太快,难于直接去理解它"⑥,因此,人类"必须先把它设想成一个较简单的模式,我们

---

① 《什么叫建构论哲学》,http://zhidao.baidu.com/question/411903079.html,2013年4月5日。
② 参见邓理峰:《理解媒介现实的两种范式》,载《现代传播》(中国传媒大学学报)2008年第3期。
③ 参见闫志刚:《社会建构论:社会问题理论研究的一种新视角》,载《社会》2006年第1期。
④ 参见邓理峰:《理解媒介现实的两种范式》,载《现代传播》(中国传媒大学学报)2008年第3期。
⑤ 张梅:《从社会建构主义到新闻建构论》,载《福建师范大学学报》(哲学社会科学版)2011年第1期。
⑥ [美]沃尔特·李普曼著:《舆论学》,林珊译,华夏出版社1989年版,第10页。

才能掌握它。我们必须先掌握世界的概貌，才能详细考察世界"。①而新闻报道"就像探照灯的光速一样，不停地照来照去，把一件又一件事从黑暗处带到人们的视域内"②，复杂的外在世界逐渐被新闻报道简化为个人"脑海中的图像（the pictures in our head）"，即媒介替代受众建构出世界的概貌——"拟态环境"，而这种环境却不一定是真正的社会现实。③

新闻社会学者塔克曼首先将建构主义思想引入了新闻传播学领域，他认为"在新闻描述一个事件的过程中，新闻也定义（define）和形塑（shape）这一事件"④，"新闻是一种被构建出来的现实，其自身具有内在的合理性。就像文学中一样，新闻报道中存在的以及新闻报道本身是一种筛选过的（selective）而不是合成的（synthetic）现实"。⑤也就是说，新闻是对来自社会现实的事实经过选择、过滤和提纯之后的事实表述，新闻所塑造出来的媒介现实只不过是现实世界的沧海一粟⑥。未来学家约翰·奈斯比特所言的"新闻洞"（newshole）形象地说明了这个问题："因为报纸的'新闻洞'是个有一定之规的系统。为了从经济上考虑，报纸上刊登新闻的版面大小在一段时间内不会有很大的变化。所以，当报道一件新事情时，就必须略去一件或数件其他的事情；要想加上一点东西，就必须减去一些东西。这是一个在有一定之规的封闭系统中的强迫性选择。"⑦

---

① [美] 沃尔特·李普曼著：《舆论学》，林珊译，华夏出版社1989年版，第16页。
② [美] 沃尔特·李普曼著：《舆论学》，林珊译，华夏出版社1989年版，第240页。
③ 参见张梅：《从社会建构主义到新闻建构论》，载《福建师范大学学报》（哲学社会科学版）2011年第1期。
④ Tuchman, G. Making News: A Study in the Construction of Reality. New York. The Free Press, 1978: 183.
⑤ Tuchman G. Telling Stories. Journal of Communication, 1976: 4.
⑥ 参见邓理峰：《理解媒介现实的两种范式》，载《现代传播》（中国传媒大学学报）2008年第3期。
⑦ [美] 约翰·奈斯比特著：《大趋势——改变我们生活的十个新方向》，中国社会科学出版社1984年版，第2页。

实在论认为，社会世界和自然世界一样是可以被认识的，对于社会世界的认识也应该独立于偏见、情感、利益等主观因素，可以做到客观表述。因而实在论认为新闻对事实真相的揭示只是一个时间和程度的问题，不断后续跟进的新闻报道可以越来越逼近事实真相。[①] 与此相反，建构论的观点是，独立于人的成见、偏见、情感和利益的新闻客观性根本就是不存在的。建构论非常强调精神状态、主观心理、社会文化背景、情感和情趣等在认识过程中的重要影响。因而，在新闻客观性上，和实在论持积极乐观态度完全不同，建构论更多的是看到新闻客观性的不可能实现。[②]

　　实在论者对于客观性乐观的假定，比如"事实不言自明"，"事实胜于雄辩"，这在建构论者看来，都是问题丛生的地方。因为在西方修辞学的理论中，事实和雄辩并不是一对能够相对应的概念，因为一方面雄辩依赖于事实，缺乏事实的雄辩缺乏可信度，另一方面，事实的确立却很大程度上依赖于雄辩。"由于人们只能通过陈述、表述或叙事等修辞题材而获得对事实的认知，通过对话、讨论、诘问、论辩等另外一些修辞手段对宣认的'事实资格'做出认证，雄辩不可避免地将在事实的审验、认证、修正或撤销上起关键作用，发挥重大影响。哪些'事实表述'最终被接受，哪些'事实宣认'到头来遭到否定，在很大程度上是由雄辩决定的。"[③] 总而言之，建构论认为新闻不可能是客观的。

　　除此之外，建构论还认为"客观性是一种控制的策略，是社会中一部分人用以掌握其他人的方法，甚至是最隐蔽的偏见"。[④] 之所以说新闻客观性有可能成为权力集团社会控制的手段，成为隐蔽在

[①] 参见邓理峰：《理解媒介现实的两种范式》，载《现代传播》（中国传媒大学学报）2008年第3期。

[②] 参见邓理峰：《理解媒介现实的两种范式》，载《现代传播》（中国传媒大学学报）2008年第3期。

[③] 刘亚猛著：《追求象征的力量》，生活·读书·新知三联书店2004年版，第89页。

[④] 郭镇之：《客观新闻学》，载《新闻与传播研究》1998年第5期。

客观外衣之下的偏见，是因为根据新闻的客观性手法，事实可以分为"硬事实"和"软事实"两种。"硬事实"是政府官员和新闻发言人等来自"权威部门"的可信承诺、背景信息，而"软事实"则是未经证实的、未确认是否可靠的信息。而新闻客观性要求媒体更多地报道"硬新闻"，这恰恰为政府、大企业等权力集团打开了利用媒体的方便之门。①"它越要求客观性，便越可能成为统治机构信息单纯的传声筒。"②

当然，这种对事实的建构，不仅发生在新闻媒介对事实的编码过程中，同时也发生在受众对信息的解码过程中。

(二) 新闻是对事实的建构，是意义的赋予和生产

从建构主义的角度，我们可以对"新闻"再下一个定义——新闻是对客观事实的建构，是意义的赋予和生产，是意识形态的抗争领域。

报道与不报道，本身就是媒介"拟态环境"建构中的重要一步。这件事被报道使得这件事在"拟态环境"中具有存在感，不被报道则弱化了那件事的存在感，公众在媒介制造的"拟态环境"中看不到这件事，也就不会知道这件事曾经发生过。

以西方修辞学中的"不可争议事实"为例，它并不等同于任何哲学意义上的事实，而仅指其事实性（factuality）在相关语境内已获得认定和确立，而修辞者本身掌握的修辞资源又不足以对这一认定发起挑战的那些事实。一般来说，修辞者仅仅着眼相对于与自己的修辞目的是相干的、可利用的且对自己有利的争议空间，并且可以通过自己力所能及的操纵（manipulating）而得到确认的那些事实。他必须回避、掩盖甚或压制那些虽然与涉及的争议十分相干却无助于达到自己的修辞目的，甚至有损于这一目的的那些所谓"不

---

① 邓理峰：《理解媒介现实的两种范式》，载《现代传播》2008 年第 3 期。
② Hackett Robert and Yuezhi Zhao. Sustaining Democracy Journalism and the Politics of Objectivity. Garamond Press. 1998. 邓理峰转引自郭镇之《客观新闻学》，载《新闻与传播研究》1998 年第 5 期。

方便的事实"（inconvenient facts）。例如，"以减税为中心政纲的美国共和党的各级发言人，包括时任总统布什，对于按照他们的提案减免的税金在富人和穷人之间的分配这一可轻易计算出来（亦即可构筑）的事实从来都是语焉不详或顾左右而言他。而其政敌则相反，极力突出渲染绝大部分减免的税金将流入富有者腰包这一事实，并对此紧紧揪住不放。"[①]

在这个符号世界里，我们只能看到媒介允许我们看到的东西，根本不会接触到其他的事实，这样也就不会对那些有新闻价值或者本应该被重视的事实思考，进而采取行动。这就是媒体议程设置的第一步——设置所谓的公众议程。

同时，任何新闻都是事实符号化的表达。选择何种符号、文字对事实进行陈述，也是新闻建构的重要一步。由于语言、文字以及符号本质上都是象征的，所以，新闻对事实的符号化，也就意味着新闻对事实的意义化。媒体通常会对经常报道的人物或者事实赋予其特定的符号意义，这种符号化的事实一旦为公众所接受，就会起到固化现有观念和形象的作用。媒体报道赋予中国农民工的符号有"弱势群体"、"教育水平低"、"讨薪难"等。再比如，媒体报道赋予自杀式恐怖袭击的符号包括"基地组织"、"本·拉登"等。媒体在反复报道自杀式恐怖袭击中，不断地强化所赋予事实的符号，形成了公众对于恐怖主义和伊斯兰的刻板印象。[②] 这是媒体议程设置的第二步——设置公众议程的具体属性，通过这一步，间接设置了受众对于事件的感受与意见。

新闻意义的赋予者也不仅限于新闻传播主体，新闻的收受者也会根据自己的利益与经验对新闻事实进行意义的赋予和再赋予。比如，听到"北京没有春天"这句话，不同的人会产生不同的认知解读，有人会猜想说这话的人是不是感情受挫了，有人会联想到北京

[①] 刘亚猛著：《追求象征的力量》，生活·读书·新知三联书店2004年版，第76页。

[②] 参见王敏梓：《自杀式恐怖袭击的"泛伊斯兰化"：媒体对事实的建构与影响》，载《理论界》2012年第10期。

巨大的生存压力，有人会猜测是不是京城又发生什么大事了，有人则会感叹北京的春天确实很短，短得让人产生一种过完冬天就进入夏天的错觉。说这句话的那个人肯定有自己的想法，但是不同的受听者只会从自己的经验与关切出发，赋予这句话以新的意义。所谓"仁者见仁，智者见智"，"一千个人眼里有一千个哈姆雷特"都强调的是受众对文本的建构。

新闻是对事实的建构，是意识形态的抗争领域。2003年非典型性肺炎的突然来袭，让中国人饱受生理与心理的双重折磨。2003年5月的前两个星期，中国、美国和英国的主要新闻周刊的封面或是头戴口罩或面具的人，或是显微镜下蠕动的非典病毒，或是破损的人体肺部。北京的《瞭望》、北京的《中国新闻周刊》、北京的《财经》、上海的《新民周刊》、香港的《经济导报》都是以戴口罩的人作为封面。除个别例外，中国主要新闻期刊的新闻报道与西方媒体的差异在于，国内各大期刊突出表现中国人民团结一心与非典勇敢搏斗的精神面貌，而美国《新闻周刊》、《美国新闻与世界报道》、英国《经济学家》的封面上，凸显的都是一个人面戴口罩瞪着恐惧和不知所措的眼睛。5月2日的英国《经济学家》制作了一个怪异夸张的封面，给毛泽东的脸上罩上了一个大口罩，封面文章的大标题是："萨斯病毒：会成为中国的切尔诺贝利吗？"5月5日美国《时代》周刊的亚洲版封面是一面完整而鲜艳的五星红旗，红旗上凸显一个感染了非典的人肺部阴影，显得既丑陋又血腥，效果极其惊悚，封面文章的大标题是："萨斯：正在改变中国"；5月10日《远东经济评论》封面上是一张非典病毒侵蚀人体细胞的黑白大照片，看上去肮脏、恶心，封面的文字大标题是"中国病毒"。①

我们可以看到，这些声名"显赫"的国际杂志在中国人民抗击非典这样一个"人类灾难"时，送来的"礼物"是如此冷漠与冷酷。非典型肺炎这样一种疾病成为他们进行各种隐喻的母体。封面

---

① 参见李希光：《恐惧来自何方？关于非典报道的媒体批判》，载《新民周刊》，http://tech.sina.com.cn/other/2003-05-30/1355192706.shtml，2003年5月30日。

的背后隐藏着丑陋无比的幸灾乐祸以及深不可测的险恶用心，表现出西方世界对中国真实的"群意识"。①

报道非典可以在公众中引发一种情绪化反应，额外增加其新闻价值，引起更多的关注。西方媒体通过激发公众对中国政府和中国政治体制的不满，使人们把非典新闻当成政治新闻而不是科学新闻来阅读。政治新闻的价值通常高于科学新闻的报道价值，而从采访报道上看，时政新闻比科学新闻更容易采写。口罩、天安门、五星红旗、毛泽东画像成为不少西方媒体报道中国的框框和典型符号。问题是，这些政治画面和政治符号是否揭示了非典流行的真相？从这些画面上，读者获得的信息是什么？这些信息对读者有什么用？当艾滋病以美国为中心迅速向世界各个角落蔓延传播时，媒体更多的是从医学角度报道。人们没有说："艾滋病是美国病毒"；"9·11"美国遭受恐怖袭击后，媒体没有过多地责问为什么恐怖主义总是袭击美国，为什么国际媒体却要强调非典是"中国病毒"？②

由于宗教、文化、民族、国籍等方面的差异，同一条新闻由于不同的处理方式常常会在不同的读者或电视观众中产生不同的效果，传播者发出的信息与受众接受和最终感知的或理解的信息常常是两码事。天安门、五星红旗和毛泽东今天已经成为世界观察中国的象征符号，其象征意义与受众接触的媒体有着直接的关系。媒体调查发现，在西方受众的记忆里，天安门、五星红旗或毛泽东画像在美国或西方主流媒体上出现时，往往都在阴暗、负面、压抑的语境中，那么受众此后在媒体上再看到天安门、五星红旗和毛泽东画像，也往往会产生负面的、压抑的联想。美国和西方媒体在中国非典的选题和报道中，常常是泛意识形态化，一切从他们的政治出发。喜欢在报道中加入那些意识形态符号。在西方的媒体上看不到中国人如何万众一心抗击非典，而是整个国家陷落在非典肆虐带来的混乱和

---

① 《图片：时代周刊"中国国旗＋肺透照片"封面引发震动（转）》，http://house.focus.cn/msgview/381/3552555.html，2013年5月30日。

② 参见李希光：《恐惧来自何方？关于非典报道的媒体批判》，载《新民周刊》，http://tech.sina.com.cn/other/2003-05-30/1355192706.shtml，2003年5月30日。

不满中。这显然不是客观和真实的。①

四、作为神话的客观性

虽然新闻从业者知道新闻事实不等于客观事实，新闻也不可能精确地反映全部事实，但是这并不能妨碍新闻界对于新闻客观性的向往与追求。长久以来，客观性法则被新闻业奉为圭臬，"新闻客观性"是新闻学研究的经典命题之一，也是备受业界推崇的新闻原则之一，其基本思想是意见与事实分开，禁止在报道中直接、公开地采取带有撰稿人主观倾向的立场。②

（一）奉为圭臬的新闻的客观性法则

所谓客观性法则，指的是在新闻报道中，力求客观、中立、不带感情色彩、不加主观评判的一套报道原则以及一系列相关策略。正如有的学者所概括的："作为一种职业意识形态，客观性包括三项承诺：独立（新闻应该不受政治压力的左右）、平衡（新闻在表现上应该不偏不倚）、客观（新闻应该仅仅陈述事实，其中不能渗透主观判断）。"还有学者将新闻客观性的内涵归结为以下三项：事实与观点分开、不带感情色彩、力求公正平衡。③

追溯客观性报道的源起，学者们都会把目光投向19世纪30年代的美国新闻界，当时那里正处于政党报刊向大众报刊的转变时期。美国的大多数报刊开始摆脱对政治集团的经济依附，将新闻作为普通民众可以接受的消费品推向市场，按经济规律独立经营报业。在这种环境下，美国报业逐渐发展出一套以提高自身地位为目的的新闻专业理念，其中包括了客观报道原则。客观性原则确立的逻辑是，

---

① 参见李希光：《恐惧来自何方？关于非典报道的媒体批判》，载《新民周刊》，http://tech.sina.com.cn/other/2003-05-30/1355192706.shtml，2003年5月30日。
② 参见陈力丹、王亦高：《深刻理解"新闻客观性"》，载《新闻大学》2006年第1期。
③ 李彬著：《全球新闻传播史》，清华大学出版社2009年版，第190页。

报纸言论必须超越党派，在保持中立的状态下才能赢得广泛的读者，进而通过大量发行盈利。特别是1848年由《太阳报》等六家报纸出资组建的"港口联合新闻社"（即现在"美联社"的前身），为使自己的新闻能被各种立场不同的报纸所采用，不得不采取中立、平衡的客观写作方式报道新闻。

由于美联社的大力倡导，在西方新闻界，客观性法则被奉为尊贵神圣的职业理念，用阿特休尔的话说："对新闻工作者而言，圣杯应当是客观性法则。如果他缺乏这些东西，其身份就会被贬低，结果就可能使其职业遭到毁灭之灾。"[①]

1951年，国际新闻学会提出，客观性原则包括五项准则：平衡、公正、不存偏见、准确、中立。事实上，客观性法则包含了一套比较复杂的知识和技能，包括新闻素材分类、平衡和对等原则、第三者写作角度，中性词与引语的使用等在内的一整套科学步骤与程序。兰斯·贝纳特曾经概括了新闻业的专业标准，得出六条"关键的表现"：（1）保持政治中立；（2）保持高雅和品位不俗的标准；（3）运用文献资料的报道方式，这些是物证；（4）利用标准格式来写新闻；（5）训练记者成为"全才"而不是"专家"；（6）编辑审查确保这些方法的执行。[②]

表面上，客观性法则在西方新闻界保持着"新闻专业理念"的地位，但把这个理念落实到新闻的写作与呈现时，却成了一种迷思——有人认为新闻报道"不客观"，有人认为新闻报道"不可能客观"，另外一些人则认为新闻报道"不必客观"。

（二）客观性的神话

客观性的重要地位掩盖不了本身的瑕疵，对于"新闻客观性"原则的质疑声从未间断。仅拿新闻报道的主体——记者来说，他们

[①] ［美］J. 赫伯特·阿特休尔著：《权力的媒介》，黄煜等译，华夏出版社1989年版，第153页。

[②] ［美］大卫·克罗图、威廉·霍伊尼斯著：《媒介·社会——产业、形象与受众》，邱凌译，北京大学出版社2009年版，第158页。

性格迥异，本身就是带有不同的感情倾向和价值判断标准的个体，而新闻报道的内容和报道方式在绝大多数时候就是由这样一群人说了算。因而，"新闻客观性"原则更像是一种崇高的理念，这种理念只有在完全"真空"的环境中才能真正实现，在现实世界中举步维艰。①

在西方传媒界的眼中，"客观性"体现在报道上有如下几点特征：事实和意见分开，交代消息来源，运用精确数字，善于引用"引语"，把各种对立意见和舆论都摆出来形成平衡表述。这样看起来，"客观性原则"意图把新闻专业独立于意识形态之外。然而，新闻报道毕竟是一种社会过程的产物，在这个过程中，什么内容有新闻价值、什么人物重要、什么背景应该被包含在报道之中，都是由记者、编辑等媒介人员自己决定的，所有的决定都可能不是客观的。因此，许多批评客观性法则的人指出，所谓客观报道常常将主流意识形态作为"事实"一次次重复，从而支持现状、维护现状。正如阿特休尔所说："客观性法则在资本主义世界中为维护其社会制度，为防止背离其意识形态的正统观念增添了力量。仔细观察，你会发现客观性法则绝不是科学的东西，而是视偏见为神圣，捍卫这个制度，反对社会的突变。"②

"客观"的理想标准是把事实和价值分离，尽管很多人都认同这点并认为这个标准很有意义，但是它最终是难以实现的。所谓的"客观的新闻业"实际上给了有权力的人以足够的机会去展示，处于权力中心之外的人们则被忽略无视了，它通过强调某些特定群体的观点和活动，以实际行为支持了权力方。新闻专业主义所提倡的"新闻自由"和"客观性"可能成为纸上谈兵，新闻业自身没有确保二者实现的条件，将来也不会有。其实，如果考察客观性的定义就会发现，"新闻客观性更倾向于成为制度性安排和修辞技巧。新闻

---

① 梁宵：《"新闻客观性"演变的二元路径和现实矛盾》，http：//www.studa.net/xinwen/090821/1050321.html，2013年4月5日。

② 李彬：《全球新闻传播史》，清华大学出版社2009年版，第194页。

是选择事实、建构意义的领域,也是意识形态抗争的领域,超然的客观根本就不可能存在,因为新闻客观性本身就是一种意识形态"。①

当然,意识形态对于新闻专业主义的影响并不能否定新闻专业主义在历史上的作用,更不能推翻新闻专业主义存在的必要性。不可否认,新闻专业主义是新闻从业者的理想,它是新闻从业者对自己职业理想的追求和社会责任意识增强的结果,它是在实践中变化发展的。客观性原则时刻提醒着:新闻工作者在新闻实践中要始终警惕各种伤害客观性的力量。

第二节 传播者与受众

一、传播者:永远的把关人

(一) 信息流通中的把关

世界上每时每刻都会有事件发生,但并不是每个事件都会成为新闻,因为我们不可能也没有能力做到面面俱到、有闻必录。所以,如何在巨大的信息海洋中打捞到有价值的信息作为新闻就成为新闻业的基础工作,这便出现了"把关人"。

1. 信息的"把关人"

"把关人"(gatekeeper)这个概念,最早是美国社会心理学家、传播学的奠基人之一库尔特·卢因提出的。卢因认为,在群体传播过程中存在着一些把关人,只有符合群体规范或把关人价值标准的信息内容才能进入传播的渠道。1950年,传播学者怀特将这个概念引进新闻研究领域,明确提出了新闻筛选过程的"把关"模式,如

---

① 刘立刚:《新闻客观性本身就是一种意识形态》,载《新闻与写作》2008年第6期。

下图所示：

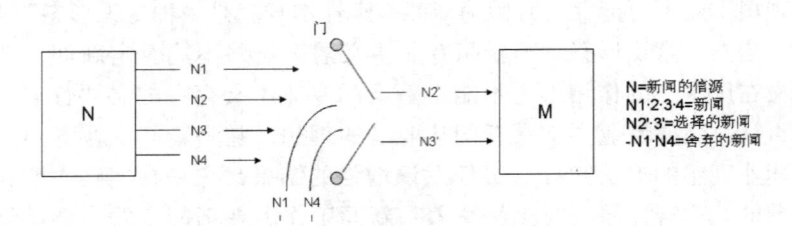

```
         N1 ┐  ┌门
    ┌──┐ N2 │  │
    │ N│ ──┼──┤    N2'→ ┌──┐   N=新闻的信源
    │  │ N3 │  │    N3'→ │ M│   N1·2·3·4=新闻
    └──┘ N4 ┘  └         └──┘   N2'·3'=选择的新闻
                N1 N4                -N1·N4=舍弃的新闻
```

图 2.1　怀特的把关模式

　　这个模式说明，在新闻报道的过程中媒介组织形成了一道"关口"，通过这道"关口"传达到受众那里的新闻只是众多新闻素材中的少数。① 作为最早的一项把关研究，怀特的理论有着明显的不足之处，特别是他将把关人当作一个孤立的因素来考察，过分强调把关人独立的权限，而忽略了同把关人相联系的社会因素对把关活动的制约。尽管怀特的把关研究还有缺陷，但是它为以后的同类研究打开了大门。

　　从图 2.1 可以看出，怀特的把关模式上，只有一道"关口"，一个把关人。但是，在实际的新闻传播中，信息循环是一个网络，这其中往往存在着一系列的把关环节，就如同高速公路上会设有若干个收费站一样。也就是说，"把关"是一种有组织的活动，是一种组织行为，新闻传播过程中的把关人不止一个。所以，之后的麦克内利的把关链模式以及巴斯的"双重行动模式"进一步发展和完善了把关人理论。

　　麦克内利的把关链模式，如下图所示：

---

① 参见郭庆光：《传播学教程》，中国人民大学出版社 1999 年版，第 161—162 页。

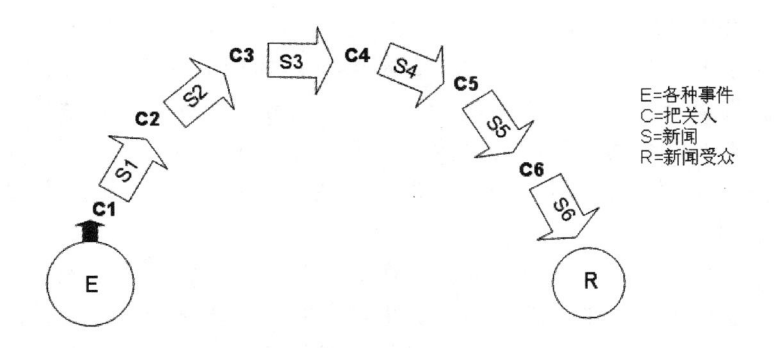

第二章 新闻学研究的基本范畴 | 73

图 2.2 麦克内利的把关链模式

麦克内利的把关链模式在理论上纠正了怀特把关模式的单一化缺陷，解释了在整个信息流通过程中存在着一条由许多关口组成的把关链，这是它的长处所在。但它也有一个很突出的问题，那就是它把每个把关人及其作用都等同起来，每个关口"平起平坐"，不分主次。① 也就是说，麦克内利的这条把关链上是没有重点的，我们看不出来哪一个最关键、最值得注意。

巴斯则是在麦克内利的研究基础上对把关理论进行了修正，提出了"双重行动模式"，如下图所示：

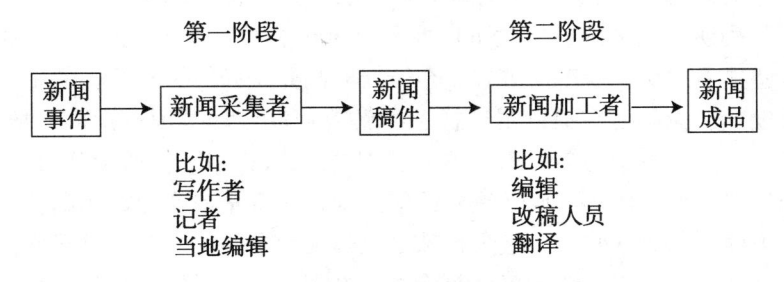

图 2.3 巴斯的双重行动模式

---

① 参见吴文虎主编：《传播学概论》，武汉大学出版社 2000 年版，第 126 页。

在巴斯看来，信息流通中的把关环节固然很多，事实上每个参与传播的人都可以看作把关人，但最关键的把关人还是传播媒介，与传播媒介的把关作用相比，其他的把关环节都处于次要地位。而经过新闻媒介的双重把关之后，一幅人为的现实图景便呈现在受众眼前，这幅图景同世界的本真面貌并非一回事，二者并不完全一致。①

在新闻传播过程中，自始至终都存在着各种各样的把关。简单说，所谓把关就是处理新闻时的主观判断与价值选择。比如，记者在纷纭复杂的变动世界中，选择什么事件予以报道属于把关，编辑选择哪篇稿件予以刊登，同样属于把关；一篇报道放在什么位置，是突出，还是淡化，也是把关。"把关"问题说到底，是信息传播过程中的控制问题，传播主体起着关键的把关作用，是主要把关人。受众接收到的新闻信息，就是经过了传播主体把关过滤后的结果。

2. 划定信息传播范围的"议程设置"

人们所处的这个世界每天都在运行着，每一天都有无数的事件发生。人们渴望了解世界，但又没有必要知道所有的事情。那么怎样确定哪些事情是需要知道而哪些事情是不需要知道、哪些事情是当务之急需要优先解决而哪些事情可以往后放一放呢？新闻媒介试图帮助人们做出判断，它帮助人们列出了一个"日程表"，"日程表"列明了当前的各项大事以及重要性的排序，甚至也包括了对于这些事项的认识及解决方式。至于新闻媒介是如何做到这些的，"议程设置功能"研究提供了这样一种解释：就活动范围有限的一般人而言，这种关于当前大事及其重要性的认识和判断，通常来自于大众传播，大众传媒不仅是重要的信息源，而且是重要的影响源。② 而新闻媒介是大众媒介中最为特殊，也是最为重要的一个组成部分。

在有关议程设置的经典话语中，伯纳德·科恩的观点最有代表

---

① 参见吴文虎主编：《传播学概论》，武汉大学出版社2000年版，第127—128页。
② 参见李永健、展江主编：《新闻与大众传媒通论》，中国人民大学出版社2003年版，第213—214页。

性，他指出，新闻也许在告诉人们"怎样想"的方面都不大成功，但在告诉读者去"想什么"的方面却惊人的成功。他强调了记者在选择和制作新闻中所起到的重要作用。媒介对于事件的报道比"真实"世界中的客观事件本身更能影响大众。这也表明媒介报道不一定能反映真实世界的发展趋势。① 当然，议程设置的效果并不完全是积极的，也许在人们和事件没有直接关系而要依靠新闻媒介获得信息的情况下，议程设置的效果才会达到最大，对于和事件有直接关系的人们而言，可能更加抗拒新闻媒介的影响，这个时候议程设置几乎没有效果。

需要说明的是，新闻媒介的议程设置过程并不是看上去那样简单，在它的背后还存在着复杂的社会关系，包括政治、经济、意识形态等在内的各方面力量，都在为影响议程设置而进行着交锋。本质上讲，议程设置是权力集团凭借其政治、经济和文化资源对新闻媒介进行操作和控制、进而影响和干预舆论的主要手段。

3. 关于"培养"理论

培养理论（Cultivation Theory）也被称为"涵化理论"或"教养理论"，是美国宾州大学教授格伯纳和他的合作者们自 1969 年开始施行的名为"文化指标"的大型研究项目的核心部分，该项目受"暴力起因与防范委员会"支持，目的是帮助美国政府解决美国社会的暴力和犯罪问题。

"培养分析"最初的着眼点有两个：一是分析电视画面上的凶杀和暴力内容与社会犯罪之间的关系；二是考察这些内容对人们认识社会现实的影响。最终他们的研究得出了一个重要结论：电视暴力内容对青少年犯罪具有"诱发效果"，电视节目中充斥的暴力内容增大了人们对现实社会环境危险程度（遭遇犯罪和暴力侵害的概率）的判断，而且电视媒介接触量越大的人，这种社会不安全感越强。②

---

① ［美］大卫·克罗图、威廉·霍伊尼斯著：《媒介·社会——产业、形象与受众》，邱凌译，北京大学出版社 2009 年版，第 282 页。

② 参见吴文虎主编：《传播学概论》，武汉大学出版社 2000 年版，第 283—284 页。

那么，人们对所处社会环境的印象和判断又是如何形成的呢？根据一系列的调查和分析，格伯纳等人认为，在现代社会，传播媒介提示的"象征性现实"对人们认识和理解现实世界发挥着巨大的影响。由于传播媒介的某些倾向性，人们在心中描绘的"主观现实"与实际存在的客观现实之间发生着很大的偏离。同时，这种影响不是短期的，而是一个长期的、潜移默化的"培养"的过程，它在不知不觉当中制约着人们的现实观。在这个意义上，格伯纳等人将这一研究称为"培养分析"。[1]

正如李普曼所认为的，在大众传播高度发达的现代社会，人们的行为与三种意义上的"现实"发生着密切的联系：一是实际存在的现实；二是传播媒介有选择地提示的"象征性现实"（即拟态环境）；三是人们在自己头脑中描绘的"关于外部世界的图像"，即"主观现实"，亦即人们的现实观。在传统社会里，主观现实是对客观现实较为直接的反映，而在媒介社会，人们对客观现实的认识在很大程度上需要经过媒介提示的"象征性现实"中介。[2]

培养理论揭示的一个事实是，社会要作为一个统一的整体存在并发展，就必须在社会公众中形成一种"共识"，即对社会中的各种事物、各个部分之间的相互关系要有一个共同的基本认识，以此为基础，人们才能彼此沟通、社会生活才能实现协调。而提供这种"共识"就是传播媒介的任务了。我们不能否认新闻媒介作为传播主体在形成"共识"过程中的巨大作用，但也要认识到，媒介所提供的"象征性现实"与客观现实之间还是存在距离的，媒介的立场和倾向也会给社会成员带来巨大的影响。

（二）新闻建构中传播者的把关

在新闻的建构中，传播者的把关作用主要体现在两个层面：新闻源主体对新闻的建构和新闻媒体（包括新闻从业者）对新闻的

---

[1] 参见吴文虎主编：《传播学概论》，武汉大学出版社2000年版，第285页。
[2] 参见吴文虎主编：《传播学概论》，武汉大学出版社2000年版，第282页。

建构。

1. 新闻源主体对新闻的建构

社会主体都是目的性的存在，目的性决定了新闻源主体在提供新闻信息时的意向性和选择性。① "新闻来源（包括个人和机构）提供新闻时，也对新闻事件进行了判断、定义和解释。"②

新闻源主体是离新闻事实最近的主体。因此，在对新闻事实的建构过程中，新闻源主体往往扮演着实质上的"新闻"控制者角色。在新闻传播活动的主体逻辑结构中，新闻源主体处于第一环节。这就意味着记者能够知道什么，媒介能够传播什么，收受者能够收到什么，往往首先依赖于新闻源主体对事实信息的把关和"过滤"。一些重要新闻信息的拥有者往往左右着媒介的行为，也调整着受众的胃口，牢牢控制着新闻工作者。他们拥有充分的机会和自由构造新闻事实。越是拥有较多公共新闻信息资源的主体，越是能在实质上形成对媒介的信息控制，也越是能够按照自己的意愿去塑造新闻事实，达到最终建构有利于自己的新闻图像。在向新闻传播者提供新闻信息时，在上述可能的目的支配下，新闻源主体有可能比较客观、全面、公正地描述事实情况，也可能有意无意地强化、放大甚至增加、想象、虚构一些事实，同时，也有可能有意弱化、缩小甚至减少、舍去、遮蔽一些事实。这实质上意味着，在向新闻媒介、新闻传播者提供新闻信息的过程中，新闻源主体已经按照自己的方式——认识方式、价值方式或利益方式，甚至还包括审美方式——选择或者建构了新闻事实。因此，新闻信息从新闻源主体"过渡"到新闻传播主体，很难超越或避免对事实形象的建构。

2. 新闻媒体对新闻的建构

新闻媒体是一定的利益主体或利益实体③，追求一定的传播价值取向。任何一家媒体组织，都有自己的组织文化、媒体文化，都有

---

① 参见杨保军：《新闻源主体对新闻的建构》，载《新闻与写作》2008年第7期。
② 陈力丹：《传播学是什么》，北京大学出版社2007年版，第166页。
③ 参见刘建明等著：《西方媒介批评史》，福建人民出版社2007年版，第272页。

自己的核心价值观念和内在精神。在常态情况下,新闻媒体关于新闻事实的呈现,都是新闻媒体依据自身利益,甚至主要是依据自身利益选择建构的结果。① 杨保军教授指出:"新闻价值标准并不是唯一的标准,甚至有时不是主要的标准,而是包含着强烈的合传播(以及传播主体所代表的利益主体)目的性的标准。"②

新闻媒体通过对新闻内容的选择,新闻传播方式、方法的选择,适应媒体预制的或者本有的框架来实现对新闻的建构。③ 任何新闻媒体都是按照自己的媒体方针、编辑方针报道新闻、建构新闻的,也就是说,媒体方针、编辑方针是媒体最主要的新闻框架。④ 新闻媒体拥有的框架首先是社会建构的结果,一定社会的政治、经济、文化制度在逻辑上预先设定了新闻制度的可能性,也在逻辑上预先设定了新闻媒体新闻活动的范围和活动方式。因此,新闻媒体拥有的新闻框架,主要不是自律的,而是他律的,它是社会框架框架下的框架。所以,新闻媒体的新闻建构行为,必然受到来自媒体之外的各种力量的支配或影响。新闻媒体在更多情况下,不仅是社会强势群体的工具,也是社会强势群体的合谋者。

除此之外,新闻媒体也会通过内部审查的方式实现媒体建构的目的。媒体在选择传播什么、不传播什么、多传播什么、少传播什么和如何传播的方式时,并不总是受制于外在的力量。在常态情形下,媒体对传播内容、传播方式的选择也是一种自我设限的方式,媒体会根据自己的利益和目标,主动控制新闻报道的内容。不可否认的是,媒体有时确实在环境因素许可的情况下主动自我限制一些内容的传播。一旦发生内容的不当限制,媒介为人们呈现出来的事

---

① 参见刘建明等著:《西方媒介批评史》,福建人民出版社2007年版,第272页。
② 杨保军著:《新闻理论研究引论》,中国人民大学出版社2008年版,第56—57页。
③ 参见刘建明等著:《西方媒介批评史》,福建人民出版社2007年版,第272页。
④ 参见杨保军著:《论新闻的媒体建构》,载《四川理工学院学报》(社会科学版)2008年第10期。

实形象就是变形的、扭曲的，就可能形成对社会的误导。①

二、受众：从被动到主动

受众作为传播过程的一端，已经不再是单纯的接受方。在现代媒介技术的作用下，受众已然成为一个"综合体"，既是接受者也是传播者，传播关系也由单向度转为交互式。受众不再是被动的"靶子"，而是一个个能动的主体。

（一）从被动到主动的受众

在新闻传播过程中，新闻受众是最重要的因素之一，也是新闻传播过程的积极参与者。他们是新闻传播活动存在的前提条件，具有相当重要的地位。

在早期传播学研究中，受众（audience）一词，是社会信息传播的接受者群体的总称。新闻媒介的受众，包括了报刊读者、广播听众、电视观众和网络浏览者等。早期的传播学者们从宣传的角度出发，曾先后提出了"子弹论"、"有限效果论"等理论，其实质就是把受众看作被动的信息的接受者。随着研究的发展，人们逐渐发现，受众并不是单纯的、被动的接受者，不同的受众对于同一传播信息会产生不同的反应，因此受众在传播中的作用开始凸显出来。事实上，受众在传播过程中的意义从其使用媒介的动机中就可以看出来。一般说来，受众使用媒介主要是为了获取信息、满足需要、消遣娱乐、相互交往等，既接受信息也传播信息，同时形成反馈，在传播过程中具有举足轻重的地位。

当受众接受媒介的信息时，兼具受动性与能动性。

从空间分布、存在的形态看，受众的主要特征有如下几点：

广泛性。大众传播是面向全社会公众的传播活动，并非是专为

---

① 参见杨保军著：《论新闻的媒体建构》，载《四川理工学院学报》（社会科学版）2008年第10期。

某些人服务的活动。大众传播的这一特性，决定了其受众必然是众多的而绝不是寥寥无几的；受众成员是广泛分布在各个地区的而不是限于某个狭小范围的。

混杂性。大众传播的受众是混杂的、异质的，由特点各异的受众成员组成，他们分布在各个社会阶层中。

分散性。大众传播的受众互不相识，他们分散在各行各业乃至世界各个角落，互不联系，处于互相分隔的状态。他们怀着各自的目的、动机接触媒介。

隐匿性。在大众传播过程中，传播者一般并不认识所有受众成员，并不知道他们的具体情况，从这个角度而言，受众是隐匿的。[1]

从受众自身内在接收机制上看，受众又具有两个特点。一是自主性。受众有着强烈的自主意识，有自己的个性、兴趣、立场、价值观，有自己对信息的选择、理解和判断，是一个独立的个体，并不轻易地为传播者支配。受众虽然是信息的接受者，但是他们的接受行为是自觉且主动的，具有强烈的自主性。二是归属性。尽管面对大众传媒的各类信息，受众都会做出自己的阐释，可能会进行二次传播，但是他们总会自觉或不自觉地将自己视为某一个特定群体内。如白领、球迷、农民……受众从心理到行为都会将自己归在某一个特定的接受主体范围内，并具有自我满足的归属感。

从受众的含义及特点中可以看出，受众作为信息接受者，首先具有人类本体意识，其次具有社会客体意识。也就是说，受众本身就是意识形态的承载者，面对社会生活时会自动、自发、自觉地做出相应的反应。如此看来，从信息传播的角度说，受众在接触信息之前已经带有意识形态了，那么，接触信息、接受信息的过程中，受众的意识形态只是会发生变化，并不是消失不见。那么，受众作为传播主体存在，也就不足为奇了。

受众角色的变化是从使用与满足理论的出现开始的。

使用与满足理论的产生是传播研究史上的一个重要转折点。早

---

[1] 参见吴文虎主编：《传播学概论》，武汉大学出版社2000年版，第204—205页。

期的传播研究大多是从传播者的角度出发,就传者如何影响受众进行研究。而"使用与满足"理论则把研究焦点转移到了受众身上,认同受众具有自我行动的意识,强调受众的能动性,突出受众的地位。

传统的理论认为,媒介在传播过程中的主要任务是说服受众,受众是被动的,最是代表性的理论就是上面提到过的"魔弹论"。"使用与满足"理论正好相反,认为受众是主动的媒体使用者,他们的需要和期待应当得到充分的考虑。依据"使用与满足"理论,"一个媒体使用者决定选择某种媒体是由媒体对使用者的某一功能来决定的,即媒体对使用者需求的满足,这些功能、需要可能是身心满足、适应环境或者社会必要性,而这些功能同时受到媒体使用者所在的生活环境的影响"。[1]

美国传播学家 E. 卡兹被认为是"使用与满足"理论在"现代时期"最主要的代表人物之一,他从 20 世纪 60 年代到 90 年代一直在致力于研究受众对于传媒"使用与满足"的问题。1974 年,卡兹等人在《个人对大众传播的使用》一文中,将媒介接触行为概括为一个"社会因素+心理因素——媒介期待——媒介接触——需求满足"的因果连锁过程,提出了"使用与满足"过程的基本模式。1977 年,日本学者竹内郁郎对这个"使用与满足"模式做了若干补充,增加了实际接触行为发生的两个条件,媒介接触的可能性和基于以往媒介接触经验形成的媒介印象,同时认为接触行为的结果,无论需求得到满足与否,都将影响以后的媒介接触行为。[2]"使用与满足"研究把受众看作有着特定"需求"的个人,他们的媒介接触活动是一种有特定需求和动机并得到"满足"的过程,受众每一次使用媒介的过程都会对其下次是否继续选择使用该媒介产生影响。换句话说,就是从受众角度出发,分析受众接触媒介的动机以及这

---

[1] 吕巧萍著:《媒介化生存——中国青年媒体素质研究》,中国传媒大学出版社 2007 年版,第 24 页。

[2] 参见郭庆光:《传播学教程》,中国人民大学出版社 2002 年版,第 183—184 页。

些接触满足了他们什么需求,来考察大众传播给人们带来心理和行为上的效用。

"使用与满足"研究的意义在于,认为受众具有选择能动性,揭示了受众媒介使用形态的多样性,强调了受众需求对传播效果的制约,也纠正了"受众绝对被动论"和"有限效果论"。正如德国媒体教育学家赞德和福尔布莱希特对"使用与满足"理论做出的评价:"接受者变成积极主动的媒体使用者,交流变成对称的了。因为,一次成功的交流既需要一个积极的传播者,也需要一个积极的接受者,也就是媒体使用者。"①

"使用与满足"理论的研究和实践的过程就是受众地位转变的过程,受众完成了从被动到主动的"华丽转身"。

(二)受众主体地位的彰显:新闻受众对新闻的建构

新闻只有进行到了接收态,一个周期才算基本完成。在这一环节,收受者对新闻进行了再次建构。"收受建构带有终极性的意义,对于新闻传播的最终结果是至关重要的。"②

新闻文本能够以怎样的方式作用于受众,更多地取决于接收主体的素质与需求,取决于受众所处的收受环境。"新闻文本中新闻事实的形象确实是传播者给定的,但对受众来说,新闻事实图景、新闻事实形象还是模糊的、不确定的,明晰的形象需要他或她经过与新闻文本的相互作用来形成。收受者心目中的事实形象依赖于收受者的推断和想象。这样的推断和想象,既根源于文本,又根源于收受者自身,同时也离不开传播收受环境的深刻影响。"③

"使用与满足"理论告诉人们,在通常情况下,受众对新闻媒介的选择是主动的。媒介接触行为、接收行为本身可以说是受众建构新闻符号世界、心理世界最重要的途径之一,不同的选择意味着不

---

① 吕巧萍著:《媒介化生存——中国青年媒体素质研究》,中国传媒大学出版社 2007 年版,第 24 页。
② 杨保军:《新闻建构:从收受主体出发的分析》,载《阴山学刊》2008 年第 3 期。
③ 杨保军:《新闻建构:从收受主体出发的分析》,载《阴山学刊》2008 年第 3 期。

同的倾向，意味着收受者希望在自己的头脑中建构以什么为主的新闻符号世界。因而，对新闻媒介的不同选择，实际上反映了受众对事实世界关注重点的不同选择。① 喜爱阅读《泰晤士报》的英国人和很少看《泰晤士报》，只喜欢看《每日镜报》、《太阳报》的英国人肯定是不一样的，这些报纸变成了一种符号，显示着不同的新闻收受品味和价值取向。也许媒介提供的事实世界的景象是完整的，但受众的媒介接触偏好决定了客观世界在其心中的形象并不一定是完整的。因此，客观世界是什么，新闻呈现的世界是怎样的，在收受者心中是什么样的形象，不只是由媒介和传播主体建构的，也是由受众自己建构的，甚至可以说首先是受众选择的结果。②

三、传播者与受众之间：从单向到交互

所谓大众传播，就是专业化的媒介组织运用先进的传播技术和产业化手段，以社会上一般大众为对象而进行的大规模的信息生产和传播活动。由于大众传播媒介使信息的大量复制、保存和快速传输成为可能，受众有可能接收到内容更丰富的信息、来自遥远地方的信息，从而实现了少数人对多数人的传播。但是，无论是在以印刷媒介占主导的时期，还是在广播、电视媒介发展并普及的现代，传播技术始终只掌握在少部分人或组织的手中。因此，受众与传播者并非平等交流的双方，在整个传播过程中，受众始终处于被动的地位。但是，随着新的传播技术的应用，传受双方的关系却在发生着变化，由"告知式"向"对话式"转变。

在传统大众传播时代，谁拥有足够的政治控制力和经济影响力，就能作为传播主体一方出现，其传播意图总是能够得以充分的表达；而作为受众的社会公众，由于缺少足够的成本支付能力和受关注价

---

① 参见杨保军：《新闻建构：从收受主体出发的分析》，载《阴山学刊》2008 年第 3 期。

② 参见杨保军：《新闻建构：从收受主体出发的分析》，载《阴山学刊》2008 年第 3 期。

值，很难传递出自己的声音，是只能"听"而不能"说"的一方。传播过程是单向的，即使是反馈，也很难形成规模化的、经常性的意见表达，传播中的反馈并不充分。

在新媒体时代，借助于技术的普及和应用，无数普通人成为信息的主动生产者、发布者、传递者和组织者，并以新方式实现"人与人"之间的连接。传播者和受众的身份不再分离，传播和接收信息几乎可以同时完成，人们在瞬间就能进行角色转换。每个人既是受众又是传播者，受众不再是被动地接受信息，而是主动地掌握和控制信息，并参与到信息的提供和传播之中。这时，传受主体间的关系就转变为实实在在的双向模式，形成一种"交互"关系。传统的受众作为信息的消费者正转变为信息的"生产型"消费者。这种变化也使得媒介的权力结构随之发生改变。公众借由新闻媒介，将公共权力的作用发挥出来，成为监督机构的一支"预备军"。

马克思曾指出，对弱势群体和无权者的恰当定义是："他们无法表述自己；他们必须被别人表述。"[1] 但在如今这个全新的历史阶段，传媒不再像大众传播时代那样掌握在组织和少数人手中，公众可以极低的成本接近和使用各种传播工具，受众地位得到了极大的提升。在这个全新的社会媒介系统中，公众个人通过使用新的媒介平台或传播工具而获得了前所未有的力量，得以创造、分享、使用信息资源。当然，这种变化也导致个人与组织间的关系和力量对比发生变化，个人与媒介的关系发生变化，甚至个人与世界的关系也发生了变化。正因为如此，随着信息环境和媒介环境的不断变化，传受主体间的关系，将由过去的拥有不平等话语权、传播力量悬殊、缺乏人性化的"告知"，逐渐转变为平等、交互、充满人情味的"对话"。

---

[1] 参见郭庆光：《传播学教程》，中国人民大学出版社1999年版，第111页。

第三节 自由与控制

在新闻传播领域，自由是指公众通过媒体行使的言论自由和表达自由，即广义的新闻自由。有自由就有控制，这里的控制则是指各种权力对媒体的控制。

"新闻自由"源起于欧美等国对于出版自由的争取。17世纪由约翰·弥尔顿提出的"出版自由"思想在19世纪中叶发展成熟起来，其思想的发展经历了"出版自由——言论自由——新闻自由"的过程。最初的古典新闻自由指的是报刊或书籍发行者的自由，是从出版物的著作和编辑者的言论自由来考虑报道权的问题；近代的新闻自由是指报刊要求拥有公开报道政治问题和政治事务的自由，是从报刊的基本功能出发的考量；现代的新闻自由则是要求新闻媒介承担社会责任的自由，是双向的自由，包括了传播主客体双方的权利。

我们这里所说的媒介主要包括报纸、杂志、广播、电视、互联网等，这些传播媒介传播信息具有速度快、范围广、影响大等特点。大众媒介在社会发展和日常生活中扮演着重要的角色，发挥着强大的作用。较早系统考察大众媒介在社会中的功能和角色的两位学者是拉斯韦尔和赖特。拉斯韦尔认为大众媒介有三个基本功能：监视环境；联系社会各个部分以适应环境；一代代传承社会遗产。赖特又补充了第四种功能：娱乐。发展到后来，施拉姆又加了第五种功能：经济功能。概括起来，这五项功能也就是现在人们常说的宣传功能、新闻传播功能、舆论监督功能、实用功能和文化积累功能。当然，除了这些功能以外，媒介还可能产生一些负面功能，如拉扎斯菲尔德和莫顿的功能观揭示了媒介的麻醉功能，李普曼提到的"拟态环境"等，但这些并不影响媒介对社会生活的重大影响力。宏观上讲，媒介的功能，改变了人们的时空观念、思维方式、行为方式和社会管理模式。而新闻自由，正是为了保障媒介的地位与功能的实现。

　　新闻自由有广义与狭义之分。广义上指公民的言论、出版、集会等接受和发布新闻的权利；狭义上则更多地被理解为传播主体拥有创办媒体、采集新闻、写作新闻、播报新闻和开展新闻批评的自由。在大多数国家，新闻自由主要体现在所有公民都有通过各种合法途径来表达自己观点和意见的自由。《世界人权宣言》指出："每个人都有表达自己意见的权利和自由……这一自由包括人们有权持有任何观点而不被干涉的自由，以及通过各种媒介搜寻、接收和传递信息的自由……这一自由不受国界的约束。"正因为如此，新闻自由一般都是通过立法来实现的，立法机构通过法律条文在不同程度上保障科学研究、出版、信息传播和印刷的自由。

　　有法律保障就意味着权力存在，新闻自由也必然具有权力法律属性。

　　新闻自由所包含的权力体现在美国联邦最高法院大法官 P. 斯特瓦特（Potter Stewart）提出的"第四权力理论"。这是他在 1974 年 11 月 2 日的演讲中，根据新闻媒介在现代社会中的重要作用从法学角度提出的。他认为，随着社会的发展，新闻媒体已成为现代民主社会中一支不可或缺的力量。指出："宪法保障新闻自由的目的是为了维持媒体的自主性，使媒体能够提供不受政府控制或影响的信息、舆论和娱乐节目，促进人们关心政府的工作，对公共事务进行讨论，以发挥监督政府的功能。"[1]"新闻自由作为一种制度理论，其目的就是通过保护新闻自由，达到使新闻媒体发挥监督政府的功能。"[2]但是，"第四权力理论"把新闻媒体的权力上升到与国家立法、行政、司法的权力并列，显然是过于夸大了新闻媒体的权力和作用，毕竟媒介不是国家机构，新闻自由必须服从国家意志和国家权力。

　　从权利的角度来考察新闻自由，具有代表性的是"制度性权利说"。德沃金将权利分为泛泛的权利和制度的权利，并强调"我们必

---

[1] 参见罗贻荣著：《走向对话》，中国社会科学出版社 2006 年版，第 75 页。
[2] 刘迪：《现代西方新闻法制概述》，中国法律出版社 1998 年版，第 14 页。

须区分多数人的权利和作为多数人的成员所享有的个人权利"。① 泛泛的权利是指那些并未被制度所承认的权利,但是在某些理论上有其合理性的,为人们所保留的一些要求,这样的权利不受特定的制度的保护。而制度性权利则是为制度所承认的权利,因而也受到制度的保护。德沃金在此基础上认为言论自由(包括新闻自由)是在强硬的意义上反对政府的权利,并将其归入制度性权利。台湾学者林子仪也认同这种观点,认为宪法为了保障新闻媒体作为现代社会一个重要的制度性力量,而给予新闻媒体一种基本权利的保障,以使新闻媒体能发挥其应有的制度功能。②

作为言论自由的延伸,新闻自由更像一种权利而非权力。在经历了职业化的追求、传播媒介的变化等历史语境的变迁之后,一脉相承的是,新闻媒介自由权主要表现为对于政治权力滥用的警惕以及为社会充当"看门狗"的政治内涵的建构。新闻自由的现实空间也主要是在媒介权力与政治权力之间的相互关系中建构起来的。

一、被控制的媒介

(一)谁的媒介

加拿大学者麦克卢汉从感官和心理的角度强调了媒介技术对个人的影响,提出"媒介即讯息",指出媒介本身对社会来说才是一种最重要的讯息。这一观点肯定了媒介技术对社会发展的推动作用,但是它忽视了社会历史因素对媒介技术的制约与影响。从更深一层的社会关系上看,媒介特别是新闻媒介更意味着权力。历史地看,任何媒介技术的产生、发展和变化都是社会权力的产物,媒介本身也是权力的工具和体现。

---

① 刘迪:《现代西方新闻法制概述》,中国法律出版社1998年版,第11页。
② [美]罗纳德·德沃金著:《认真对待权利》,信春鹰、吴玉章译,中国大百科全书出版社1998年版,第256页。

批判学派显然是看到了麦克卢汉的不足，他们从不同的角度阐述了媒介的权力属性。有两个分支理论比较有代表性，一个是传播的政治经济学研究，另一个是文化研究。在传播政治经济学看来，媒介研究的核心议题是社会政治、经济权力对媒介形式和内容的影响。西方马克思主义批判家雷蒙德·威廉斯认为麦氏理论缺乏历史感和社会意识，只关注媒介技术在人类文明发展史上的作用，却没有考虑是哪些社会因素导致媒介技术的产生、应用和发展。因此他在1974年出版的《电视：技术和文化形式》一书中，着重探讨了决定电视发展的社会物质关系，认为公用事业电视的发展过度取决于经济、国家和他所称的易变的个人条件。① 他提出了技术研究和发展过程中的"意图"（intention）问题，认为人们先在心中有了意图和期望，才去寻找和发展出电视这样的科技。长期的资本积累和技术进步导致了工业生产的决定性转变和新社会形式的出现，进而创造了新的需要和新的可能，而各种传播系统，包括电视，则是技术进步的必然结果。美国批判学派的先驱——赫伯特·I. 席勒也持有相同立场，认为大众媒介紧紧联系着政治和经济权力的中心。受他的影响，美国批判学者 J. 赫伯特·阿特休尔在其著名的《权力的媒介》一书中，着重探讨了新闻媒介和政治、经济、文化等权力的关系和相互作用，一针见血地指出新闻媒介都是掌握政治和经济权力者的代言人，新闻媒介的内容往往反映那些给新闻媒介提供资金者的利益。②

法兰克福学派也对媒介被权力控制的属性进行了剖析。阿多诺、马尔库塞、布尔迪厄等人，对"权力控制媒介"进行了梳理。在《启蒙辩证法》一书中，阿多诺和霍克海默指出，文化工业的意识形态奴役，就其本质而言，是科技的意识形态奴役。"技术上的合理性，就是统治上的合理性。"后来，马尔库塞在《单向度的人》中

---

① 参见林子仪著：《言论自由与新闻自由》，台湾月旦出版社1993年版，第66页。
② 参见韦路、严燕蓉：《媒介：讯息还是权力？——对麦克卢汉"媒介即讯息"的再思考》，载《全球信息化时代的华人传播研究：力量汇聚与学术创新——2003中国传播学论坛暨CAC/CCA中华传播学术研讨会论文集》（上册）2004年版，第182期。

进一步指出，媒介技术不但受到社会的全面控制，而且技术本身就是预先按照统治者的意志和需要设计出来的，设计本身就包含了一种统治的先验性和控制的欲望。一个最典型的例子就是彩色胶卷的发明。经过研究发现，彩色胶卷是白人科学家发明的专门用于拍摄白人肤色的，这种胶卷不能完美地表现自然，特别是不能完美地表现黑人肤色，会把黑人的肤色拍成绿色。很明显，这是白人统治者权力意志在媒介技术上的表现。而布尔迪厄则在《关于电视》中深刻阐述了电视在资本主义社会中受商业逻辑制约的他律性。布尔迪厄认为，到了20世纪90年代，电视越来越受到商业逻辑的侵蚀，而商业逻辑对电视的作用是通过收视率而实现的。布尔迪厄发现了值得注意的两个倾向：一方面，收视率使电视开始走向非政治化或中立化。对轰动煽情、耸人听闻的社会新闻的追求，使电视对现实事件的选择和处理模式呈现非政治化的单一，公众的注意力被吸引到一些没有政治后果的事件上，造成了政治的空白。另一方面，电视通过强有力的煽动性和情绪效果，轻而易举地把社会新闻和日常琐事转化为某种政治和伦理意义，从而激发公众的负面情感，如种族歧视、对异邦异族的仇恨等。一方面电视把一切事件都非政治化，另一方面它又可以把非政治事件政治化，这种双重功能使得电视成为民主社会一个危险的符号暴力。而导致这种双重效果的原因，在布尔迪厄看来，正是以收视率为代表的商业逻辑。①

从以上论述可以看出，媒介是处于权力控制之下的，权力从"技术"和"运作"两个方面约束媒介的行为：一方面，权力制约着媒介技术的设计、生产和应用；另一方面，权力特别是政治经济权力支配着媒介的生产和运作。

媒介，其实是权力的媒介。

---

① 参见韦路、严燕蓉：《媒介：讯息还是权力？——对麦克卢汉"媒介即讯息"的再思考》，载《全球信息化时代的华人传播研究：力量汇聚与学术创新——2003中国传播学论坛暨CAC/CCA中华传播学术研讨会论文集》（上册）2004年版，第182期。

(二) 政治包围中的新闻媒介

作为社会的重要组成部分之一，新闻媒介与政治权力的关系是极为复杂的。媒介是政治权力的监督者，很可能只是一种理想化的表述。尽管新闻媒介有着自身的专业理念和操作规范，在很认真地履行作为社会公器的义务和责任，但新闻业从来都不可能摆脱政治的操控。政治对新闻业的操控有时直白露骨，有时也是巧妙、间接的，无声之处更胜有声。作为意识形态国家机器，新闻媒介的一举一动都被纳入政治权力的运行轨道，从设计到备料、从生产到成型、从出售到反馈，新闻产品在政治的包围中一步一步地走到公众面前。

对于社会秩序的管理而言，政府部门是责无旁贷的，"而对于媒介而言，接受政府的管理也是理所当然的，因为它为媒介的运行设定了必要的规则。"① 这些必要的规则具有一定的法律和经济制约性，媒介不能挣脱约束而只能在约束的范围内运行。政府的约束具有强制性，即使是号称最"自由民主"的美国，其政府也一样在使用这种强制力。对于很多西方人来说，政府部门对媒介行业的介入常常引发对于审查制度和国家控制的恐慌。然而，在很多发展中国家却是另外的结果。发展中国家的政府部门介入当地媒介实施审查监控，是在进行保护，保护自己国家的媒介能够在西方媒介集团来势汹汹的攻势中存在并发展。因为，发展中国家不想被西方的信息流所湮没，他们不仅想要信息自由流动同时也需要信息平衡。政府部门的介入和干预是必要的。

实际上，政治需要媒介，媒介也需要政治。政府部门可以得到记者的允许，在一定限度下不吐露真情；在政府部门眼里，记者也可得以在某种限度内进行分析和批评。在政府举办的记者招待会上，记者成了马前卒，新闻发布官一边讲，记者们一边飞快地记着笔记，

---

① [美] 大卫·克罗图、威廉·霍伊尼斯：《媒介·社会——产业、形象与受众》，邱凌译，北京大学出版社 2009 年版，第 142 页。

所有这一切可以印成白纸黑字,这就是新闻。[①] 新闻媒介充当了政府行政部门的一个武器,平添了政府的力量。政府希望利用新闻媒介,而新闻媒介也乐意充当中介,因为这样做既能实现新闻媒介"传递信息"的职能,也使媒介更具"公信力"。

(三)被经济"绑架"的新闻媒介

媒介为了生存和发展,不能停下追逐经济效益的步伐。可以说,经济效益这种意识形态从始至终都在控制着新闻的生产和传播。在激烈的市场竞争中,生存的压力使得新闻制作者把精力更多地放在了新闻的市场化运作上,他们可以不是新闻生产方面训练有素的精英,但一定是在市场管理销售中的成功商人。

利润的压力对于不同的新闻部门有着不同的影响。但相同的是,他们都在一边降低成本一边迎合受众的要求,这也是为什么不同的新闻媒介会制造出相似的新闻的主要原因。在降低成本的情况下满足受众的要求,最直接有效的方式就是投其所好,满足其阅听心理和欲望,比如播放名人轶事、绯闻、丑闻等。

经济对新闻媒介的"绑架",往往是通过广告这只手完成的。众所周知,广告是新闻媒介的主要收入来源,记者、编辑和媒介负责人都很清楚到底是谁在为新闻媒介的传出买单,他们也清楚哪些新闻报道类型更容易受到广告商的青睐。这一点在平面纸媒中表现得尤为明显。这种有着明显经济动机的行为在新闻媒介中是一种被认可的行为。编辑会在报纸上创造出新的版块,制作人则会在广播和电视上增加新的栏目,以此来吸引新的广告客户加入。记者、编辑或制作人并不是机械地服从广告商,虽然大多数的记者编辑并不是有意识地去制作有利于广告商的新闻,但是他们确实是在有意识地避免或消除不利于广告商的报道,以此来维护自己的利益,这种影响是非常微妙而且隐秘的。

广告并不直接决定新闻内容的生产,但也给了新闻媒介一定的

[①] 李青:《对传播媒介权力的思考》,载《国际新闻界》1999年第3期。

约束限制。广告商有能力控制新闻的内容，因为他"绑架"了新闻媒介。广告的经济角色建构了新闻媒介内部的日常行为，并且使得新闻媒介的从业人员及受众转变了对新闻的看法。新闻的生产制作是有动机的，就是吸引那些广告客户们试图吸引的人群——较富有的受众。有了受众就会吸引更多的广告商，更多的广告商也会提供更多的经济利益——这其实就是二次销售。如此往复循环，大家各取所需。但是，这个过程中，谁得到了什么又失去了什么，就只有他们自己心里明白了。

二、媒介的反控制

哪里有控制，哪里就有反控制，特别是伴随着社会的发展和新的媒体技术的出现，控制与反控制的权力争夺更趋复杂。正如梅罗维茨所说："新媒介（或者其他因素如工业化、战争或自然灾难）的出现造成了社会场所普遍的重组。因此，这不但影响了许多个人的行为，而且影响了整个同类人的行为。"[①] 那么如何在新环境中认识媒介的新闻自由就成为一个很突出的问题。随着社会化媒体的繁荣与成熟，对于新闻媒介的控制已然不再像从前那样从容。

由于传播新技术的成熟，麦克卢汉提出的"地球村"的设想正在变成现实，新媒介为人类的传播能力提供了无限的可能性。这些变化所带来的一个最直接的问题就是，原有的对新闻媒介和新闻传播活动的控制模式远不能适应新的形势，媒介对权力形成了"反控制"。在传受关系由单向度转为交互式之后，媒介悄然成为受众监督自身、监督舆论、监督政府的工具和中介。

这种"反控制"的权力源自于公民的言论自由，媒介受公众委托成为公共权力的代言人，不可避免地遭遇了国家权力的代表——公权力。公共权力与公权力，可以说是既有相同点又存在差异的一

[①] ［美］约书亚·梅罗维茨著：《消失的地域：电子媒介对社会行为的影响》，肖志军译，清华大学出版社2002年版，第118页。

对词语。相同点是二者来源相同，公权力与公共权力一样，都来自公众的委托；不同之处在于，公共权力不能独立存在，而公权力则可以。事实上，公权力是国家为服务其公众而行使的权力，即公权力是以公众意志为转移的，也可以说是公众将自己的权利委托给国家行使而形成公权力；而媒介权力作为一种公共权力，相当于国家和公众之外的第三方，同样是受公众委托而形成的"契约"权力，只是这个"契约"对三方都具有监督和约束效果，尤其是对于国家及其行使的公权力。在媒介发展到网络新媒体时代，媒介权力代表的公共权力更是发挥出了超乎想象的力量，对公权力甚至是公众自身的权利，都提出了严峻的挑战。

最具代表性的是公共权力与公权力的争夺。一方面是千万网民集体意识的苏醒，开始运用社会化媒体表达自己的诉求，争取合法的权益；另一方面是公权力试图借助媒介技术维护自身权威性和合法性，从而继续享有公众的仰视。当两种权力发生冲突时，利用新媒体掌握话语权则成为权力能否继续运行的关键。从网民通过微博对公权力的监督中可以看出，社会热点事件往往成为公共权力行使的契机，也是对公权力的一种考验。因此，各个政府机关、社会团体、大型企业等纷纷开始重视新媒体，开通账号并展开相关线上活动就是最好的证明。

在控制与反控制中，媒体一直是社会变革的主战场和推动性力量。控制与自由的矛盾、对抗规约着新闻传播的基本价值走向。

第三章　新闻学的研究范式

第一节　确立新闻学研究范式的必要性

马里兰大学新闻学教授杰伊·布拉姆勒和米切尔·古尔维奇在《对政治传播的再思考》一文中有一个著名的提问:"老兄,你有范式吗?"[①] 这个提问同样需要今天的中国新闻学者做出回应。

一、社会科学研究中的范式

(一) 范式理论对社会科学研究的意义

从本质上看,范式概念从属科学哲学范畴,可用于解释和分析所有门类的科学研究。然而,我们也必须认识到库恩提出与演绎范式概念的原始语境是自然科学领域,是在自然科学研究史的基础上提出的,在说明论证这一概念体系时所援引的案例皆取自数学、天文学、生物化学、物理学等自然科学成熟学科的发展史。库恩一开始就强调"历史向我们提示出,通向一种坚实的研究共识(researh cosensus)的路程是极其艰难的",而"在社会科学各部分中要完全

[①] [美] 詹姆斯·库兰、米切尔·古尔维奇编:《大众媒介与社会》,杨击译,华夏出版社2006年版,第146—162页。

取得这些范式，至今还是一个悬而未决的问题"。① 与自然科学相比，社会科学研究涉及人的主观意志和价值，具有更高程度的复杂性和不确定性。同时，"社会科学的研究标准更加模糊，而且存在众多相互冲突的流派"②。但正如刘海龙在《大众传播理论：范式与流派》一书中指出的，范式理论移植到社会科学研究中有一些特殊的意义③：

"第一，社会科学的学术研究应该提倡不同学说的百家争鸣，许多新的范式在刚提出时，具有很多缺陷，不能因为这些问题而完全否定它们。"

"第二，社会科学不像自然科学，前者在本体论、认识论和价值论上有许多的前提，我们（社会科学）无法给出严格的论证，对立思想同时并存，至少说明在目前它们具有一定的合理性，因为我们无法从哲学上得出一个能够简单判断孰是孰非的标准。"

"第三，范式主义中的相对主义并不是完全的为所欲为，缺乏标准。在不同的学术共同体的内部，仍然存在着非常严格的标准。"

（二）社会科学研究中的范式之"惑"

库恩认为：在社会科学各部分中要完全取得这些范式，至今还是一个悬而未决的问题。范式理论应用于社会科学研究领域，"惑"在何处，又能否解开？

首先，自然科学讲求的是通过实验揭示客观存在的规律，对于范式的应用往往属于工具理性的范畴。而社会科学跳出了"范式"的工具性的应用，是多种价值观观照下的研究取向，范式的丰富程度和复杂程度远远超过了自然科学，是一种从一维到多维的转变。

---

① ［美］托马斯·库恩著：《科学革命的结构》，金吾伦、胡新和译，北京大学出版社2003年版，第14页。

② 刘海龙著：《大众传播理论：范式与流派》，中国人民大学出版社2008年版，第76页。

③ 刘海龙著：《大众传播理论：范式与流派》，中国人民大学出版社2008年版，第77页。

其次，自然科学中范式的稳固是学科发展成熟的一种表现，规范被视为学科的圭臬，而在社会科学中学科的延展性是学科不断发展的标志，因而对于学科想象力的要求不能够忽视。为此，在社会科学领域，既不可盲目推崇范式，也不能抛弃范式。同时，社会学科的实践性和学派的众多，导致"范式之乱"，但学科发展需要范式引领和规范，因为"主导范式的形成是学科确立的标志"，同时范式科学发展模式中的动力因素，是常规科学时期形成的前提和条件。

自然科学中的"范式革命"在社会科学的发展中体现更多的是理论选择的可能性。社会科学的范式更多表现为是否受科学共同体青睐，很少会被完全抛弃。也就是说，社会科学理论中的范式的更替和转换主要体现在科学理论发展的深度、广度和维度的拓展上。

二、确立新闻学研究范式的迫切性和必要性

新闻学兼具社会科学和人文科学的双重特性，由于自身的内在逻辑和核心语法的不明晰，学科身份一直在遭遇合法性危机。范式作为科学哲学领域中透视与引导理论演进的概念工具，对新闻传播学学科建制具有重要意义。

（一）范式理论之于新闻学

库恩认为："只有正式接受了一种范式，才能使对某领域感兴趣的团体转变成一门专业或至少是一门学科。"[1] 范式作为一种关于学科定位、研究对象、理论体系等学科建制基础层面上的共识，指导着一个学科学术传统的建立，也规范着一个学科发展的方向。

范式理论虽然从本质上看，从属科学哲学范畴，能够用来解释和分析所有门类的科学研究，但由于库恩提出与演绎范式概念的原始语境是自然科学领域，使得"在社会科学各部分中要完全取得这

---

[1] [美]托马斯·库恩著：《科学革命的结构》，金吾伦、胡新和译，北京大学出版社2003年版，第17—18页。

些范式,至今还是一个悬而未决的问题"。① 同时,库恩范式理论中的范式的相对主义转向,使得社会学科的研究者更多地将范式用于指导学科的规范发展。

作为科学发展模式中的动力因素,范式理论对于新闻学向纵深拓展也有着积极意义。这种关于学科定位、研究对象、理论体系等学科建制基础层面上的共识,能够帮助新闻学建构自己的话语体系和核心价值。

需要说明的是,本书所说的新闻学研究的范式,不同于传统的新闻学研究范式,研究范式的提出基于以下三个方面的考虑:第一,新闻作为新近发生的事实的报道,是传播的结果,事实只有在传播过程中才成为新闻,这就使得要考察新闻的基本矛盾和问题必须放置于传播过程中才具有意义。第二,新闻传播在表面上看来是一个封闭的系统,实际上是开放的,新闻的生产和传播都是在这个系统中进行的,也只有在这个系统中,新闻的生产、传递、接受才能够被总体的把握。第三,传统的新闻学研究应当主动借用传播学等其他学科的理论和方法,才能更快摆脱僵化的研究现状,呈现出开放性和革命性,才能够促进新闻传播学科的不断发展和进步。因此,我们这里讨论的新闻学的研究范式,和传统的新闻学研究有着很大的区别。

(二)确立新闻学研究范式的迫切性和必要性

前文中,我们提到了新闻学应该确立自身的研究范式,以推动整个学科的发展和进步。"新闻无学"的论调使得范式的确立尤显紧迫。

新闻学的研究和发展多年以来经历着曲折的道路,特别是在我国经历了"非科学论"、"不独立论"、"无学问论"、"无用论"、

---

① [美]托马斯·库恩著:《科学革命的结构》,金吾伦、胡新和译,北京大学出版社2003年版,第17页。

"浅学论"、"失范论"① 等诸多观点的质疑。这其中就有着"新闻学不具有科学属性"、"新闻术多学少"、"新闻依附于其他学科"、"新闻学研究缺乏规范"等诸多问题的提出。这些观点的存在是有其现实背景的，反映了目前新闻学科研究和发展过程中存在身份困惑问题，这些问题需要"范式"的规范和明确而加以解决。

传播学是一门年轻的社会科学，经过半个多世纪的发展，广泛融合了社会学、心理学、政治学、人类学等多学科发展成果，为学科建设带来了诸多活力。由于传播学自身对旁系学科知识的直接吸收，导致知识的多元给传播学带来了学科身份的自身的困惑。美国《传播学期刊》曾在1983年和1993年分别以"领域的骚动"（Ferment in the Field）和"领域的未来"（Future of the Field）为主题，围绕传播学学术身份与研究范式等议题，进行过两次大论战。② 国内外学者对学科内部的混乱情况表示了深深的忧虑，也有着广泛的共识，即把深层原因都归结于缺乏学科的核心解释逻辑或轴心范式。

本书对新闻学的研究范式的提出，既考虑到了新闻学学科的特殊规定性，也吸收借鉴传播学学科发展中出现的经验和教训。库恩说"范式不仅给科学家以地图，也给了他们绘图指南。在学习范式时，科学家同时学到了理论、方法和标准，当范式变化时，通常决定问题和解答的正当性的标准，也会发生重大改变"。③ 这种认知和规范的功能能够促使新闻研究的共同体形成和发展，为学科发展奠定基础。

范式能够使科学家的研究得以深化。科学共同体在同一范式的规约下，采取共同的信念和作为，不必再为这个领域的基础或基本问题进行不断重复的研究。同时，由于研究旨趣的相似，科学家们

---

① 唐远清著：《对"新闻无学论"的辨析及反思：兼论新闻学学科体系建构和学科发展》，中国广播电视出版社2008年版。

② 池岩、云国强：《对传播学发展及其理论贫乏状况的反思》，载《河南大学学报》（社会科学版）2009年第3期。

③ ［美］托马斯·库恩著：《科学革命的结构》，金吾伦、胡新和译，北京大学出版社2003年版。

可有效把握学科中具有研究价值和普遍意义的关键问题。由于研究方法的规定性，使研究得以顺利地进行并被理解。研究者避免浅层次的重复研究，可以从事更精确、更深奥、更具发展性的深入研究。

在复杂的社会科学研究中，不同研究传统或学派往往只是占有片面的真理，在脱离具体情境和具体分析的情况下，谁也不能从整体意义上真正地战胜谁。长期以来，不同研究传统，不同学派之间由于价值观上的根本分歧，在本体论、方法论等问题上也争论不休，甚至陷入相互对抗与瓦解的境地。范式的确立有利于化解不同研究传统之间的这种非理性冲突。同时，虽然新闻传播的研究在近些年有了长足的发展，但与其他相对成熟的学科相比，呈现的是一种繁杂甚至是混乱的局面，学科身份受到质疑。范式确立的规范，能够为学科的自主、长足发展奠定基础。库恩讲，科学研究就是不断"解密"，范式能够为新闻传播确立解密的规则和方向，这也是学科合法性的基础和发展的前提。

因此，新闻学应该也必须确立自己的研究范式，才能为实现理论创新奠定基础，推动学科发展，引领新闻实践。

第二节　确立新闻学研究范式的原则

正如上文所说，新闻学应该也必须确立自己的研究范式才能为实现理论创新奠定基础，推动科学发展，引领新闻实践。而确立新闻学的范式应从历史、实践和学术逻辑三个维度出发。

一、历史视角

新闻传播与人类发展史同步，从自然存在的方式到一种历史的自觉行为，是社会发展到一定阶段的产物，有着丰富的、随着历史发展进程不断变化的内涵和外延。研究一门科学从前科学向常规科学的发展和变革，要看这门科学有着怎样的历史积淀。

新闻传播作为一种社会认识活动，伴随着人类的认识活动而生成。在远古时期，人们"很有可能通过他们生理上能发出的有限的声音进行传播，如嚎叫、咕哝、尖叫，加上身体动作，大致包括手和手臂信号，大幅度动作和姿态"。① 这其中包含着"新闻信息"的基因和萌芽。后来语言的出现和劳动工具的使用，使得人类开始成为文明的动物。文字的出现被施拉姆看作"历史上震撼地球的大事之一"。② 文字的出现直接导致了新闻传播史上革命性事件的出现。"公元前59年到公元330年古罗马'每日纪闻'以及中国西汉与东汉间的竹木邸、唐代以后的手抄邸报，是人类最早使用文字进行规模化新闻传播的尝试。"③ 文字为规模化传播提供了可能，也预示着印刷时代的到来。"在15世纪末和16世纪初，印刷术的扩散撕裂了西欧的社会生活结构，并用新的方式重新组合，从而形成了近现代社会的雏形。印刷材料的使用促生成了社会、文化、家庭和工业的变革，从而推动了文艺复兴、宗教改革和科学革命。"④ 这引导新闻传播进入了一个新的时代，近代报刊的诞生是其开端。"1665年，伦敦爆发鼠疫，宫廷仓皇迁往牛津。牛津地处偏僻，消息闭塞，于是政府便决定创办一份官方报纸，这就是《牛津公报》（Oxford Gazette）。"⑤ 这份出版了24期后就改名的报纸，是第一张真正的现代意义的报纸。之后经历了政党报刊的"黑暗时期"，大众化的商业报刊出现了，并一直在新闻传播业的舞台上占据重要地位。

"1906年的平安夜，八点左右，美国东北部海域几艘轮船上的无线电报员，突然从耳机中听到一个男子说话的声音。这些平时听惯了滴滴答答电码的报务员，此刻真像听到冥冥之中传来的上帝的

---

① 杨保军著：《新闻理论研究引论》，中国人民大学出版社2009年版，第117页。
② ［美］威尔伯·施拉姆、威廉·波特著：《传播学概论》，何道宽译，中国人民大学出版社2010年版，第10页。
③ 陈力丹著：《世界新闻传播史》，上海交通大学出版社2007年版，第6页。
④ ［美］迈克尔·埃默里、埃德温·埃默里、南希·L. 罗伯茨著：《美国新闻史：大众传播媒介解释史》，展江译，中国人民大学出版社2009年版，第4页。
⑤ 李彬著：《全球新闻传播史：公元1500—2000年》，清华大学出版社2009年版，第56页。

声音，不由大吃一惊。耳机中的男子先朗诵了一节《圣经·路迦福音》，接着用留声机播放了一曲亨德尔的《广板》，最后向大家祝贺圣诞快乐。几分钟后，声音消失了，耳机中重又响起了莫斯电码的滴答声。这就是世界上的第一次无线电广播。这次历史性的播音，是费森登从其实验室播出的。"[1] 从这次无线电广播开始，之后调频广播、数字音频广播出现，使得"收受者可以'随身听'，内容丰富让人感到'宜而爽'，价格低廉无需付费可谓'万家乐'"。[2] 到了20世纪20年代电视出现了，并在20世纪50年代进入了繁荣的时代。"广播和电视不仅彻底突破时间和空间的限制，使信息传播瞬息千里，而且挣脱了印刷传播中必不可少的物质运输的束缚，为信息传播开辟了一条便捷、高效、省钱、省力的空中通道。"[3] 这也使得新闻传播成为一种全球化的、无边界的传播。

到了20世纪80年代，网络开始应用到新闻传播领域，给新闻传播带来了极具变革性的影响，人们开始进入"数字化传播的时代"。在数字化传播时代，传播技术的核心作用越来越大，这一方面使新闻传播媒体具有空前的力量，对信息的掌控无孔不入；另一方面，也使新闻本身不再显得神秘，普通的受众也可传播新闻，成为传播者。这大大改变了人们对新闻传播的理解。

二、学术逻辑

我们从历史的角度看到了新闻传播发展的轨迹，无论是媒介的变化还是技术的变革，都作为范式形成和革命的刺激因素而发挥着作用。从学术逻辑，也就是学科发展的逻辑来看，新闻学研究范式的形成又是怎样的呢？

新闻学作为一门科学，起源地应该是德国。"17世纪末，德国

---

[1] 李彬著：《全球新闻传播史：公元1500—2000年》，清华大学出版社2009年版，第247页。
[2] 杨保军著：《新闻理论研究引论》，中国人民大学出版社2009年版，第122页。
[3] 邵培仁著：《传播学》，高等教育出版社2007年版，第41页。

的一些大学生开始以报业为对象撰写学位论文",因而,"早期的新闻学又称为报学(Zeitungskunde)"。① 1702 年,英国创立了最早的日报《每日新闻》,其创始人爱德华·马利特最早提出有关新闻客观性的理念,并且提出"报纸的义务在于将事实叙述出来,结论应该由读者来做"。② 到了 19 世纪的中期,新闻学的研究逐渐从业务技术方面的探讨开始向学理方面转变。"1845 年,德国学者普尔兹的《德国新闻事业史》出版,标志着新闻学开始超越纯业务研究的狭窄视野,开始从历史发展的宏观角度,总结和揭示新闻活动的普遍规律。"③ 1884 年,德国的巴塞尔大学和莱比锡大学正式设立了新闻学课程。到了 1895 年,德国的科赫教授在海德堡成立了世界上第一个新闻研究所。在美国,1873 年,哈德生出版了美国的第一本新闻专著——《美国新闻史》;1893 年,美国宾夕法尼亚大学开设了新闻学讲座,从而标志着美国正式开始了新闻学的专业教育,新闻学开始成为一门学问。

  1910 年后,德国的大学开始成立新闻研究所,而在美国的大学里,专门的新闻学院已经出现。1908 年,沃尔特·威廉姆斯在密苏里大学成立了世界上第一所新闻学院。4 年后,也就是 1912 年,哥伦比亚大学新闻学院成立,由美国著名报人普利策向哥伦比亚大学捐资 200 万美元建成。这些学院开始系统研究新闻理论和讲授新闻实务。"1922 年,美国著名专栏作家沃尔特·李普曼《舆论学》出版,1924 年,美国新闻教育家卡斯柏·约斯特的《新闻学原理》出版。这两本书成为世界性新闻学走向成熟的代表作。"④

  不能忽视的是传播学的出现。虽然"早在两千多年前的古希腊时期,伟大的先哲亚里士多德撰写的名作《修辞学》从修辞术的角度对公共演说的说服效果进行了论证,这其实可以在很大程度上被

---

  ① 郝雨著:《新闻学引论》,上海交通大学出版社 2008 年版,第 3 页。
  ② 吴飞:《西方新闻传播学研究发展报告》,http://www.zeview.com/plus/view.php?aid=270,2012 年 10 月 20 日。
  ③ 郝雨著:《新闻学引论》,上海交通大学出版社 2008 年版,第 3 页。
  ④ 郝雨著:《新闻学引论》,上海交通大学出版社 2008 年版,第 3 页。

视作早期对大众传播效果的研究"①，但传播学理论的真正源头应追溯到 19 世纪欧洲的三大理论：达尔文的进化论、弗洛伊德的精神分析理论、卡尔·马克思的批判学派。20 世纪 20—30 年代，传播学开始真正创立。传播学四大奠基人——拉扎斯菲尔德、拉斯韦尔、霍夫兰和卢因为理论创建做出了巨大的贡献。之后，被誉为"传播学之父"的美国学者威尔伯·施拉姆于 1949 年编辑出版了他的第一本著作——《大众传播学》（Mass Communications：A book of readings selected and edited for the Institute of Communications Research in the University of Illinois），结合社会学、政治学以及新闻学的学科理论，对传播学进行了系统化、结构化的阐述，将前人对传播的研究成果和相关学科的基础理论进行了有机的挖掘与整合，这标志着传播学的正式建立。②

新闻学与传播学由于天然的联系，理论的创建和发展不可分割。新闻学的研究大可借力前行，在研究上以新闻传播实践为背景，结合新闻学和传播学的研究成果，从结构同源上研究传者、受众、媒介以及传播过程中的权力分配和权力生产。

三、实践需要

新闻学从属于社会科学，它的意义在于与社会实践的对话当中。在其研究范式的形成、调整和革命的过程中，实践的作用是巨大的。

在"报学"刚刚出现的时期，学术研究大都是从纯业务技术的方面进行的，目的就是指导和培训报业的从业人员，这个理论视野无疑是狭窄的。后来这种"术"的研究有了"学"的转向，开始研究新闻传播的历史，以总结新闻传播活动规律，例如 1845 年出版的德国学者普尔兹的《德国新闻事业史》。新闻学的研究走向成熟阶段

---

① 吴飞：《西方新闻传播学研究发展报告》，http：//www.zeview.com/plus/view.php?aid=270，2012 年 10 月 20 日。
② 参见吴飞：《西方新闻传播学研究发展报告》，http：//www.zeview.com/plus/view.php?aid=270，2012 年 10 月 20 日。

的一个标志就是对新闻基本理论的研究和新闻研究框架的框定，1924年美国报人卡斯柏·约斯特的著作《新闻学原理》是代表性文献。这说明，一个学科的研究由现象到本质的探索，实践是最大的驱动力。从报业从业者的培训，到普利策出资创建哥伦比亚大学新闻学院，都表明了新闻学科浓重的实践色彩。

新闻传播媒介的变革，也使得新闻学的研究范式得以调整完善。从无线电广播出现，到电视的出现、网络的出现、新媒体的应用，都推动了新闻学的研究转向。除了媒介形式的变化，传播技术变革还带来传受关系的变化、传播权力与权利关系的矛盾运动的变化等。新闻学研究实践中"反常"的出现，要求研究者沿着这种变化的方向对范式本身做出调整和补充，以推动学科的创新和发展。

第三节 新闻学研究的三种范式

应该看到，新闻与事实、传播者与受众、控制与自由这三对基本范畴一直都是新闻传播活动中最具有普遍性的基本矛盾，对这三对基本矛盾的认识，规定着新闻学的研究方向和价值选择。这背后隐含的是新闻传播中权力的运动走向。从历史逻辑、学术逻辑和实践层面看，这三对基本范畴都建构着新闻学研究的基本研究范式。这三种研究范式是：以传播者意图实现为中心的影响—控制研究；以意义生产为中心的文化—话语研究；以媒介为中心的控制与自由研究。

一、以传播者意图实现为中心的影响—控制研究

传播中的新闻，不是事实信息，而是被建构了的事实。参与事实建构的一个重要因素就是传播者的传播意图。这样，众多的被建构的事实集合起来，构成了人们理解世界的基础，也就是李普曼笔下的"我们头脑中的世界"，这个"世界"是传播者的"意图世

界",是传播者权力的体现,而这种权力一般是深深地隐藏起来的。这种新闻传播现实,使新闻学研究者们不约而同地有了一种研究取向,也就是以传播者意图实现为中心的影响—控制研究。

要说明的是,这里的控制研究不是维纳开创的控制论研究的传统,也不是关于制度层面的对于媒体控制的研究,例如社会制度、经济体制等,而是专注于传播者意图实现为中心的、传播者象征性权力实现的一种研究范式。

前文中,我们谈到新闻在建构"我们头脑中的世界"也就是"拟态环境"(pseudo-environment)中的作用,传播者意图的实现就是传播者权力体现的方式。"统治者利用新闻来凝聚社会,向人们提供了同一感知和共同目标,设置帮助专制统治者利用共同的威胁来控制人民"。[①] 人们利用新闻传播来调控和影响人们的言行,成为一种普遍的社会控制方式。

这种研究范式,从对新闻传播的"魔弹论"的研究和应用开始。宣传家对这个理论无疑是乐意接受的,在这里他们的作用可以无限地扩大化。这种理论将弗洛伊德学说和行为主义理论结合起来,强调了传播者意图实现的绝对可能。"火星人入侵"事件显示了大众传播的强大效果,认为媒介在新闻传播中占有绝对主动的地位,而受众是缺少常识的、毫无权力的。尽管随后的研究发现,这种大众传播的效果并不总是强大的,但研究者们还是把研究的重心放在传播者的意图实现方面。

以传播者意图实现为中心的研究关注的是传播者的权力,但应该看到这种控制是一种隐蔽性的控制,也是一种"软控制"。德国法兰克福学派的学者狄奥多·阿多诺及马克斯·霍克海默等人提出了文化工业的概念,用以批判资本主义社会下大众文化的商品化及标准化。在文化工业中,娱乐、广告、艺术等机械复制的产品通过让受众感到虚假的满足,来达到维护社会秩序的目的,而这个社会秩序的制定者又是掌控着权力的统治者。而在阿尔都塞的意识形态国

[①] 杨保军著:《新闻本体论》,中国人民大学出版社2008年版,第234页。

家机器理论中，传播者的意图是通过软控制实现的。无论新闻、宣传、舆论、广告或是公关都不过是像军队、警察、监狱一样的"国家机器"，通过新闻传播活动，传播者将意识流、思想流灌输到受众的脑海里，塑造着人们日常生活所能看到的、理解的图景。看似是受众按照自己的主观愿望在生活，实际上是按照传播者希望的方式生活。意识形态国家机器（特别是媒介）使得权力的存在合法化。意识形态隐蔽在我们的生活中，而由于主体被召唤，我们不断地制造着意识形态。在这种研究范式中，权力掌控在传播者，特别是政治、经济权力手中。

二、以意义生产为中心的文化—话语研究

以意义生产为中心的文化—话语研究是一种对受众权力发现的范式，研究的焦点和旨趣不再拘囿于传播者意图的实现，而是研究受众在意义生产过程中的主体作用。这是一种关于受众权力的话语表达。

这种研究范式的形成有一个较大的历史跨度，包括文化研究学派和话语研究群体。他们不再把新闻受众看成是整体的机械的接受者，而把他们看成是传播链条中的能动的主体。传播者的意图及意图的实现不再是研究重点，重点是考察文本的流通特点和意义的生产。

工业化社会语境下，作为无根的、已被同质的乌合之众的新闻受众被看作缺乏判断力的、易受影响的被动的整体。而在以意义生产为中心的文化—话语研究的范式中，受众成为"拥有一定资源、不会完全被大众传播左右的群体"[①]，或者是"具有交流性、尊重他人不同意见、能够站在对方立场上相互理解的理性人"[②]。这里的受

---

① 刘海龙著：《大众传播理论：范式与流派》，中国人民大学出版社2008年版，第269页。

② 刘海龙著：《大众传播理论：范式与流派》，中国人民大学出版社2008年版，第269页。

众是权力的反抗者、积极的媒体使用者或者是理性的公众。

文化研究产生于第二次世界大战后的英国。1964年伯明翰大学当代文化研究中心的成立，是其形成的标志性事件。霍尔说："文化研究就像一个变色龙，它根据社会条件的变化，提出自己的主张，它的目标是积极地干预现实，反对权力的压迫，帮助我们追求自由。"[1] 与法兰克福学派相比，英国的文化研究学者有着天然的政治参与热情，认为文化是大众在利用传播媒体的过程中自发产生的，是大众自己解释出来的文化，而不是权力和意识形态先入为主的文化。这里强调的就是受众的自我选择与抗争。在鲍德里亚看来，"传媒使大众有机会参与'文化的再循环'，决定大众传播性质的是技术支持和最小公共文化的组合"。同时，"媚俗"在鲍德里亚看来就是"表达阶级的社会预期和愿望以及对具有上等阶级形式风尚和符号的某种文化的虚幻参与"。[2]

霍尔发现了受众对媒介文本的不同解读模式，肯定了受众在传播中的地位；而大卫·莫利则强调了受众的能动性和积极性；约翰·费斯克更是用独特的"生产性受众观"解释了受众的实践性和创造性。

话语是人们说出来或写出来的语言，按照福柯的理论，它是语言与言语结合而成的更丰富和复杂的具体社会形态，是指与社会权力关系相互缠绕的具体言语方式。福柯认为话语"不是自然而就，而始终是某种建构的结果"。[3] 媒体是话语生产、积累和流通过程中的强大机器。作为公共话语的新闻，其结构既直接地与社会实践和新闻制作的意识形态联系在一起，又间接地与新闻媒介的机构环境、宏观社会环境联系在一起。以报纸新闻为蓝本，荷兰新闻传播学者梵·迪克所著的《作为话语的新闻》一书从话语分析的角度重新阐

---

[1] 刘海龙著：《大众传播理论：范式与流派》，中国人民大学出版社2008年版，第335页。
[2] 孔明安、陆杰荣主编：《鲍德里亚与消费社会》，辽宁大学出版社2008年版。
[3] 刘海龙著：《大众传播理论：范式与流派》，中国人民大学出版社2008年版，第364页。

释了新闻话语的理论建构。他认为，新闻的话语一方面是新闻工作者对新闻文本的制作和构建，另一方面是受众对新闻文本的理解和认知。这些理论都对文本的流动和意义的生产研究有着重要意义。

三、以媒介为中心的控制与自由研究

以媒介为中心的控制与自由研究范式，专注于对新闻媒介自身的研究。在历史发展的长河中，媒介以不同的形态存在着。它们或者是贝壳、竹简，或者是丝绢、皮草，再或者是报纸、广播、电视、网络、新媒体，作为载体和被控制的机器或者控制手段自身，无不体现着新闻媒介在社会结构中的权力地位。媒介作为权力争夺的焦点，是理解权力关系的关键。

前文中提到了新闻自由的提出者——约翰·弥尔顿。他的《论出版自由》实质上呼吁的是印刷媒介所代表的出版自由和言论自由，它所抗争的是包括英国在内的欧洲专制王朝对当时印刷出版实施的严格管制，也是对《君主论》的作者马基雅维利思想影响下出现的报刊集权主义理论的抗争。之后约翰·洛克、孟德斯鸠、卢梭等提出了"言论自由合法"、"主权在民"等思想使得自由的观念广为盛行。1789年的《人权宣言》中，第一次以法律的形式确认了出版自由是公民的基本权利。1791年的美国宪法第一修正案更是对此权利的肯定。[①]

1947年，以美国芝加哥大学校长罗伯特·哈钦斯为主席的新闻自由委员会发表了《一个自由而负责任的新闻界》，对西方的社会责任论进行了系统的阐述，解决了自由主义新闻思潮的现代困惑，也成了关于社会责任论的最早的经典性文件。

对新闻自由的追求本身就是一种权力实现的途径，但这种对自由的追求与"媒体和受众本身是不自由的"相互矛盾。因为媒体的自由注定要受到法律控制、行政控制、经济控制甚至媒体自身的控

---

① 唐海江著：《西方自由主义新闻思潮新论》，湖南大学出版社2006年版。

制。这些控制或显性或隐性地影响着人们对新闻自由的追求。

　　进入"数字化媒体"时代以来,新媒介的出现使得传播生态发生变化,各个机构组织和利益集团的权力斗争愈演愈烈,进而引发媒体权力的重构,产生新的自由与控制的问题。但总体而言,权力运作的方式和权力生成模式一直都是这些学者关注的焦点。

第四章 以传播者意图实现为中心的影响—控制研究

新闻学研究中以传播者意图的实现为中心的影响—控制研究范式所说的控制从本质上来讲是"软控制"。无论是新闻、宣传、舆论、广告或是公关,都不是像军队、警察、监狱一样的"国家机器",而是通过新闻传播活动,由传播者将意识流、思想流灌输到受众的脑海里,塑造人们日常生活所能看到的、理解的图景。在这种范式研究中,权力依然掌控在传播者手中。本章主要以传播者的意图实现为导向,从多重权力把关、影响与控制中的权力实现以及影响与控制——从象征到现实三个方面对影响—控制研究进行分析。

第一节 新闻传播中的多重权力把关

前文我们说过,新闻不是事实本身,传播中的新闻是被建构了的事实,在建构事实的过程中存在多重权力的把关,把关的目的是实现传播者的意图。从控制层面分析,可以认为新闻传播是传播者意图的叠加,传播者通过营造"我们头脑中的世界"来调控和影响人们的言行,成为一种普遍的社会控制方式。"统治者利用新闻来凝聚社会,向人们提供了同一感知和共同目标。"[①] 那么事实是如何成为新闻的?传播者是如何通过新闻来实现控制意图的呢?

---

① 杨保军著:《新闻本体论》,中国人民大学出版社2008年版,第234页。

第四章 以传播者意图实现为中心的影响—控制研究

一、从事实到事件：意识形态把关

"老人跌倒了"这是一个事实，但在20世纪80年代甚至更早以前，这都不是一个事件。上小学的时候，老师就教导人们要尊老爱幼，老人跌倒了，就扶起来，这在生活中本来是一件常规的事情，但现在却变成了新闻事件。在网上输入"老人跌倒"四个字，你会看到有成百上千条相关的新闻充斥在页面上。为什么呢？

1996年，一个名叫《离开雷锋的日子》的影片上映了，影片讲述的是雷锋的战友乔安山的故事。1962年的一天，乔安山倒车撞倒一根电线杆子，线杆倒下，雷锋牺牲了。雷锋的死让乔安山心怀愧疚，从此，他坚守着雷锋的信念。有一个发生在乔安山身上的故事，他驾车把一个被撞伤的老人送医院抢救，事后老人却违心地说是乔安山撞了他。故事的结局很好，撞老人的司机找到了，乔安山恢复了清白。这部影片也激励很多人要向雷锋同志学习，助人为乐并相信好人有好报。

鲍德里亚描述了媒介对话语范畴的规定："家庭在解体吗？那么人们便歌颂家庭。孩子们再也不是孩子了？那么人们便将童年神圣化。老人们很孤独、被离弃？人们就一致对老年人表示同情。更为明显的是：身体功能越是衰退，越是受到城市、职业、官僚等体制控制和束缚系统的围困，人们就越是对身体进行赞美。"① 正如当下，在升学、考试、就业的各种压力下，人们的心理提前衰老，青春易逝，缺乏浪漫，而越是这样，人们越歌颂青春。

罗兰·巴特认为文化工业中的娱乐、广告、艺术所生产的符号文化商品等都是意识形态运行中的物的存在方式。而这些机械复制的产品可以让受众感到虚假的满足，并以此来达到维护社会秩序的目的。

意识形态是一种观念的集合，当视其为一种无价值偏见的概念

---

① [法] 让·鲍德里亚著：《消费社会》，南京大学出版社2001年版，第100页。

时，意识形态是"所有政治运动、利益集团、党派乃至计划草案各自固有的愿景的"总和。这种作为观念复合体（理论、信念、信仰和论证过程）的意识形态其目的是"说服我们相信其真理，而实际上服务于某种秘而不宣的特殊的权力利益"。①

福柯认为意识形态是日常生活最细微单位的组成部分。福柯从微观的权力机制上进行分析，认为媒介成为微观权力生产的一套特殊的话语体系生产者，是一种生产、累积和流通的强大机体。通过媒介这一机体，传播者可以"控制"人们头脑中的世界。

不论是人们所处的"现实环境"还是"拟态环境"都是不断变化的，当电影里故事发生在2006年，乔安山换成了彭宇，事情却发生了很大的变化。

"彭宇案"发生后，"老人跌倒后应不应该扶"成为人们关注的焦点和热议的话题，由事实到事件，其实是意识形态把关的结果。

媒介（传播机器）作为意识形态国家机器的一种被阿尔都塞所重视。在他看来，意识形态国家机器是一种软控制，与传统的国家机器（监狱、军队等）的硬性控制同时分布于大众日常生活的各个部分。在战争时期，这种意识形态把关表现得非常明显，甚至可以直接控制大众的思考。但大多数时候，这种意识形态把关是隐形的、不易觉察的。在罗兰·巴特的《零度写作》、《神话学》和《流行体系》等书中一直贯穿着一种思想，就是媒介产品的生产一直被隐蔽地注入了意识形态，虽然产品的消费和体验是独立的，但与主流的意识形态始终是保持一致的。虽然大众是以个体的形式接触新闻媒介，但是几乎所有信息都是通过大众媒介获取的，而这些产品已经被注入了主流意识形态。

在《意识形态和意识形态国家机器》中，阿尔都塞提出了外化形式的意识形态——意识形态国家机器，开始聚焦于研究教会、学校、家庭和传播机器这些意识形态国家机器的物质实践性（它们在各自的领域里如何起着保证生产条件的再生产作用和主体是如何被

---

① 刘建明等著：《西方媒介批评史》，福建人民出版社2007年版，第268页。

构筑在意识形态之中的），聚焦于"国家控制人民意识形态的自主性和隐蔽性"。①

关注当下，网络的发达将人们带入了信息爆炸时代，大量信息充斥在报纸、电视、计算机以及我们的手机上，即使是这样，一些信息仍然能够迅速地抓住大众的眼球，比如房叔、房媳事件、反腐、炫富事件等，这些事实之所以成为事件被大家关注，其本身实际上是意识形态把关的结果，加之媒体的有意塑形，这些"事实"成为"事件"也就成为必然。

二、从事件到新闻：传播者把关

意识形态的把关决定了事实能否成为事件，而事件能否成为新闻则依赖于传播者的把关。正如陆定一给新闻所下的定义：新闻是对新近发生的事实的报道。只有报道后的事实才是新闻，传播者通过对信源的把关实现自身的意图，并控制信息的传播。

在传播学中，控制可以看作施控和受控的总和，传播者进行传播的同时也受到不同层面的内外力的控制。这里的控制研究是"专门考察传播者（包括组织和个人）及其活动特征，揭示传播者同所处时代与社会之间的关系的研究"。② 传播者的施控与受控，乃至于不同的控制形态都是考察的范围。

影响—控制范式研究中的控制主要包括两个相关联的方面：一是外部制度对传媒机构及其活动的控制和影响，即社会宏观环境的控制。具体表现为国家或政府制定符合自身意志的方针和政策，把意识形态内化为传媒机构及其工作人员的思想和行为准则。二是传媒机构内部对信息的生产、加工和传播活动的制约，即媒介微观的"把关"。这里主要考察的是第二方面，作为守门人的传播者并不是

---

① 刘建明等著：《西方媒介批评史》，福建人民出版社 2007 年版，第 271 页。
② 段鹏著：《传播学基础：历史、框架与外延》，中国传媒大学出版社 2006 年版，第 125 页。

向受众传播所有的信息，他们或按照社会主流价值观、或按照组织机构方针、或按照个人偏好对内容进行筛选和过滤，最终达到受众那里的只能是经过加工的"二手信息"，甚至是"多手信息"。

说到控制，我们不由地想到了那个"社会机器化"的畅想，也就不得不提到控制论。控制论（Cybernetics）的源起和近代史上的科技革命是分不开的，在希腊文中是"kubernhtes"，代表着"向导"和"舵"，认为在作用者和被作用者之间是决定和被决定的关系。20世纪40年代末期，美国数学家诺伯特·维纳发表了两本控制论著作，即《动物和机器中的控制论》（Cybernetics or control and Communication in the Animal and Machine）和《人有人的用处》（The Human Use of Human Being）。虽然这两本书的研究对象是生物和技术领域中存在的控制和传播，但维纳把社会看作一个传播和控制系统的观点，对后来新闻传播领域的研究产生了重大的影响。

维纳用一个空间防御中的高射炮模型揭示基本的控制模型。"大炮瞄准手从他的观测仪传去的信息，然后把它传给大炮，于是大炮便向某一个方向瞄准并使炮弹在一定时刻击中活靶。但是，大炮是要在一切条件下使用的。在某种气候条件下，润滑油暖化了，大炮就转动得很灵快。在另外一些气候条件下，润滑油冻住了或者掺进了沙子，那么大炮回答的命令就会慢一些。当大炮对命令应答不灵、滞后于命令时，如果给它一个补充推进以加强这些命令，瞄准手的误差就会减低下来。"① 这其中，瞄准手的一种反应实际上是一种反馈的表现，而为了这种反馈能够自动化，"通常，为了取得尽可能准确的成绩，我们便给大炮加上一个反馈控制元件，把大炮滞后于指定位置的程度记录下来，再利用这个差数给大炮一个补充的推进"。② 这种模型便成为一个自动的能够按照"瞄准手"意志进行射击的模型。

在维纳的控制论模型中，炮手的协调行动与神经生理学的观点

---

① [美] 诺伯特·维纳著：《人有人的用处》，商务印书馆1978年版，第15页。
② [美] 诺伯特·维纳著：《人有人的用处》，商务印书馆1978年版，第15页。

第四章 以传播者意图实现为中心的影响—控制研究

相似,"要去捡一个物体,我们动员身上一组肌肉实现这一动作,为了不断地完成一个动作,必须将我们与物体之间的差距随时报告给大脑,然后通过脊椎传导到运动神经以缩小这个距离"。① 这种控制包含着一种调整,就是大脑不停地接受和发出有关距离的信息,一个闭合循环的过程由此形成,如下图所示:

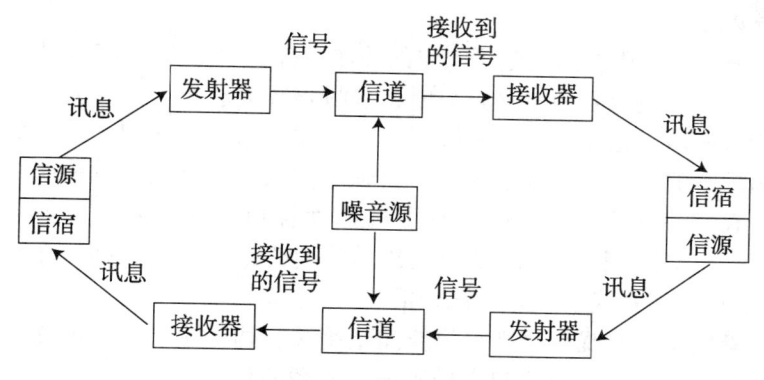

图4.1 传播的控制论模式图

控制理论的发展和延伸带来了信息交换与传播的思考。虽然现实的社会并不像维纳所设想的那样:通过信息和交换信息就可以使社会变得透明,但是维纳的控制论思想为新闻传播的研究提供了一个基础的模式。传播的控制论模式图将"控制"作为洞察社会上权力争夺的关键词引入传播学。一个事实能够成为一个事件,其实是传播者通过对信源、信宿、噪音等因素进行不断权衡、调整以及控制实现的。

维纳"信息"与"反馈"概念的引入,形成了"传播控制论"。传播被看作社会信息的传递或者是社会信息系统的运行,处于社会控制(包括政治、经济、文化等方面的控制)中的传播,实际上就成为一种信息的社会调节器。这种调节被看作人为的、存在于整个

---

① 陈卫星著:《传播的观念》,人民出版社2008年版,第19页。

传播过程中的各个环节的控制。

"彭宇案"吸引了公众的眼球，并逐渐形成关于"老人跌倒后应不应该扶"的舆论波。此时作为"炮手"的传播者已经开始通过反馈信息调整自己的角度，将"炮口"对准"老人跌倒"事件，一时间，大量关于"老人跌倒应不应该扶、怎么扶"的新闻充斥于各个媒体之上。

其中有一则报道引起了大家的关注，就是"郑州李凯强案"。在经过没有交通信号的交叉路口时，李凯强骑电动车与另一骑自行车的老人相撞（这是李凯强承认的），导致老人受伤。但是经由媒体呈现给大众的却是某老人跌倒，李凯强上前扶起，被法院判赔7.8万元。在这一事件中，媒体进行了选择性报道，李凯强成为另一个"彭宇"，这种引导控制了大众的思路，使公众认为老人是"恩将仇报"，而李凯强成了"好人没好报"。

新闻讲求客观性原则，但新闻也是被建构的事实，新闻文本是新闻从业者用符号搭建起来的王国，所谓的事实早已不是受众所能实实在在感受到的事件的本身，而是暗藏了符号使用者的价值观的被建构的事实。此外，新闻媒体作为公共权力和资源的享有者，在信息的传播上会以媒体自身的利益为导向，更多关注社会精英分子和舆论领袖，经过媒体的把关、选择、过滤，"主流"的声音就会变得越来越大，而边缘的意见则会在舆论的流变中逐步消亡。

媒介的掌控者通过媒体约束着社会大众的言行，也向大众证明着现行的（媒介掌控者所认可的）观念是正确的，秩序是合理的。这是通过一种精神潜移默化影响着的方式。格伯纳的培养（涵化）理论（cultivation theory）揭示了电视媒介对受众潜移默化的影响。看电视多的人对现实世界的看法易与和电视表现出来的现实世界相一致。也就是说，"人们在信息传播的渠道中，会越来越按照传播者的方式去思维，按照传播者的眼光去看世界"。[①] 然而"记者们——应该说是新闻场中人——在社会生活中之所以举足轻重，是因为他

---

① 杨保军著：《新闻本体论》，中国人民大学出版社2008年版，第242页。

们事实上垄断着信息生产和大规模传播的工具,且凭借这些工具,他们不仅控制着普通公民,还控制着学者、作家、艺术家等文艺生产者进入人们常说的'公共空间'"。①

三、从新闻到反馈:接收者把关

当信息经过层层把关之后,终于抵达受众的眼前,那么受众面对这些信息会不会全盘接收呢?虽然人们曾被大众传播媒介强大的影响力所震慑,有过受众对于媒体毫无反抗能力的错觉,但是越来越多的研究者认识到了大众在传播活动中的作用,并开始将目光转向受众的反馈。"在传播过程中,反馈是接收者对收到的信息所做出的反应,并将这些反应的一部分或全部作为信息传递给上一则信息的发送者。"②

1948年,哈罗德·拉斯韦尔提出,传播就是谁通过什么渠道向谁传递了什么内容,取得了什么效果,即传播的5W模式,在这个传播模式中,"取得了什么效果"关注的就是受众的反馈,即传播者的意图是否实现。

在奥斯古德—施拉姆的循环模式中,受传者同传播者一样,既是制成符号者、解释者,也是还原符号者。这个模式认为,每个个体都是一个既能发射信息又能接受消息的传播单位,传、受双方互为传播过程的主、客体,行使着相同的功能,即编码、释码和译码。这个模式突出了传播过程的双向循环,并且引入了"反馈"的机制,认为信息会产生反馈,并为传播双方所共享。"从传播者角度看,反馈可以检验传播效果,传播者可以根据反馈调整和规划目前以及未来的传播行为。从受众角度看,反馈是受众意见、需要、态度等信息的流通方式,受众可以因此更积极、更主动地介入传播过程,主

---

① [法]皮埃尔·布尔迪厄著:《关于电视》,许钧译,辽宁教育出版社2000年版,第67页。

② 董璐编著:《传播学核心理论与概念》,北京大学出版社2008年版,第30页。

动搜集、使用信息。"①

在以传播者意图实现为中心的影响—控制研究范式中，从新闻到反馈，其实是受众在把关，此时受众是以权力对抗的形式出现，因为在控制实施的过程中，受众成了不可控因素。

随着社会变迁以及经验研究数据的积累，研究者发现大众媒体所传递的信息，并不像最初想象的那样能够被不同层次的受众同时接受。美国明尼苏达大学的蒂奇诺、多诺休和奥利恩提出了"知沟"假说。这一理论的一个前提就是受众对信息是进行选择性接触、接受和记忆的。

对于新闻媒体传播的信息，受众的反映也是不同的，"使用与满足理论"给出了分析。由于社会和心理因素的差异，受众会产生不同类型的媒体接触行为。《泰尤尔玛报》的发行者葛洛宙斯说："公众不希望在自己阅读的报纸中看到个人独立的见解，而希望报纸代表自己阶级的利益和意见，希望报纸按照公众所指的方向加以表现。"② 一旦不喜欢、不认同传播者的观点受众就会排斥或者索性舍弃媒体。

受众可以通过个人行为和群体行为进行反控制。例如通过打电话、发信件或者上门访问等形式直接与媒体进行交流，表达自己的意见；加入或者组成某一社会团体，依靠群体力量影响媒体。当媒体上出现假新闻或者不实的广告，而损害到人们的利益时，受众可以运用法律手段对媒体进行制裁。受众通过在所处的社交网络中对媒体内容进行评论，还会形成舆论并对媒体产生压力。

受众通过反馈的形式对新闻传播活动进行把关，在权力争夺的场域里牢牢地占据一角。但是在这一过程中，对抗行为是有限的，即使存在胜利的可能但也往往是短暂的或者是虚幻的。发达的媒介技术给人们的生活带来了极大的便利，无论是获取新闻，还是学习

---

① 董璐编著：《传播学核心理论与概念》，北京大学出版社2008年版，第30页。
② 刘建明著：《新闻学前沿：新闻学关注的11个焦点》，清华大学出版社2005年版，第396页。

生活，或是价值观念的形成，媒介不可或缺地成为生活"意义"的构筑者。当人们越来越依赖媒介时，人类自身的自主性和价值判断能力也在不断被"消解"，反而受制于"媒介"，成为活在套子里的人。美国人类学家格尔兹认为"人类是悬挂在他自己编织的意义之网中的动物"。①

文化规范论认为：大众传播媒介不一定能直接改变受众，但由于受众是在社会文化之中生活的，逐渐就会形成与这种文化相符合的社会观、价值观。大众传播媒介通过选择性地、反复地提供某种信息，可以改变社会文化，间接改变受众的"参考框架"。人们在传播媒介长期的潜移默化的影响下，将不知不觉地依据媒介提供的"参考框架"来认识和解释社会现象与事实，阐明自己的观点和主张。

事实上，受众无时无刻不被媒体内置的意识形态所召唤。阿尔都塞认为媒体的功能是通过意识形态的召唤实现的。这种召唤过程把每一个独立的个人召唤为主体，"意识形态将具体的、现实的和经验的个人变成服从一个具体表属性机构的主体和个人"。② 这种早期由教会、学校行使的功能因媒体的出现和发展而被强化了。媒体将意识形态用报纸、广播、电视的栏目或节目的方式镌刻在人们每天的日常生活中，让人们自然地甚至是定时地接受隐藏的意识形态，"明明被意识形态体制所统摄的受众却表现为主体的自主性"。③ 这种主体性一旦被召唤，就会按照意识形态的引领去行动。

阿尔都塞在马克思传统理论的基础上，将意识形态问题置于社会物质生产结构当中进行讨论，在很大程度上绕开了将意识形态当成精神现象或理论（知识）体系的一般思路，认为意识形态是人与其生存条件的想象性关系的再现。他继承了马克思、列宁和葛兰西等人对于国家和意识形态所做的理论探讨，最终将主体建构、劳动

---

① ［美］克利福德·格尔兹著：《文化的解释》，上海人民出版社1999年版，第5页。
② 陈卫星：《传播的观念》，人民出版社2008年版，第119页。
③ 刘建明等著：《西方媒介批评史》，福建人民出版社2007年版，第274页。

力的再生产与国家机器等概念有机地联系在一起。

"统一的强制性的国家机器属于整个公共范畴,正相反,绝大部分的意识形态国家机器是私人范畴的部分。教会、政党、工会、家庭、某些学校、多数报纸、文化公司等等,都是私人性的。"[1] 而媒体正是深入每一个私人领域强调或弱化信息,隐蔽地、不间断地"以意识形态的方式产生作用"。虽然这些意识形态国家机器看似是超然公正的、不偏不倚的,但它们只有与统治阶级保持一致,统治阶级才会为其提供良好的存在和发展条件,这就注定它们与国家主导的意识形态保持一致。

这种意识形态国家机器(特别是媒介)使得权力的存在合法化,是一种传播权力的表现方式。意识形态隐蔽在我们的生活中,由于主体被召唤,我们又不断地制造着意识形态。这一点用布尔迪厄的话来讲就是"一切形式的统治都建立在不知情之上,也就是说,被统治者是同谋"。[2]

第二节 影响与控制中的权力实现

在以传播者意图实现为中心的影响—控制研究范式中,权力实现主要体现在三个方面,包括说服与控制、议程设置与控制以及沉默的螺旋与控制。

一、说服与控制

说服理论考察的是受众态度的形成和改变,以及基于态度改变行为的调整过程。在权力争夺的领域,受众并不是毫无反抗意识的

---

[1] [斯洛文尼亚] 斯拉沃热·齐泽克、泰奥德·阿多尔诺等著:《图绘意识形态》,方杰译,南京大学出版社2006年版,第146页。
[2] 陈卫星著:《传播的观念》,人民出版社2008年版,第121页。

群体，会对所有大众媒体传播的信息进行全盘接收，但是在说明研究出现的早期，传播学者们非常信任大众传播媒介的说服功能。

当收音机在20世纪早期开始流行的时候，一些心理学家和社会学家，像拉扎斯菲尔德、西多尼·罗杰森，开始对媒介的说服力进行研究。研究认为，受众就像射击场里一个固定不动的靶子或医生面前一个昏迷的病人，完全处于消极被动的地位，毫无反抗能力，只要枪口对准靶子、针头扎准人体某部位，子弹和注射液就会迅速产生神奇效果。媒体传递的信息作用于受众身上就像是子弹击中躯体或者是药剂注入皮肤一样，可以迅速地引起直接有效的反应，以左右人们的态度和意见，甚至是支配他们的行为。这就是著名的魔弹论，也称"靶子论"、"皮下注射论"、"枪弹论"或"机械的刺激——反应论"，是媒介强效果理论的代表。

这种理论将弗洛伊德学说和行为主义理论结合起来，强调了传播者意图实现的绝对可能，在两次世界大战期间为人们所广泛关注。1929年华尔街股市崩溃的消息引发了全国性的恐慌。1938年10月20日的晚上，当奥森·韦尔斯在美国一家全国性广播电台转播一个关于飞碟降落在纽约、火星人入侵地球的剧本时，人们认为这是一个正在发生的事实，600万人中有100万人受到影响，一些人打电话给亲友并强调广播台正在播出呢，有些人甚至准备驾车逃亡，这一事件几乎使全美陷入恐慌和瘫痪。因而人们认为大众传播有着惊人的强大效果。

但是魔弹论"大都是建立在观察的基础上的，未经过严密的科学调查与验证"[①]，其过分夸大了传播效果，将其单纯化，忽略了影响大众传播的各种社会因素，也完全否定了受众在大众传播中的能动性。

在第二次世界大战期间，著名的心理学家卡尔·霍夫兰领导的实验部门进行着一项"对信息与教育部的各种计划效用做出实验性

---

① 董璐编著：《传播学核心理论与概念》，北京大学出版社2008年版，第209页。

的评估"的项目。① "在美国的新兵训练营中,除了军事技术外,还有道德、意志、士气方面的培训,心理学家和社会学家被邀请到军中进行培训工作。"② 为迎合军方的要求,霍夫兰针对著名导演卡普拉指导的系列纪录片电影——《我们为何而战》(Why We Fight)用控制实验的方法对小团体和个人意识形成过程中的说服现象进行研究,目的是推导出直接的因果关系。研究发现,士兵能够从电影中获得新的信息,但在改变其态度和行为方面的作用相当有限。

到了第二次世界大战之后,霍夫兰及同事们回到耶鲁大学,获得了洛克菲勒基金会的支持,设立了耶鲁传播研究项目,继续进行态度改变方面的研究。"此研究产生了数十篇科学论文和大量关于态度及态度改变的重要著作,但最为重要的是1953年出版的《传播与说服》(Communication and Persuasion)。"③ 霍夫兰发现成功的说服必须包含三个方面:受众必须关注信息;受众必须理解信息;受众必须接收信息。同时,霍夫兰也发现信息来源的可信性、信息诉求的类型、接触信息的顺序(论据的组织)等都是影响讯息说服力的变量。这说明"在早期,许多证实媒体具有强有力直接效果的证据并不是很有说服力,其研究计划本身就具有一定缺陷"。④

关于信息来源,研究认为,信源的权威性和可信性越高,说服效果越大。关于诉求,研究发现,"成功的恐惧诉求能够引发人们紧张的情绪,然后通过提出新的意见和问题的新的解决办法,消除受众的紧张感,达到说服的效果"。⑤ 在论据的组织与说服方面则研究了如何组织论据才能得到良好的效果。

---

① [美]斯坦利·巴兰、丹尼斯·戴维斯著:《大众传播理论:基础、争鸣与未来》,曹书乐译,清华大学出版社2004年版,第140页。
② 陈卫星著:《传播的观念》,人民出版社2008年版,第64页。
③ [美]斯坦利·巴兰、丹尼斯·戴维斯著:《大众传播理论:基础、争鸣与未来》,曹书乐译,清华大学出版社2004年版,第142页。
④ [美]詹宁斯·布赖恩特、苏珊·汤普森著:《传媒效果概论》,陆剑南等译,中国传媒大学出版社2006年版,第130页。
⑤ 刘海龙著:《大众传播理论:范式与流派》,中国人民大学出版社2008年版,第129页。

这种控制实验的研究方法也有着一定的局限性,实验是在实验室或者其他人工设定中,以控制外部变量和操纵独立变量的手法进行,这种实验室的结果与现实毕竟存在着一些差距,因为有些变量是无法探究的,但从总体上说,对说服研究还是做出了独到的贡献。

是什么有力的说服性信息使得受众的态度发生了改变?认知不和谐理论(Cognitive Dissonance)从社会心理学着手,给了我们一个新的视角。费斯廷格在1957年提出,出现认知不和谐是由于做了一项与态度不一致的行为而引发的不舒服的感觉。该理论的前提是,个人总是努力追求认知上的连贯和意义。比如,你新买了一件衣服,但是你身边的朋友却认为这件衣服并不适合你,穿上后很难看。在这种情况下,是维持态度和行为的不一致还是改变态度?认知不和谐理论认为,在生活中,为了保持认知和谐,人们总会选择那些与自身认知一致的内容而忽略不一致的信息。一旦无法回避某些不和谐的信息,人们会采取很多策略来恢复平衡,维持和谐。

此外,许多研究人员提出了许多模式来揭示说服的过程。比如威廉·麦奎尔的信息处理论(Information Processing Theory),通过识别输入变量(由信息源控制的变量)和输出变量(由受众控制的变量)来揭示说服影响。又比如理查德·E. 佩蒂与约翰·T. 卡西欧皮的精心可能性模式(Elaboration Likelihood Model),"通过对认知可能性的精心识别或对说服信息的深思熟虑以解释说服的过程"。[1]这都使得人们逐渐地认识到了这种以实现传播者意图为目的的说服过程的复杂性。

在说服与控制的过程中,无法忽略的一个概念就是宣传。拉斯韦尔指出:"'说服'和'宣传'都是有意图的传播,由一个信源所进行,以改变受众的态度。"董璐认为"宣传是大众化的说服工作"。[2]

---

[1] [美]詹宁斯·布赖恩特、苏姗·汤普森著:《传媒效果概论》,陆剑南等译,中国传媒大学出版社2006年版,第138页。

[2] 董璐编著:《传播学核心理论与概念》,北京大学出版社2008年版,第213页。

因此，宣传就其本质而言，就是说服和控制，往往是来维护宣传者自身地位、名誉和利益。新闻也不仅是让"受者晓其事"，由于阶级、政党的冲突对立，斗争的各方鉴于新闻传播的巨大能量，必然要控制和利用新闻媒介，于是新闻的职能发生了重大的变化，新闻在向人们提供有价值信息的同时又隐含着某种主张。我们在第七章会对宣传进行详细论述。

二、议程设置与控制

"新闻媒体远远不只是信息和观点的传播者。也许在许多时候，它在使人们怎样想的这点上较难奏效，但在使受众想什么上十分有效。由此可见，不同的人看到的世界是不同的，不仅因为他们的个人兴趣，还因为他们所读的报纸的作者、编辑和出版人为他们描绘的蓝图不同。"[1] 这就是议程设置在控制上的强大效果。

早在便士报出现之时，议程设置（agenda setting）这个概念就已经与新闻业形影不离了，虽然那个时候还没有被贴上这个标签。它的基本思想最初来自于沃尔特·李普曼的《公共舆论》，认为人们是不会像对脑海中的图景那样直接地对他们身外的世界做出反应，因为身外的世界很难直接了解，"真实的环境太大、太复杂，而直接接触的过程又太过短暂"，新闻媒体对塑造公众的世界观应该负责任。后来，伯纳德·科恩对李普曼的思想进行了提炼，于是就有了上边那句著名的论断。1972年，北卡罗来纳大学的麦库姆斯和肖两个人发表了《大众媒介的议程设置功能》的论文，正式提出了"议程设置"这一术语。

李普曼对公共舆论进行了一次全景式的描述，他把舆论的形成和大众传媒联系在一起并进行了深入探讨。马克思曾有"报刊是广

---

[1] [美]斯坦利·巴兰、丹尼斯·戴维斯著，《大众传播理论：基础、争鸣与未来》，曹书乐译，清华大学出版社2004年版，第307页。

泛无名的社会舆论机关"①的论断。西艾弗莱在《社会团体的构造和生命》中强调：人们至少通过新闻来制造当天的舆论。作为舆论的制造者或者创造舆论的手段，新闻不是第六种力量，而是第一种力量。那么舆论、媒介、议程设置和控制之间的关系到底是怎样的？

舆论的形成是一个复杂的过程，不同的学者会将舆论形成划分为不同的阶段，但本质上其实并无差别。

哈贝马斯认为在公共领域中从事公共舆论的主体，是具有不同价值观念的个人，从各自所理解的公共利益出发，对公共事务进行公开讨论和争辩，最后在公共交往和批判的基础上形成舆论。可见这时的主体不是分散、消极、隐匿又无统一话题的人群，而是一群有自主性，能够自由表达意见，能够在某些问题上形成较为一致的意见的公众。哈贝马斯反复强调公共领域中的主体不应该是党派或群体，而必须是纯粹代表个人的、无组织的、自由的公众。而也有学者认为，公众就是指那些以某种公共事务为共同的话题、参与社会议论过程的个人、群体和组织。②

可以看到，舆论的形成离不开大众和话题，而此时，媒介成为控制人们"想什么"的最好的工具，这就是媒介的议程设置功能。

1968年的9月、10月两个月，正值美国总统选举期间，麦库姆斯和肖采访了100位选民，测试这些尚未决定投给谁的选民"略述他们所认为的关键议题，而不必顾忌竞选人当时说了什么"，研究者进行议题重要性排序法，发现与当时媒体的议题相关性是+0.967，"媒介会对选民在判断什么是竞选中的主要议题方面产生了相当大的影响"。③

虽然这项研究存在一定的局限性，但却激发了后续的诸多研究。麦库姆斯和肖在1993年回顾了大量的研究，确定了议程设置研究的四个阶段，如下图所示：

---

① 《马克思恩格斯全集》第一卷，人民出版社1956年版，第234页。
② 徐向红著：《现代舆论学》，中国国际广播出版社1991年版，第199页。
③ [美]斯坦利·巴兰·丹尼斯·戴维斯著：《大众传播理论：基础、争鸣与未来》，曹书乐译，清华大学出版社2004年版，第74页。

议程设置研究的四个阶段（麦库姆斯和肖）
第一阶段：查帕尔山研究（1972）　　研究者：麦库姆斯和肖 研究发现：新闻媒体认为重要的观点普通受众也认为重要
第二阶段：夏洛特市投票人研究（1977）和军事防御问题的实验室研究（1982） 研究者分别为：肖和麦库姆斯；艾英戈和金德 研究发现1：需要他人引导的和频繁使用大众媒介的投票者更容易与新闻媒体议程保持一致 研究发现2：观看过有关美国防御能力薄弱报道的受试者对该问题的重视程度明显高于未观看相关报道的受试者
第三阶段：1976年候选人研究（1981）（对潜在因素的研究） 研究者：Weaver, Graber, Eyal 和麦库姆斯 研究发现：由于新闻媒体的宣传，投票者形成了有关候选人及其形象的感性认识，这一认识过程受到了研究者的广泛关注。研究结果表明许多潜在因素对议程设置过程有影响。投票人的职业、教育程度以及他们的籍贯，都对投票人的观点是否与媒体议程一致有影响
第四阶段：传媒议程的来源（1991）（谁来设定传媒的议程） 研究者：Shoemaker & Reese 研究发现：每天许多有影响力的人或者事件都在创造着媒体议程。这包括与新闻机构和外部机构有关的社会因素、意识形态因素、记者及编辑们的个体差异以及媒体的工作路线

图 4.2　议程设置研究的四个阶段

1972年新一轮大选时，麦库姆斯和肖在夏洛特市展开了进一步的研究，研究发现6月的报纸议程和10月的选民议程相关度更大，意在说明"不是公众设置了媒体议程而是媒体议程设置了公众议程"①，这是关于短期的议程设置效果，但证据不是强有力的。1973年，冯克豪瑟分析了《时代周刊》、《新闻周刊》、《美国新闻》和《世界报道》的越战报道和盖洛普调查的数据，通过考察一个真实而长期的过程，来证明议程设置的存在。艾英戈和金德后用实验室控制实验的方法为议程设置的存在提供了证据。

媒体的议程设置功能确实能控制大众关注的焦点。如中国的神舟十号发射，通过媒体的报道，人们自然将目光瞄准了神舟十号和宇航员，甚至宇航员吃粽子也成为人们竞相讨论的话题。

1999年，麦库姆斯和肖提出了议程融合理论（agenda melding）。这种融合的理论认为："在现代社会中，个人必须通过加入某个社会群体来降低认知不协调，获得安全感和确定性。为了融入自己想要加入的群体，个人必须接触与该群体相关的媒体，使自己的议程与群体的议程一致。"② 可以明显看出，将个人置于社会群体之中进行研究的思路，强调了媒体在现代传播环境下的社会整合功能。

三、沉默的螺旋与控制

媒介对社会具有整合功能，很多学者都有相关论述，如拉斯韦尔的"三功能说"（环境检测功能、社会协调功能、社会遗产继承功能）、赖特的"四功能说"（环境监测、解释与规定、社会化功能、提供娱乐）、拉扎斯菲尔德和默顿的"社会地位赋予功能、社会规范强制功能、麻醉功能"等，都关注新闻媒体在环境塑造上的作用。在这些研究中，传播者的研究对象不再局限于受众中的个体研

---

① 刘海龙著：《大众传播理论：范式与流派》，中国人民大学出版社2008年版，第226页。

② 刘海龙著：《大众传播理论：范式与流派》，中国人民大学出版社2008年版，第240页。

究，而是将受众置于社会群体之中。

　　法国社会心理学家、社会学家、群体心理学的创始人古斯塔夫·勒庞在1895年出版了著名的《乌合之众》。在这本书里，人们被描述成"无根的个体"，个人一旦融入群体后，他的个性便会被湮没，群体的思想便会占据绝对的统治地位，群体的行为会表现为排斥异议、极端、情绪而且毫无智商。勒庞指出，作为群众中的一员，主要特点是"有意识的人格的消失，无意识人格的得势，思想和情感因按时和相互传染而转向一个共同的方向，以及把暗示的观念转化为行动的倾向"。① 面对由不同群体组成的社会，媒体的操控者如何才能够实现操控，成为诸多研究者关注的焦点。

　　沉默的螺旋（The Spiral of Silence）是有关媒介与舆论形成的关系理论，由德国学者伊丽莎白·诺尔-纽曼1973年发表于《传播学刊》上的《重归大众传媒的强力观》中最早提出，并在1980年出版的《沉默的螺旋：舆论——社会的皮肤》 (The Spiral of Silence: Public Opinion – Our Social Skin) 一书中完善。纽曼在1965年的大选民意调查中发现了一个现象：几个月中，社会民主党与竞争对手基督教民主党、基督教社会党联盟的支持率一直相持不下，一直到9月初投票前，结果仍然不明。但是到了投票时，两党的差距突然拉大，出现了一个明显的剪刀差。纽曼发现，公众对于谁会获胜的判断与实际的支持率并不相符，而是呈现出"螺旋发展的趋势"。纽曼对这种现象看作"在某个语境（大众媒介）中得出的观察结果会传递到另一个语境中，孤立的人们要么声明自己的观点，要么把话咽回去保持沉默。直到经过一个'螺旋'的过程，某种观点在公开场合所占领统治地位，其他观点因追随者的沉默不语而在公共意识中消失"。② 这种现象也就导致了"和媒介中主流观点持相反意见的人由于害怕排斥而保持沉默"。如果人们觉得自己的观点是公众中的少

---

　　① ［法］古斯塔夫·勒庞著：《乌合之众：大众心理研究》，冯克利译，中央编译出版社2004年版，第22页。
　　② ［美］斯坦利·巴兰、丹尼斯·戴维斯著：《大众传播理论：基础、争鸣与未来》，曹书乐译，清华大学出版社2004年版，第310页。

数派，他们将不愿意传播自己的看法；而如果他们觉得自己的看法与多数人一致，他们会勇敢地说出来。而且媒体通常会关注多数派的观点，轻视少数派的观点。于是少数派的声音越来越小，多数派的声音越来越大，形成一种螺旋式上升的模式。

沉默的螺旋的理论基础包含几个重要的概念[①]：

"害怕孤立"（恐惧动机）：从心理学角度，这是引发人类社会行为的最强烈的动力之一，个人会因为害怕孤立而改变自己的行动。

"意见气候"（climate of opinion）：自己所处的环境中的意见分布状况，包括现有意见和未来可能出现的意见，其主要来源有所处环境中的群体意见和大众传播。

"准统计官能"（准感官统计）（quasi-statistical organ）：当人长久处在媒体信息包围中，久而久之，自然会具备一种准统计官能，也就是感知外在氛围的能力（意见气候），能够判断什么样的行为和观点能被他们所处的环境认同或者不被认同，什么样的意见和行为正在得到强化或弱化。

"多数的无知"（pluralistic ignorance）：是个人对他人意见的具有相同的错误的感知。人们"把带有自己倾向的感知与媒体过滤过的感知混合为一个结论无形的整体感觉，他们觉得这个判断来自自己的思考和经验"。人们通常会高估自己估计意见的能力，形成对多数人意见的错误观察。

由此可见，沉默的螺旋理论不是从微观层面而是从宏观的层面出发，考察普通人对公众议程感知所带来的长期后果。这个研究有三个非常重要的前提：第一，社会将用孤立的方式来威胁那些与大多数人不一致的人，对孤立的恐惧不可抗拒。第二，对孤立的恐惧导致个人在任何时候都会试图评估意见气候。这个假设提出，认为人们在不断地评估意见气候，个体会从两个来源获得关于民意的信息：个人观察和媒体。个人观察会使用一种称之为准统计官能的能

---

① 参见董璐编著：《传播学核心理论与概念》，北京大学出版社2008年版，第246页。

力，错误的观察称为多数的无知。第三，公众的行为会受到民意评估的影响。公众要么大胆说出自己的观点，要么保持沉默。

沉默的螺旋理论在当时也受到了强烈的质疑，认为其虽然易被理解，但"对媒介影响力和普通民众持过于悲观的态度；忽视了其他更简单的保持沉默的原因；忽视了可能存在于人口和文化差异上的原因；低估了社区力量对沉默作用的抵消。传播媒介要想改变人们固有的意见是非常困难的，除非他与这些人所处群体的意见一致"。① 群体压力理论认为，群体压力能够影响受众对媒介内容的接受。人们一般都会选择加入与自己意见一致的群体，群体对这些意见的认同会使个人意见得到强化。当媒介的信息不符合群体的利益和规范时，就会受到群体的抵制。

沉默的螺旋理论是对强媒介效果理论的一种回归，认为大众传播能够对舆论产生巨大的效果，强调由于新闻媒介的"普遍存在、重复积累、协调一致"② 使得公众"感知缺乏"而形成舆论一致。

纽曼还认为"沉默的螺旋"是在舆论生成中起重要作用的一个因素。舆论就像社会的皮肤一样，既要"保护着我们的社会，使其团结一致"，也要求"收到舆论控制的个人必须忍受社会皮肤的敏感性，小心谨慎地感觉周围的主流意见"。③

此外，我们可以看到，沉默的螺旋有一个基本假设，就是个体以大众媒体报道为参照物来感知社会环境中的意见气候，以决定是否公开表达观点。与之相似的理论还有参照群体理论，"根据沉默的螺旋理论的预测，当媒介报道暗示对事件的某种看法正在取得优势地位时，与之持相反观点的人大多会保持沉默或转向优势意见，以免被孤立。但是，如果某些人与大众媒介相反的劣势观点得到了来

---

① [美] 斯坦利·巴兰、丹尼斯·戴维斯著：《大众传播理论：基础、争鸣与未来》，曹书乐译，清华大学出版社2004年版，第310页。
② [美] 斯坦利·巴兰、丹尼斯·戴维斯著：《大众传播理论：基础、争鸣与未来》，曹书乐译，清华大学出版社2004年版，第310页。
③ 刘海龙著：《大众传播理论：范式与流派》，中国人民大学出版社2008年版，第207页。

自于最亲近的家庭成员和朋友的支持时，那么他就不会在言论上有所退缩，不怕孤立"。① 在这种情况下，个体身边的家庭成员和朋友成为参照群体，并影响个体做出选择。

对于个体而言，参照群体有两个功能，参照功能和比较功能。参照功能在于建立一定的行为标准，影响个体内化价值规范以及社会态度。比如在一个家庭中，父母的行为方式，穿着打扮会对子女产生影响。比较功能指个体把参照群体作为评价自己或别人的比较标准。比如在一个自行车骑行俱乐部，新来的会员可能会根据俱乐部里面大部分人的配备标准来选择自己的自行车。

民意研究专家菲利普斯·戴维森在1983年提出了第三者效果理论。他认为，人们倾向于夸大大众媒介消息对其他人的态度和行为的影响。第三者效果理论源于一个有趣的现象，一个历史学家向他讲述了第二次世界大战中的一件事。一支由白人军官率领的黑人部队要和日军作战，日军用飞机向士兵撒传单。传单的大概内容为：这是日军和白人之间的战争，和有色人种并没有冲突，希望黑人不要为白人效力。结果传单却在白人军官身上发挥了作用，因为他们担心黑人士兵会受到传单的影响。第三者效果的基本思想是："特定的消息对你我这样的人没有什么效果，但是一般读者很可能受到很大影响。"②

从格式塔心理学的一般规律看来，"态度的持有和改变取决于人的认知在整体上是否一致。人的认知结构倾向于保持一致，认识到了不一致就会导致某种解决（如改变态度）以达到一致"。③ 无论是沉默的螺旋理论还是第三者效果理论，关注的都是大众传媒对于人们认知的作用和影响。传播者通过大众媒介来影响人们的认知，进而影响、改变甚至控制他们的情感、态度和行为，完成权力的角逐和争夺。

---

① 董璐编著：《传播学核心理论与概念》，北京大学出版社2008年版，第248页。
② 董璐编著：《传播学核心理论与概念》，北京大学出版社2008年版，第248页。
③ 周晓虹主编：《现代社会心理学——社会学、心理学和文化人类学的综合探索》，江苏人民出版社1991年版，第247—248页。

第三节　影响与控制的隐蔽性

作为权力天平的两端，传播者和受众通过文本这个中间介质进行意识形态的博弈，或推行权力施加影响，或摆脱控制寻求独立，从而实现传受之间的控制与反控制。各个历史阶段的新闻学家站在不同的权力视角，对"影响与控制"这个议题进行了研究。从葛兰西的"意识形态的实践性"到阿尔都塞的"意识形态对主体的建构"；从布尔迪厄的"文化资本的象征性权力"到福柯的"知识生产"和"权力生产"……他们试图在纷繁复杂的传受关系中发现各种力量此消彼长的流向，探寻传播者如何进行文本编码（文本意义的生产），如何通过从物质资本向精神资本的转化，最终实现对受众的控制机制。

一、意识形态的实践性

"实践哲学"是葛兰西哲学思想的核心，也是葛兰西论证其"文化领导权"思想的哲学基础。它根植于客观的历史进程之中，在理论与实践相统一、自然与社会相协调的背景之下，研究社会演进洪流中的个体属性，探讨人和外部世界（自然界和人类社会）的互动关系及其规律。

"实践性"是葛兰西在进行学理探讨时的主要思考维度。他关注理论对于市民社会生活的指导性。葛兰西认为："如果要提出理论和实践的统一问题，那么，可以在这个意义上去做，就是说，人们可以在特定的实践的基础上去建构一种理论，这种理论由于和实践本身的决定性要素相一致和统一，能够加速正在进行的历史进程，使得实践在其一切要素上都更为同质、更为融贯、更加有效，从而把它的潜力发挥到最大限度。"① 因此葛兰西以"实践哲学"为主轴，提出了市民社会与国家理论、文化领导权理论等一系列理论，以此为社会革命锻造理论利器，为政治探索扫除遮障。

在"实践哲学"理论之光的烛照下，葛兰西在研究意识形态理论时亦侧重对其实践性的把握。葛兰西视角之下的"意识形态"并非是脱离实际情况的理论堆积和主观搭建的概念集合体。相反，意识形态的实践性在市民社会中得以充分彰显，并促使多元价值观念之间的相互对话和博弈成为可能。正如伊格尔顿在评价西方马克思主义的意识形态理论时指出的："正是由于葛兰西，才实现了从作为'思想体系'的意识形态到作为被体验的、惯常的社会实践的意识形态的关键性转变，这种实践因而也许既包括社会经验无意识、不能言喻的向度，又包括形而上的机构运作。"②

在马克思、恩格斯提出的"虚假的意识"的基础上，葛兰西将意识形态划归为"有机的"意识形态和"随意的"意识形态两种。在谈到"意识形态"的实践性时，葛兰西认为："人们必然把历史上'有机的'意识形态，就是说，那些为一个特定的基础所必需的意识形态，同随意的、理性化的或'被意愿的'意识形态区别开来"，因为"在意识形态是为历史所必需的范围内，它们是'心理学'的；它们'组织'人民群众，创造出人们在其中进行活动、获得对于他们所处地位的意识、进行斗争的领域。"③ 与马克思、恩格斯批判"虚假的意识"不同的是，葛兰西肯定了"有机的"意识形态的实践性和功能性。"有机的"意识形态与市民生活紧密接合，能够归拢多元思维，进行价值梳理，塑造集体认同，起到黏合社会意志，维护国家主流价值观稳定的现实作用。

---

① [意] 安东尼奥·葛兰西著：《实践哲学》，徐崇温译，重庆出版社 1990 年版，第 50—51 页。
② [斯洛文尼亚] 斯拉沃热·齐泽克等著：《图绘意识形态》，方杰译，南京大学出版社 2006 年版，第 187 页。
③ [意] 安东尼奥·葛兰西著：《实践哲学》，徐崇温译，重庆出版社 1990 年版，第 64 页。

其中作为一种"有机的"意识形态,"文化领导权"成为葛兰西重点分析的议题。葛兰西明确提出:"当代实践哲学的本质特征就在于'领导权'的历史政治概念。"① 文化领导权即是意识形态的领导权。这种权力的获得,并非是通过统治阶级自上而下的层级控制和文化操控实现的,而是在从属阶级不断参与、互动的过程中,通过具有意识形态预设的传播文本编码,不断吸纳从属阶级的价值认同,从而凝聚成以统治阶级价值诉求为统率的共同意志,以实现对受众的精神把控和价值引导。

与此同时,"领导权这个概念必须理解为在历史运动本身继续运动中的一个过程"。② 也就是说,没有永久的文化领导权,必须要积极赢得和保持(修改)建立"文化领导权"。这就要求统治阶级在兼容不同价值观念的同时,还要在动态变化中保持对"文化领导权"的把控。

从权力获得的方式来看,葛兰西主张采用"分子式"入侵的方式来实现。他认为意识形态相对于上层建筑具有独立性。因此,在意识形态林立的场域中,要获取权力,就必须提升本阶级意识形态在社会中的把控力和领导力。在这个实现意识形态超越的过程中,必须要以"打阵地战"的方式,与异质的意识形态做长时间的斗争、博弈、平衡与妥协,最终以"分子式"的方式而非暴力的方式解构既有的意识形态体系,获取统治阶级意识形态的权力把控地位。

从权力获得的措施来看,葛兰西认为知识分子是开展"阵地战"的执行者。这是因为"在所有国家中,在人民群众和知识分子集团之间,都存在着深刻的脱节,虽然程度上是不同的……知识分子集团就分散在各种不同的社会阶层之间或同一阶层之内"。③ 与传统的

---

① [意] 安东尼奥·葛兰西著:《狱中书简》,田时钢译,人民出版社 2007 年版,第 433 页。
② 毛韵泽著:《葛兰西:政治家、囚徒和理论家》,求实出版社 1987 年版,第 181—182 页。
③ [意] 安东尼奥·葛兰西著:《狱中札记》,葆煦译,人民出版社 1983 年版,第 25 页。

知识分子相对,"有机的"知识分子通过开展教育活动,将广大受众裹挟进来,在教学相长的互动氛围里,将统治阶级的意识形态传输给受众,来获取受众的认同和悦纳。

从权力获得的载体来看,葛兰西认为:"文学(语言)表现是形式与内容的关系:分析向我证明或帮我理解在形式与内容之间是完全统一或是相互割裂还是若明若暗,等等。"[1] 带有预设的意识形态的传播者在进行文本编码的时候,借助语言、文字等载体,进行意识形态的预设,制造文化症候,用本阶级的意识形态对广大受众进行价值观归统,形成集体意志和全民诉求,从而实现统治阶级对受众的精神控制。将公众"在共同的世界观的基础上,怀着同一个目的而焊接在一起"。[2]

二、召唤理论:意识形态对主体的建构

以葛兰西的"意识形态"的实践性以及"文化领导权"理论为思考源泉,阿尔都塞提出了"召唤"理论,丰富了意识形态理论体系,开掘了权力争夺研究新的理论矿藏。

在谈到"意识形态"和"主体性"在文化研究中的价值时,文化研究学派的代表人物理查德·约翰逊在《究竟什么是文化研究》一文中提到,"文化研究是关于意识或主体性的历史形态的,或者是我们借以生存的主体形态,甚或用一句危险的压缩或还原的话说,是社会关系的主观方面"。[3] 而要进一步探讨"意识形态"和"主体性"的互动关系时,都无法回避阿尔都塞及其意识形态理论。阿尔都塞把马克思主义、结构主义、精神分析学集于一体。他在《保卫

---

[1] [意]安东尼奥·葛兰西著:《狱中书简》,田时钢译,人民出版社2007年版,第279页。

[2] [意]安东尼奥·葛兰西著:《实践哲学》,徐崇温译,重庆出版社1990年版,第32页。

[3] 参见罗钢、刘象愚主编:《文化研究读本》,中国社会科学出版社2000年版,第10页。

马克思》一书中将马克思主义指划为科学而非意识形态。在法国"五月风暴"后又试图填补马克思主义的理论空白，建立意识形态的元理论体系。

对于"意识形态"这一概念的论述，阿尔都塞提出了两层定义。在第一层定义中阿尔都塞将意识形态界定为："是具有独特逻辑和独特结构的表象（形象、神话、观念或概念）体系，它在特定的社会中历史地存在，并作为历史而起作用。"① 这体现了意识形态并非是固化的理论条目，而具有积极的实用性功能面向。

具有实用功能的意识形态对于个人主体性的建构具有切实的作用。阿尔都塞认为意识形态"是把种种概念—表述—意向塑造成行为—品行—姿态的一些复杂形态。这样的集合体发挥着时间准则的功能，它支配了人们面对他们社会和个人生存的实在对象和实在难题、面对他们的历史所采取的态度和具体立场"。② 阿尔都塞的这个观点与福柯对于受众主体性的看法不同。福柯基于精英主义视角，融合人道主义观点，在对受众主体性形成过程的探讨中，强调主体对于自身主体性的自觉培养，"每个主体都必须抛开任何普遍法则的支撑，建立他自己的自制模型，他必须平息自身内部各种力量的对抗——也就是说，创造自身，把自己当成主体生产出来，寻找他自己特定的生存艺术"。③ 福柯侧重于照看受众对文本意义自觉的开掘和本身主体性的自省，而阿尔都塞则更加强调受众在进行自我意义生成的过程中，意识形态介入并参与文本编码，进而产生对受众的影响效力。

在谈到"意识形态"的第二层定义时，阿尔都塞认为："意识形态是一种'表象'。在这种表象中，个体与实际生存状况的关系是一

---

① [英] 路易·皮埃尔·阿尔都塞著：《保卫马克思》，商务印书馆1984年版，第201页。
② 陈越编：《哲学与政治：阿尔都塞读本》，吉林人民出版社2003年版，第19页。
③ [斯洛文尼亚] 斯拉沃热·齐泽科著：《意识形态的崇高客体》，中央编译出版社2002年版，第2页。

种想象关系。"① 具体说来,"'人们'在意识形态中'对自己表述'的并不是他们的实在生存条件、他们的实在世界,相反,在那里首先对它们表述出来的是他们与这些生存条件的关系。正是这种关系处在对实在世界的任何意识形态的(即想象的)表述的重心。正是这种关系包含了必定可以解释对实在世界的意识形态表述带有想象性歪曲的'原因'……正是这种关系的想象性质才构成了我们在全部意识形态中(如果我们不相信它是真理的话)可以看到的一切想象性歪曲的基础"。②

从这层"想象"的关系来看,文本编码在意识形态的遮罩之下,掩盖了受众与实际生存状况的真实关系,影响了受众的主体性,使受众无法真正地感知客观世界。同时,意识形态通过受众主体发挥效用。这种"意识形态"与"受众主体"之间的互动关系构成了阿尔都塞意识形态理论的诠释中心。

阿尔都塞借鉴和发展了弗洛伊德的"无意识理论"。弗洛伊德认为:"人类的自尊心受到了现代心理学研究的第三次最难受的打击;因为这种研究向我们每人的'自我'证明就连在自己的屋里也不能成为自为主宰。"③ 也就是说,受众通常以为控制自身的是自我意识,然而实际上完成对受众行为控制的却是"无意识"。因此虚假的主体性消失,这种受众无法察知的"无意识"力量——意识形态则成为控制受众的真正主体,这就是阿尔都塞所提出的"把个人召唤为主体"的"召唤理论"。"所有意识形态的功能(这种功能定义了意识形态本身)就在于把具体的个人'构成'为主体。"④ 也就是说,个体之所以能成为主体,在于意识形态。

---

① [英]路易·皮埃尔·阿尔都塞著:《意识形态和意识形态国家机器、外国电影理论文选》,上海文艺出版社1995年版,第645页。

② 陈越编:《哲学与政治:阿尔都塞读本》,吉林人民出版社2003年版,第354—355页。

③ [奥]西格蒙德·弗洛伊德著:《精神分析引论》,高觉敷译,商务印书馆1984年版,第23页。

④ 陈越编:《哲学与政治:阿尔都塞读本》,吉林人民出版社2003年版,第361页。

阿尔都塞的"召唤"理论关注意识形态与个体之间的互动关系，这与葛兰西的思想有异曲同工之妙。葛兰西指出："人是具体的意志，那就是说，把抽象的意志或生命的推动力有效地应用到实现这样一种意志的具体手段上去。"[①] 在这个应用的过程中，个体通过有意识地进行实践活动、行为改造，从而提升个体意义。

在阿尔都塞看来，意识形态作用于受众个体的机制是：基于"个人"这个"召唤"的主体，意识形态发挥其"召唤"作用，通过教育等多元途径，将其作为一种结构形态嵌入受众主体之中，把个体建构成为主体。"一切意识形态的结构以一种独一无二的和绝对的大写的主体知名把个人建构成主体，是反射，亦即是一种镜像结构和双重的反射：这种镜像的复制构成了意识形态，并保证了它的作用。"[②] 与此同时，阿尔都塞认为这种"意识形态复制的镜像结构同时保证：（1）把'个人'召唤成主体；（2）主体臣服于（大写的）主体；（3）主体和（大写的）主体互相承认，主体和主体彼此承认，以及最后是主体承认他自己；（4）对上述三点的绝对保证并践行，以及当主体认识到自己的身份并恰当地做人、行事时，对他行动一切顺利的绝对担保"[③]。意识形态通过新闻文本编码、主体建构，保证占统治地位的意识形态顺利实现其对于受众的主体塑造和意志归统。

三、新闻文本作为象征性权力

相对而言，阿尔都塞认为上层建筑的东西，比如文化、意识形态、政治等可以获得对于经济基础的相对自主性。布尔迪厄没有将

---

① [意] 安东尼奥·葛兰西著：《实践哲学》，徐崇温译，重庆出版社1990年版，第45页。
② [英] 路易·皮埃尔·阿尔都塞著：《列宁与哲学》，杜章哲译，远流出版公司1990年版，第197页。
③ [英] 路易·皮埃尔·阿尔都塞著：《列宁与哲学》，杜章哲译，远流出版公司1990年版，第197页。

上层建筑和经济基础相剥离,而是更加侧重从物质和符号的层面,将意识形态的驾驭、文化资本的运作与现实的实践需求相结合,试图探寻权力对受众实现控制的内部运行机制。

布尔迪厄认为,当一种资源因其功能属性而具有协调社会权力的向度,进而被利益集团竞相追逐时,这种"资源"就可以被诠释为"资本"。换个角度说,权力的较量实质上可以被看作对资本的角逐。因此,布尔迪厄在其建构的关于符号权力的阐释框架中,将个体生存与权力搭建两个命题搁置在同一个话语场里,集中关注"各种类型资本的意义与用途的以阶级为基础的变化"。[①] 在这个场域中,作为权利的个体与拥有权力的集体之间进行着资本的争夺和博弈,并在策略实施和资本再生产的运行机制下,实现了权力配置,形成了社会的分层秩序。

作为权力资本之一的"文化资本"是布尔迪厄进行资本理论分析的重要落脚点。他关注文化资本的运作对于社会阶级结构维持的效用,认为"这样,文化就不能免于政治的内容,而是政治的一种表达"。[②] 因此,作为文化资本的传播载体,文本势必要参与到"传者—受众"之间的权力分配与利益制衡中来,成为布尔迪厄眼中进行"政治表达"的路径之一。

列维·施特劳斯领军的结构主义学者们长期探究的文本编码机制,为布尔迪厄提供了一种"新的把知识分子的活动加以理论化的方式"。[③] 这种"方式",让布尔迪厄试图在显性文本背后理顺文化资本所推动的权力流向。列维·施特劳斯认为,在作为符号系统的文本中的概念化分类是理解的关键。当某种分类在自然中明显存在,也就是说分类很接近我们对具体现实的认识时,该分类就可以被用

[①] [美]戴维·斯沃茨著:《文化与权力——布尔迪厄的社会学》,陶东风译,上海世纪出版社2012年版,第34页。

[②] [美]戴维·斯沃茨著:《文化与权力——布尔迪厄的社会学》,陶东风译,上海世纪出版社2012年版,第37页。

[③] [美]戴维·斯沃茨著:《文化与权力——布尔迪厄的社会学》,陶东风译,上海世纪出版社2012年版,第42页。

来解释更为抽象、概括的概念。而理解的核心就是使它成为"二元对立"的结构，它是受众最本能、最天然的认知逻辑和理解框架，它将抽象理念转化成为具象感知，使其成为理解事物形成认知最基本、最普遍的路径。

沿着列维·施特劳斯的这条理解路径，布尔迪厄认为，传播者在进行文化资本的运作时同样采取了"二元对立"的文本编码，来搭建起受众的"知觉框架"。"一个特定的社会形式中的所有行动者，都共享着一系列基本的知觉框架，这种知觉框架通过成对的对立的形容词……高雅（崇高、纯粹）与低俗（低级、中庸）、轻盈（生动、灵巧）与笨重（粗野、野蛮）等的对立，是所有老生常谈的发源地，这种老生常谈所以被现成地接受，是因为在它们的后面存在着整个社会的秩序。"①

在布尔迪厄看来，传播者在文本编码的过程中，进行带有价值取向的文本话语选择，实现权力意识形态的预设排布，从而搭建起一个受众的话语理解空间。传播者从而将受众裹挟到其预定的思维框架内，通过整合受众碎片化的理解片段，使抽象的权力意图转化成为受众具象的理解序列，形成受众理解未知的认知图式。在显性的新闻文本和思维的固化模式背后，传播者最终完成对受众的认知操控以及对权力的思维性配置。

从技术编码的层面看，作为文化资本载体的文本一旦完成建构，就要考虑在未来的传播过程中，文化资本如何使其权力配置在受众看来更加合法化、正规化以及"价值正确"。在这个阶段，文化资本的"象征性"权力发挥了内部调节作用。布尔迪厄认为："文化资本的传递和获取的社会条件，比经济资本具有更多的伪装，因此文化资本预先就作为象征资本而起作用，即人们并不承认文化资本是一种资本，而只承认它是一种合法的能力，只认为它是一种能得到

---

① ［美］戴维·斯沃茨著：《文化与权力——布尔迪厄的社会学》，陶东风译，上海世纪出版社 2012 年版，第 98 页。

的社会承认（也许是误认）的权威。"①

而"文化资本"的"象征性"特征之所以能够帮助"文化资本"获取这种"社会承认（也许是误认）的权威"，在布尔迪尔看来，是"存在于它的传递逻辑之中……文化资本的传递无疑成了资本的继承性传递的最佳的隐蔽方式，当直接的、看得见的传递形式容易受到更严格的审查和控制时，这一隐蔽的传递方式就在策略再生产的体系中获得了更大程度的重视"。②

"文化资本"的这种"象征性"权力，使文本以一种"最佳的隐蔽方式"，在传输、获取、吸收、支配的一系列环节中，跨越了层层的意见挑战和价值管控，保证文化资本的生产和再生产。也就是说，"象征性"权力的隐蔽性特征造成了受众的"误识"。

布尔迪厄认为，"误识"是"象征资本（文化资本）被转换成经济资本之后的形态被视为一种公开的秘密。误识的主要功能在于它可以把恣意性支配与被支配的权力关系转变成一种甘于接受的自然关系并加以正当化"。③ 也就是说，受众之所以能够接受文化资本的正当性，并非是因其捕捉真正的权力关系的无力与无依，而是在于其对于眼见之物的误读、误识和误判，从而造就了自身逆来顺受的承认。

在分析受众"误识"背后的运作机制时，布尔迪厄认为："从物质性'经济'资本演化过来，并以一种虚假的面目出现的象征资本（文化资本），按照它可以在何种程度上掩盖其自身是一种源自'物质'形态资本的事实，并且有时候也能够继续掩盖这一事实，创造着一种固有的效用。"④

---

① ［法］皮埃尔·布尔迪厄著：《文化资本与社会炼金术》，包亚明译，上海人民出版社1997年版，第196页。
② ［法］皮埃尔·布尔迪厄著：《文化资本与社会炼金术》，包亚明译，上海人民出版社1997年版，第196页。
③ ［英］希萨博·拉威尔著：《马克思和世界文学》，梅绍武、苏绍亭、付惟慈、董乐山译，三联书店1980年版，第383页。
④ 张清民著：《艺术解释的向度》，河南大学出版社2005年版，第225页。

也就是说，文化资本可以转化成为经济资本，从而实现其经济诉求，但是传播者为了实现其权力配置和受众控制的目的，通过在文本编码时抽离掉物质性、功利性和现实性的因素，使传播文本与其潜在的物质利益脱钩。在这个过程之中，文化资本的"象征性"特征使受众罔顾传播者的真实逻辑，隐藏在文本之中的"传者—权力"逻辑往往会被受众"误识"成为"超功利"的逻辑。这种受众的错误知觉会帮助传播者将权力意图嵌于其社会秩序的再生产，使其权力意图获得符号权力的合法性地位。

四、知识生产与权力生产

福柯考察人的"主体性"建构，是从人的具体生存经验入手的，"人们把自己训练成为符合整个社会所需要的'主体'，同时，也以此来衡量他人的'主体性'"[1]。在福柯看来，个体通过话语在社会实践中建构起话语的主体。福柯对话语的分析，从某种意义上可以看作对浸透在社会实践框架之中的话语活动的分析。这比起结构主义符号学的观点而言更加激进而深刻。

福柯通过对微观权力的呈现，来试图抵达他对于"主体性"的诉求。这是因为"主体再被置入生产关系和表意关系的同时，他会同样地置入非常复杂的权力关系中"[2]。福柯研究"权力—知识"运行机制，是为了表达他对于宏大意义的消解，对文化桎梏的抗争，对权力枷锁的挣脱以及对个人"主体性"的呼唤和确立。

福柯将知识生产和权力生产相互绑定，是因为知识和话语本身处于各种社会、政治、历史、文化力量的交织、争斗和共谋之中，知识和话语本身就具有权力性。福柯认为："（权力）仅仅只是在建构知识条件下才能运转，知识的建构对于它来说既是后果也是得以

---

[1] 高宣扬著：《福柯的生存美学》，中国人民大学出版社2010年版，第92页。
[2] [法] 米歇尔·福柯著：《性史（第二卷）：快感的享用》，佘碧平译，上海人民出版社2005年版，第113页。

发挥作用的条件。"①

因此只有研究知识与权力的关联机制,才能发现知识的权力性特征,以及权力配置得以实现配合的内部机理。福柯在谈到撰写《词与物》的初衷时说:"重要的并不是要知道从外部影响科学的权力是什么,而是要了解流通与科学言语之间的是什么权力作用;科学言语的内在权力制度是什么;该制度在某些时候为何和如何发生总体变化。"② 他的目的就是要探寻知识生产和权力生产的内在关联。

"从来没有一个社会比今天的社会在权力与快感之间建立更多的接触和循环的联系……从来没有一个社会比今天的社会拥有更多的中心。其中,激烈的快感与固执的权力互相激发,不断扩张自己的领地。"③ 在这个权力不断生产、运作、扩张的过程中,"知识"与"权力"交织捆绑成为传播者实现对受众控制的奥秘。

首先是权力生产推动知识生产。为了维护权力系统运行的稳定,传播者进行有针对性的知识生产。"权力制造知识(而且不仅是因为知识为权力服务,权力才使用知识);权力和知识是直接相互连带的;不相应地建构一种知识领域就不可能有权力关系,不同时预设和权力关系就不会有任何知识。"④ 并且在权力生产之下的知识生产无可避免地裹挟着传播者的权力意图,导致作为承载着知识的文本无法保持真实、客观、中立。"哲学家,甚至知识分子们总是努力划一条不可逾越的界线,把象征着真理和自由的知识领域与权力运作的领域分割开来,以此来确立和抬高自己的身份。可是我惊讶地发现,在人文科学里,所有门类的知识的发展都与权力的实施密不可分……这种权力的机制分析对象(社会、人及其他),把它作为一个

---

① [法] 米歇尔·福柯著:《不正常的人》,钱翰译,上海人民出版社2003年版,第53页。
② [法] 米歇尔·福柯著:《福柯集》,杜小真编选,上海远东出版社2003年版,第431页。
③ [法] 米歇尔·福柯著:《性史(第二卷):快感的享用》,佘碧平译,上海人民出版社2005年版,第33页。
④ [法] 米歇尔·福柯著:《规训与惩罚:监狱的诞生》,刘北成、杨远婴译,生活·读书·新知三联书店2003年版,第29页。

待解决的问题提出来。所以人文科学是伴随着权力的机制一道产生的。"①

　　同时，在"知识"包裹下的"权力"呈现出科学化、正规化和合法化的态势，避免了出现传播者权力逻辑的自相矛盾，从而使得受众们趋从于权力的知识生产，按照传播者知识生产所建构的话语规则进行行为规制。"根据拥有权力的特殊效力的真理话语，我们被判决，被罚，被归类，被迫去完成某些任务，把自己献给某种生活方式和某种死亡方式。"②

　　权力生产和知识生产共同导向的实践产物就是形成"真理制度"。"在很大程度上来说，我们所生活的社会正在'迈向真理'。我指的是，这个社会生产和流通以真理为功能的话语，以此来维系自身运转，并获得特定的权力。获得'真实话语'（可是这些话语又在不停变化）是西方核心问题之一。"③

　　这种"真理制度"在福柯看来，"真理以流通方式与一些生产并支持它的权力制度相联系，并与由它引发并使它继续流通的权力效能相联系。这就是真理制度"。④

　　在福柯看来，"'真理制度'有五项重要的特征：真理以科学话语的形式和生产该话语的制度为中心；它受到经济和政治的不断鼓励（经济生产和政治权力对真理的需求）；它以各种形式成为广泛传播和消费的对象（它流通于社会肌体中相对广泛的教育或新闻机构）；它是在某些巨大的政治或经济及（大学、军队、新闻媒体）非排他的但居于主导地位的监督之下生产和传输的；最后，它是整

---

　　① ［法］米歇尔·福柯著：《权力的眼睛——福柯访谈录》，严锋译，上海人民出版社1997年版，第31页。
　　② ［法］米歇尔·福柯著：《必须保卫社会》，钱翰译，上海人民出版社1999年版，第24页。
　　③ ［法］米歇尔·福柯著：《权力的眼睛——福柯访谈录》，严锋译，上海人民出版社1997年版，第37页。
　　④ ［法］米歇尔·福柯著：《福柯集》，杜小真编选，上海远东出版社2003年版，第446页。

个政治斗争和社会冲突（意识形态斗争）的赌注"。① 也就是说，以保障"权力生产"为出发点的"知识生产"通过新闻媒体、教育机构等进行有价值预设的文本编码，进而在带有强制性的传播过程中，向受众建立起既定的话语规则和行为规范，对受众进行控制。并且这种"真理制度"会在不断变化发展的社会环境中随时调整文本编码的手段和方法，最终确保传播者权力意图的有效实现。

---

① 参见［法］米歇尔·福柯著：《福柯集》，杜小真编选，上海远东出版社2003年版，第446页。

第五章　以意义生产为中心的文化—话语研究

第一节　诠释学视阈中的文化研究

纵观文化研究学派的理论发展史，可以看到，文化研究学派在探讨文本意义生成与受众的接受状况过程中，经历了从亦步亦趋到敢为人先的研究飞越。在这个飞越中，文化研究学派紧紧围绕着"传者"、"文本"与"受众"三个研究主题，创造性地发展出了融合符号学和结构主义的文本研究方法，并有力地推动了民族志研究方法的研究。文化研究专家专注于文本的意识形态生成以及受众对文本的接受状态变化等问题，取得了丰硕的理论成果。

从西方诠释学的角度看，"作者"、"文本"与"读者"以及三者之间的互动关系同样是其研究的重要课题。诠释学者针对这三者之间的关系完成了三次诠释重点的转向：从施莱尔马赫和狄尔泰的"作者中心论"到伽达默尔的"读者中心论"，再到利科尔的"文本中心论"。与之相对应的是，文化研究学派在研究方法演进的过程中也暗合了诠释学诠释重心的三次转向：从威廉斯对于"文化"定义的传统文本分析到霍尔"编码/解码"理论的符号学与结构主义的文本分析，再到莫利电视受众的民族志研究……文化研究学派实现了方法论的理论升级与操作优化。传播者的意图已经不再是研究的重点，而是通过文本研究和民族志方法的运用，更加关注文本意义的生成过程、文本的流通特点以及受众在传播链条中主体性地位的呈现。

在诠释学中，施莱尔马赫和狄尔泰首先确立了"作者中心论"的观点，主张作为解释者的受众，其"解释的首要任务不是要按照现代思想去理解古代文本，而是要重新认识作者和他的听众之间的原始关系"①，并且解释者要采用"心理移情"的方式，向传播者的意图进行回溯。也就是说，这个阶段的诠释学家认为在"作者—文本—读者"的传播链条当中，作者的意图占据着支配性地位。

早期的文化研究学家霍加特、威廉斯等受法兰克福学派的影响，沿袭着"被动的"受众观，重点研究强势的大众媒介与文化产品生产者对受众的支配关系。他们在早期的文化研究中主要是采用较为传统的文本分析法。

霍加特在《文化的用途》中，将大众出版物、小说、广告、流行音乐等作为文本分析的对象，通过用文学分析的方法，来探究大众文化对工人阶级的影响。在威廉斯的《文化与社会：1780—1950》中，他考察了40位英国著名的思想家、作家的作品，梳理他们对"文化"一词的理解。对于威廉斯的文本研究方法，英国著名的文化理论家尼克·史蒂文森曾经做出如下评价："在媒介文化方面……威廉斯常常仿佛分析文学文本一样来对电视镜头做出判断。与利维斯一样，威廉斯通过缜密的审视来发掘蕴藏于文本的价值观"。② 这个时期的文化研究学派，由于受先验的"被动的"受众观的影响和制约，"作者中心论"的诠释理念居于主体地位，因此文本分析的研究目的更多的是批判性地揭露大众媒介对受众的控制性影响。尽管威廉斯等人也相信"工人阶级天生有强大的能力，通过适应或吸收新秩序的需要，忽视其他，在变化中生存下来"③，但是在进行文本分

---

① ［德］施莱尔马赫著：《诠释学演讲》，见洪汉鼎主编：《理解与解释——诠释学经典文选》，东方出版社2001年版，第55—56页。

② ［英］尼克·史蒂文森著：《认识媒介文化：社会理论与大众传播》，王文斌译，商务印书馆2001年版，第44页。

③ ［英］约翰·斯道雷著：《文化理论与通俗文化导论》，杨竹山等译，南京大学出版社2006年版，第48页。

析的过程中，对处于弱势的受众地位的工人阶级并没有进行积极有效的理论铺陈。并且在大众媒介的负面功能和大众文化对受众的麻醉作用的催化之下，"一切事物、艺术和娱乐的精神可以变得如此标准化，以致我们对任何事物都难有专注的兴趣，而只是无动于衷地接受"。① 此外，在早期的文化研究学者的文本分析中，对文化产品文本的欺骗性及其根源并未进行深入挖掘。这就为以后霍尔等人引入符号学及结构主义方法来分析文本意义的建构、受众主体性地位的体现等方面提供了拓展的理论空间。

在施莱尔马赫和狄尔泰的"作家中心论"之后，诠释学的诠释重心转向了"读者中心论"。伽达默尔主张采用发挥解释者的历史性的"视界融合"来对抗消解解释者历史性的"心理移情"。他认为："历史精神的本质并不在于对过去事物的修复，而是在于与现时生命的思维性沟通。"② 也就是说，读者从自身的历史性出发去解读文本，并在文本的思维性沟通中形成文本意义。"读者及其历史性成了决定文本意义的真正关键。"③ 秉承着这种"历史性"的文本解读理念，文化研究学派同样将研究的根基种植在当下的历史语境里。针对以美国为首的经验学派，以霍尔为首的文化研究学派认为："对大众传播的研究应该在一个更加开阔的空间中进行，它不应该与社会理论、文化研究与政治研究隔离。"④

同时，伽达默尔认为"先入为主"的成见不是读者通过"心理移情"能够克服的。读者与作者之间时空距离的不统一等方面是读者必须要去面对的客观存在。但是伽达默尔认为："重要的问题在于

---

① ［德］汉斯-格奥尔格·伽达默尔著：《真理与方法》，洪汉鼎译，上海译文出版社 1999 年版，第 221 页。
② ［英］雷蒙德·威廉斯著：《传播学》，见张国良著：《20 世纪传播学经典文本》，复旦大学出版社 2003 年版，第 353 页。
③ 彭启福著：《理解之思——诠释学初论》，安徽人民出版社 2005 年版，第 67 页。
④ 位迎苏著：《伯明翰学派的受众研究》，中国传媒大学出版社 2011 年版，第 109 页。

第五章　以意义生产为中心的文化—话语研究 | 149

把时间距离看成是理解的一种积极的创造性的可能性。"① 从这一点可以得出，受众与传者之间存在着不可弥补、难以克服的客观障碍，但是"创造性"的受众可以进行积极的意义生成。

除了客观的传受障碍之外，针对文本生产者和文本解读者的"个性化存在"的情况，狄尔泰也提出了相似的观点，他认为："理解从来不是直接的，它是理解者通过自身对作者心理过程的'体验'来重建这一过程，以达到对文本的理解。"②

这种"读者中心论"的诠释思想，也深刻地反映在霍尔的文本分析中。霍尔立足于文化研究学派传统的文本分析法，又进行了方法的拓展。他引入了符号学和结构主义作为文本分析的工具，形成了完整的媒介文本和受众研究的新方法。通过研究方法的改进，他开始将关注的目光转向大众媒介对于文本意义的生成以及"创造性"的受众对于文本的接受情况。

在文本意义的生成过程中，霍尔通过对电视文本的生产过程进行符号学和结构主义的文本分析，探讨了文本意义的意识形态的生成过程，以及文本生产者的"倾向性"、"隐蔽性"和"自然化"的操作手法。他强调受众的主体地位及其对文本意义的能动性解读，从而打破了被动型受众的传统观念。"他开创的从文本分析向检验复杂、动态的文本——受众关系上的转移：意义永远不会只存在于文本中；相反，它处于文本和受众的互动关系，以及由此产生的妥协性意义中。"③

在诠释学的诠释重点由"作家中心论"转向"读者中心论"之后，诠释学家利科尔提出了旨在克服"作者中心论"和"读者中心论"对立状况的"文本中心论"。利科尔认为："诠释学是关于与

---

① ［德］汉斯－格奥尔格·伽达默尔著：《真理与方法》，洪汉鼎译，上海译文出版社1999年版，第221页。
② 彭启福著：《理解之思——诠释学初论》，安徽人民出版社2005年版，第64页。
③ ［英］利萨·泰勒、安德鲁·威利斯著：《媒介研究：文本、机构与受众》，吴靖、黄佩译，北京大学出版社2005年版，第152页。

'文本'（Text）的解释相关联的理解程序的理论。"① 在利科尔看来，文本的意义具有不确定性。因为文本意义的实现总是与特定的语境密不可分。文本的语境需要被重新建立，因此意义也产生出了被解读的无限可能性。

在这样的诠释学理念下，文化研究学派开始了对广播与电视受众的民族志研究。莫利在其民族志研究的初探——对《全国新闻》的电视受众的研究中，通过挑选来自不同文化和社会背景的人，让其脱离以前的生活环境，来到完全陌生化的实验接受访谈来获取研究结果。莫利发现，"只有在家庭休闲行为的整体语境中，才能够理解变化多端的电视收视类型。先前这方面的研究，过分狭窄地局限于相关问题的一方，而这两方面实际上应当被放到一起来考虑：观众如何理解他们看到的素材，以及在收看电视过程中所涉及的社会（主要是家庭）关系"。②

莫利发现访谈地点和内容的不同会影响到受众的访谈效果。因此在之后的"家庭电视"受众研究的过程中，莫利开始关注电视文本得以实现意义的语境——家庭。研究人员亲自深入普通的电视受众家庭，在家庭成员真正开展文本消费的真实语境里，现场采集家庭成员对于电视文本的接受情况，以电视文本为中心，将电视节目制作者与家庭成员连接在一起，研究男性与女性不同的文本解读习惯和状态，进而与电视节目的生产者以及社会因素相连接，进行理论的推导。

从《全国新闻》受众研究到"家庭电视"受众研究，莫利的民族志研究方法也实现了由"读者中心论"向"文本中心论"的转向。通过在特定的语境中建立受众对文本的意义，发现不同意义背后的受众特性，进而探讨文本生产者与具有不同接受特性的受众之间的互动关系。因此从利科尔"文本解读所需要特定的语境"的角

---

① ［法］保罗·利科尔著：《诠释学的任务》，见洪汉鼎主编：《理解与解释——诠释学经典文选》，东方出版社 2001 年版，第 409 页。

② ［英］戴维·莫利：《电视、受众与文化研究史》，史安斌等译，新华出版社 2005 年版，第 157 页。

度而言，莫利"从《全国新闻》到'家庭电视'的民族志研究，完成了从'预设的'收视语境向'正常的'收视语境的转变，从而确立了莫利在受众研究中的领先地位"。①

从诠释学的角度观照文化研究学派研究方法的演进，可以看出，每次研究方法的优化都是指向并服务于身处于传播链条的"传者"、"文本"与"受众"之间的互动关系的再发掘。文化研究学派在不同的历史时期调整其研究方法，都是为契合当时的研究主题和社会实践，并且在每次研究方法的演进中，不断厘清文本的生产、流通特点、文本意义的生成过程以及受众的接受情况，从而形成了文化研究学派成熟的文本分析理论与受众观。

第二节 作为话语的新闻

一、新闻话语研究描述

20世纪，人文学科出现语言学转向。话语分析自70年代传入我国后，也已渗透到诸多学科领域。它不仅关注文本的语言特征，也关注话语生产、流通、消费的全过程及其背后所体现的权力与社会实践之间的深层关系。将话语分析的理论与方法应用于新闻学领域不仅扩展了话语分析的研究范围，更为新闻学研究的深化和创新提供了新范式、新视角，因此具有重大的学术价值。

（一）新闻话语研究发展脉络与现状

"话语分析"（Discourse analysis）这一术语首先由美国结构主义语言学家哈里斯在他1952年发表于美国《语言》杂志第28卷的一

---

① 位迎苏：《伯明翰学派的受众研究》，中国传媒大学出版社2011年版，第182页。

篇题为《话语分析》的文章中首次使用的①，这可以看作当代话语分析的发端。之后，话语分析向语言学、社会学、心理学、文化人类学等学科扩展，成为新兴的跨学科领域。根据不同的研究重点，话语分析分为两个学派：英美学派与法德学派。英美学派认为话语是一种大于句子的语言单位，如某个具体的对话或某篇文章，或是社会文化语境中的一种语言形式，如新闻报道。集中于文本的语言研究，重点分析文本结构和语言情境。法德学派把话语看作一种意义交流的社会实践活动，着眼于分析话语背后的意识形态与权力间的关系，以及话语生成与解读的深层文化原因。前者可以纳入语言符号学的范畴，后者则属于文化符号学的范畴。话语分析的这两种不同的学术向度也直接影响了后来新闻话语的研究方向。

至20世纪七八十年代，一批学者开始集中涉入新闻文本的话语分析领域，大量解剖新闻话语，探索发现新闻语言背后广阔的社会历史空间与意蕴。② 福勒、詹姆斯·鲍尔·吉、费尔克拉夫、梵·迪克等在新闻话语研究领域卓有建树，尤其是梵·迪克的研究具有里程碑意义。他的话语研究可分为三个阶段：第一个阶段通过《话语语法要略》和《话语与语境》建立起话语语法理论，提出了话语的三大结构，即超结构、宏观结构和微观结构，从而描述了整个话语的整体形式，奠定了话语分析的坚实基础。第二阶段与美国心理学家金什共同创建了话语认知处理的跨学科理论，提出了话语理解模式，即运用相关策略在微观结构的基础上推导出话语的宏观结构，并结合相关模型知识得出话语的总体意涵。此阶段的主要成果有《宏观结构》和《话语理论策略》。第三阶段梵·迪克着重研究了新闻话语在社会环境中的结构和功能，尤其是对报纸新闻话语的超结构、宏观结构、微观结构及其之间的关系、话语结构与权势结构的内在关联做了详细深入的研究，对新闻话语领域做出了突出贡献。

---

① 李跃娥、范宏雅著：《话语分析》，上海外语教育出版社2002年版，第1页。
② 李建利：《话语分析与新闻语言》，载《西北大学学报》（哲学社会科学版）2005年第6期。

代表著作有《话语与传播》、《新闻分析》、《作为话语的新闻》、《种族歧视和新闻报道》等。梵·迪克奠定了新闻话语分析的学术地位,也为我国学者提供了重要的研究范式。

当梵·迪克的《作为话语的新闻》和费尔克拉夫的《话语与社会变迁》在国内翻译出版后,新闻话语研究出现一股热潮,一些学术成果也相继面世。曾庆香的《试论新闻话语》和胡春阳的《传播的话语分析理论》对新闻话语理论和研究方法做了细致全面的评述;丁和根的《论大众传播的符号学方法》从符号学的角度分析话语理论在传播学中的应用;黄匡宇的《电视新闻语言学》、段业辉的《新闻语言学》从较为抽象的语言学角度对新闻话语进行研究;还有一些学者运用新闻话语理论进行个案研究,等等。虽然国内的研究起步较晚,但在一大批学者们的共同努力下,也取得了初步的成果。越来越多的学者投入新闻话语的研究领域中,大量论文出现在《新闻与传播研究》、《国际新闻界》、《新闻大学》、《现代传播》等新闻学核心期刊上。下面就从新闻话语理论、新闻话语研究方法和新闻话语的应用三个方面对国内相关研究做简要评述。

(二) 新闻话语的理论研究

1. 新闻话语研究的两种向度

哈里斯率先指出,话语分析有两个向度:一是超越句子界限的语言描述;二是研究文化与语言之间的关系。基于这两种向度,对新闻话语的研究也可以分为两个向度:其一是对文本的研究,包括语言、文字、图表、版面、电视画面、声音等,主要研究新闻文本的结构和语义特征;其二是对新闻文本背后深层的社会文化因素的研究,包括语境、权力与话语和意识形态的研究等,涉及社会学、政治学和文化学的相关知识。

首先,语言符号学向度。语言结构方面,新闻话语作为一种语言系统具有构成性和策略性两种语言规则。构成性规则指新闻话语遵循新闻传播规律,按照倒金字塔结构和实施发展逻辑进行语言编排,策略性规则是指按照传播的意图和目的进行词语选择、句式运用和角度切入，甚至采取艺术化的修辞技巧以增强语言的感染力，达到劝服的传播效果。因此，肖灵的《新闻话语中 ABB 式词语流行的认知分析》从词语的类型和句式的构成角度探讨 ABB 式新闻话语的特点与出现原因；张松的《简论新闻话语的叙事视角》结合法国叙事学家托多洛夫在《叙事作为话语》一书中"叙事时间"、"叙事语式"、"叙事语态"的理论分析了新闻话语的四种叙事视角：全知叙事视角、固定式限知叙事视角、转换式限知叙事视角、纯客观叙事视角；王燕的《新闻语体研究》则综合了新闻语言、新闻体裁、新闻语体等多方面对新闻语言的形式和组织结构进行了全面论述；林晓飞的《新闻话语的修辞学研究》运用修辞学的知识研究了新闻话语的修辞运作机制、修辞策略、修辞配置和语言风格。对语言结构的研究是新闻话语分析的一般理论基础，而对语用问题和话语结构的研究才是新闻话语关注的核心。胡春阳的《传播的话语分析理论》中提出，作为语用学核心理论的言语行为理论和会话含义理论可以运用于新闻话语分析，关注新闻语言的实际使用及其产生的互动意义。韩礼德开创的系统功能语法打破了结构主义语言学对形式的偏好，指出一个语篇在完成的同时行使了三种元功能：概念功能、人际功能和语篇功能，他通过研究及物系统中语言表达的六过程（物质过程、心理过程、关系过程、行为过程、言语过程和存在过程），发现与各过程相关的参与者和环境成分来揭示新闻文本的意义与目的，为新闻话语分析提供了一种新的理论框架。

其次，文化符号学向度。对文化与思想现象中所包含的作为前提、原因和基础的"深层结构"的探讨[1]，也成为新闻话语理论所要关注的焦点。在这一向度中，巴赫金试图从多个主体的对话里获取意义，他的对话理论使学者开始关心新闻话语中意义的赋予与争夺；阿尔都塞的意识形态分析和葛兰西的"文化霸权"理论解释了新闻话语背后权力争夺的目的和本质；福柯则深入考察了话语实践与社会权力的紧密关系，认为话语的产生、传播、转换以及合并等

---

[1] 参见李幼蒸著：《理论符号学导论》，中国人民大学出版社 2007 年版，第 572 页。

第五章 以意义生产为中心的文化—话语研究 | 155

都是在社会权力网络中运作的结果，福柯的话语分析成为这一向度的典范。这些话语分析者不再满足于语言符号学向度中单纯的文本结构、语义和语用，而是将文本意义的生产和理解与更为广泛的社会系统相联系，描述话语产生、消费、流通的历史文化背景。借鉴这一研究思路，国内学者对新闻话语的研究重点由新闻语言和文本结构转向意义生产和话语实践。例如崔梅和赵兴元的《试论新闻话语的意义构成及其解读》认为，只有将新闻话语的表面内容与外界语境结合起来才能理解语义信息、揭示新闻话语的意识形态；彭利国在《新闻话语的意识形态差异》一文中讨论了不同意识形态下媒介景观的差异以及差异形成的深层社会原因；杨品的《论新闻话语的符号学向度》从宏观角度分析了新闻话语的社会认知功能、社会交往功能以及社会权力功能，表明新闻话语会对社会环境的多个方面产生影响；张培成在《电视话语的空间生产模式》阐释了电视话语如何在多个社会主体的共同作用和参与下进行生产与再生产；曹烨则在《建构与认知：多学科视阈中的国际新闻话语运作》中分析了话语主体建构的权力来源和外部规约，以及话语解读者的认知预设和能动机制。总之，学者们从文化符号学向度的各个方面或运用、分析前人的话语理论，或运用理论分析话语运作的全过程，从而将新闻话语研究引入一个更深刻的层次，扩展了研究范围和学术视野。

2. 梵·迪克的综合新闻话语理论

荷兰学者梵·迪克在新闻话语分析方面独树一帜，不仅为话语分析的应用研究增加了一个分支，也为新闻学提供了一个新的研究范式。他的新闻话语理论已自成一派，对国内新闻话语研究产生了重大影响。

梵·迪克最重要的成就即为对新闻话语结构进行的全面分析。首先，他提出"新闻图示"（也称为超结构）的概念，用以分析新闻文本的结构。新闻图示包含五个常规范畴：总结、主要事件、背景、后果、评论，这与新闻文本尤其是消息报道的结构具有一致性。正是按照此结构，文本得以制作和产生，新闻功能也随之实现。其次，在新闻语义结构方面，他将新闻文本分为微观和宏观两个层次，微观结构的基本构成单位是命题，宏观结构则为话题和主题。原子命题的集合构成新闻话语局部结构，继而演化为主题或话题，形成新闻话语的宏观结构。"宏观规则"（包括删节规则、概括规则、组构规则）把微观结构与宏观结构连接起来，使得新闻文本的内容得以呈现。① 再次，关于新闻生产过程，梵·迪克从认知语用策略的角度揭示出在新闻话语形成中的一系列外部控制机制，例如新闻价值观、新闻机构常规流程、经济利益、意识形态等，这就揭示了新闻话语的形式结构与语义结构之间的相互作用关系。②

对于梵·迪克的新闻话语理论，国内学者做了相关研究和论述。陈力丹认为梵·迪克对新闻文本和语境进行的分析有助于深化新闻学的理论研究，关于新闻话语的结构和内容、新闻话语生产流程以及受众对新闻话语的理解等观点的介绍，也启发了后人从跨学科的角度研究新闻话语。丁和根在肯定梵·迪克对新闻话语领域所作贡献的同时，也指出他的理论尚有继续深化的方面，比如新闻结构、新闻生产与接受过程中的具体关系等。

除了对梵·迪克新闻话语理论本身的评述外，国内更多的学者则将他的理论范式应用于对具体问题的分析当中，在验证此理论正确性的同时也扩展了应用范围。如黄敏的《"新闻作为话语"——新闻报道话语分析的一个实例》和《再现的政治：CNN关于西藏暴力事件报道的话语分析》以及郑华的《从话语分析的角度看布什访华》。总体上而言，国内研究者在对梵·迪克新闻话语理论的介绍和运用上已经较为成熟。

3. 费尔克拉夫的批判性话语理论

另一个具有代表性且被广泛运用的就是英国语言学家诺曼·费尔克拉夫的批判性话语理论。费尔克拉夫从韩礼德关于语言是一种社会符号系统的观点出发，结合语言学和相关社会政治思想，形成

---

① ［荷］梵·迪克著：《作为话语的新闻》，曾庆香译，华夏出版社2003年版，第51—59、第110—129页。

② 参见［荷］冯·戴伊克著：《话语 心理 社会》，施旭、冯冰译，商务印书馆1993年版，第109—110页。

了一种批判性话语理论。他认为任何话语都有三层含义：语篇（口语或书面语）、话语实践（语篇的生成与解释）、社会文化实践。因此，新闻话语研究也应该致力于文本分析、文本生产、消费与分配过程分析、新闻话语的社会文化分析三方面。这也是批判性话语研究的框架基础，其目的在于揭示话语实践如何被社会现实塑造，又对社会现实产生怎样的影响。具体来说，文本分析层面主要包括词汇、语法、文体、文本结构、情态、隐喻、预设、及物性结构等语言机制的研究，从而反映出话语的呈现方式，这是费式话语理论的基础；第二层面重点讨论语境、连贯性和互文性，揭示出话语生产者、话语消费者以及背后操控者与话语本身之间的紧密关系；第三层面则将话语实践放在社会历史的大背景下，研究政治、经济、文化等因素对话语的影响，亦即话语实践与社会实践的互动，比如社会认知如何制约话语的生成与理解。

基于对费式批判性话语理论的掌握，国内研究者中有的进行了综合性研究，如朱玲的《傲慢与妥协——对央视〈新闻调查〉的话语分析》从三个层面对新闻文本进行了全方位的解读；有的集中于单一文本的语言层面；有的对及物性、预设、情态做深入探讨；有的展现话语与意识形态、权力的相互作用。总之，作为一种理论基础和方法论，批判性话语理论逐渐成为新闻话语领域重要的方向和分支。

（三）新闻话语的方法研究

新闻话语作为一个新的跨学科的研究领域，融合了人文科学的多种理论，因此也没有一个固定的研究方法和模式。相反，多学科的背景使得新闻话语的研究方法多样化，结合新闻学的特征和话语分析的理论，新闻话语分析的基本方法有以下几种：

1. 结构分析法

结构分析法的本质就是语言学的分析方法，是针对新闻文本的结构而言。它"只讨论句子层面以上的新闻结构，如主题和格局结构体，而不考虑句子的句法、语义、文体、修辞特征以及句子之间的联系"。① 这种方法的指向是新闻文本的组织方式和呈现形式，透过话语结构探索意义的生成。

王舒怀从宏观结构、超结构、微观结构、风格、修辞等诸方面对 20 世纪 90 年代中国经济新闻文本进行分析，发现经济新闻话语的特征和发展轨迹；刘昌伟和吴薇也通过分析《人民日报》国庆社论的标题、主题、篇幅、布局、语言风格、修辞特色归纳党报的话语特征。把语言学和修辞学运用到新闻文本结构分析已成为国内学者的研究路径。

2. 批判分析法

如果说结构分析法着眼于文本的表层，那么批判分析法就拓展了新闻话语研究的深度和广度。它吸收了行为科学、认知科学、社会学、心理学、政治学等学科的理论，并借鉴了批判学派的思想，强调新闻话语的解释与理解、话语在社会中的使用和意义。这种方法试图由表及里、由特殊到一般，理清新闻话语与社会思想的关系，尤其偏爱揭露文本背后的权力、偏见和意识形态。

其中，韩礼德的系统功能语言分析法和费尔克拉夫的批判话语框架成为行之有效的研究方法。以此为工具，任欢欢、李长忠对比分析了《中国日报》和《纽约时报》对奥巴马会见达赖的新闻报道中"分类"和"情态"以及转述引语等方面的不同，并探讨了新闻语篇背后的权力和意识形态差异。翁玉莲根据功能语法中的三大元功能理论，探讨新闻评论话语中概念功能、人际功能、语篇功能的使用情况及特征指向，并结合语用、语境、意识形态等因素，对评论话语现象做出解释。李敬则将费尔克拉夫的文本分析、话语实践分析和社会实践分析运用于新闻个案研究，详细探讨了文本的"词汇"、"语法"、"互文性"、话语所涉及的关系结构以及社会实践在新闻中的体现等批判话语理论的重点问题。这种方法有着较为固定的步骤，便于操作，且能挖掘新闻话语的深度，因此相关研究也

---

① ［荷］冯·戴伊克著：《话语　心理　社会》，施旭、冯冰译，商务印书馆1993年版，第94页。

第五章 以意义生产为中心的文化——话语研究 | 159

较多。

3. 综合分析法

综合分析法就是将两种或两种以上的方法结合起来，对新闻话语进行全方位综合性的分析。最为常见的就是梵·迪克的新闻话语法和结构分析与批判分析的融合。综合分析法适合于对复杂、大批量的新闻话语进行研究，从多角度探寻其特征和规律。一般来说，以符号学为理论背景，以语义学、修辞学、语用学、叙事学、话语认知学和意识形态理论为学科资源，以修辞策略、言语行为、心理情境、叙事语法、话语组织机制等方面的分析为操作手段，对新闻话语进行具体分析。

运用此种方法的研究屡见不鲜。胡静雅从文本结构、话语组织机制、修辞策略以及话语功能等方面对比分析中国新闻奖和普利策新闻奖获奖作品；钱怡用梵·迪克新闻话语结构和意识形态理论研究《南方周末》头版的时政深度报道；李娟则从文本分析、话语实践分析和社会实践分析三个层面完成对《每周质量报告·记者调查》的新闻话语研究，从描述到解释再到剖析，逐渐深入地阐述了新闻话语的权力关系。

4. 新闻话语研究的新视角

除了上述研究方法外，新闻话语分析还引入了一些新方法，有基于认知语言学和心理学的，如认知分析法旨在分析新闻话语在传播者和受众认知过程中的作用和互动过程；社会文化分析法着眼于话语与交际行为、社会语境关系。但是这两种方法还未能引起国内学者的高度重视，对此种方法的理解和运用还不够系统和成熟。另外，随着话语分析的跨学科发展趋势以及新兴技术的不断发展，在此领域也出现了一些比较前沿的研究视角，例如综合考察语言、技术、图像、颜色、音乐等文本系统在意义建构中相互作用的多模态分析法；关注具体交际行为如何通过话语得以实现、社会结构和意识形态如何被创造的中介分析法；便于处理大量语言数据的语料库分析法。这些新的研究视角是对传统方法的传承和创新，拓宽了新闻话语的学术视野，也为未来的研究提供了基础。

（四）新闻话语的应用研究

伴随着相关理论和方法的不断完善与发展，国内学者开始致力于新闻话语的应用研究，在理论与实践相结合、运用新闻话语相关知识指导业务活动方面发挥了积极的作用。概括而言，有以下几点：

首先，对各种类型的新闻话语形式进行研究。新闻话语不仅仅是指出现在报纸上的报道，也包括电视、广播、互联网、手机等文本形式，传统的理论和研究方法同样适用于多媒体的新闻话语，也只有紧跟新闻传播实践前进的脚步，对新闻话语的研究才有意义。近些年来，研究者逐渐关注电视新闻报道、调查性节目、英语广播、网络新闻等话语形式。有的关注电视新闻的文本结构、话语制作、传播和理解的全过程；有的用系统功能语言学的方法阐述英语广播的话语特点，并对如何规范国际新闻报道提出了有益见解；还有的从批判话语角度深入研究网络新闻话语。虽然这类学术成果还远未达到报纸新闻话语研究的数量，但也丰富了话语分析的研究对象。

其次，研究者较为重视对某一新闻文本的长期考察，从历时性的角度论述新闻话语与社会发展的相互作用，这有助于新闻制作者和受众站在宏观的立场上理解新闻、把握时代的进程。另外，不同的新闻有不同的话语特色，对时政新闻、社会新闻、经济新闻、体育新闻等各类文本分别加以分析，呈现出较为均衡之势，而不是某种话语的"一枝独秀"。例如，对《人民日报》工人形象报道进行的分析、对20世纪90年代经济新闻话语与我国经济发展态势的研究、对新中国成立以来体育新闻话语流变的过程描述等。这些都表明我国新闻话语的研究朝着更深刻更细致的方向进步。

再次，运用新闻话语理论和方法进行文本间的比较研究也是国内学者研究的热点。不同的媒介组织对同一事件的报道可能不尽相同，因此针对差异出现的深层原因进行剖析成为比较研究的目的所在。研究发现，除了新闻价值观和媒介组织方针定位不同之外，意识形态成为最重要的影响因素。无论是《中国日报》和《纽约时报》对中国"两会"报道的差异，还是《人民日报》、《南方周末》、

《南方都市报》对"农民工"的形象呈现,都体现了不同话语主体对文本的建构作用以及由此造成的风格迥异的话语形态。

(五) 国内新闻话语研究的局限与发展方向

虽然国内新闻话语研究正在逐步发展且取得了一些显著的成果,但不可否认仍然存在一些局限和不足,主要有以下几方面:

第一,国内新闻话语研究水平还有待提高,学术成果偏少,研究队伍也急需壮大,作为一个跨学科的领域仍有很大的发展空间。在中国期刊网检索相关文献发现,新闻话语方面的论文只有一两百篇,且同质化现象较为严重,有影响力的成果更是寥寥无几。虽然不少学者的研究涉及新闻话语,但多为浅尝辄止,真正对此做出系统全面分析的只有曾庆香、丁和根、胡春阳等少数学人。这表明新闻话语研究还未能引起足够的重视,更没有形成完整的体系。现阶段的学术研究与新闻话语的地位极不相符,因此需要更多学术资源的投入。

第二,话语分析没能与新闻传播很好地结合。语言学为话语分析提供了许多有益的理论和方法,也对新闻话语的发展做出了不可磨灭的贡献,同时也造成了新闻话语研究过度依赖语言学的局面,而未能突出作为话语的新闻自身的研究特性。新闻话语是一门融合了多个学科思想的研究领域,更应成为一门能够独立发展的学科。找准自身定位,更好地为新闻传播实践服务,这是新闻话语研究要重点思考的问题。

第三,套用西方理论,研究缺乏创新,在深度和广度上不尽如人意。国内的研究仍然停留在"拿来主义"的阶段,大家纷纷运用梵·迪克等人的理论和方法分析新闻现象,而没有独辟蹊径,创立出一套本土的新闻话语理论,看似从多个角度进行的研究实则为"新瓶装旧酒",用既有的框架分析不断变化的新闻话语也难免有"隔靴搔痒"之嫌。在对前人成果继承的同时,创新理论体系和研究方法,开辟新的路径,成为新闻话语研究的当务之急。

第四,偏重文字文本的研究,窄化了"话语"的概念。新闻话语研究是以"文本"为依托，但不仅指文字文本，更不是报纸文本。而我国学者大多把研究重心放在报纸消息的解读上，忽略了广电系统、新媒体系统中的话语机制，对声音、图片等话语形式的研究更为匮乏，这也是研究成果同质化的原因之一。只有全面发展，新闻话语领域才能出现欣欣向荣之势。

第五，新闻话语分析步骤模式化。首先，研究对象多为重大事件或典型人物，这些报道特征鲜明，对此类文本的研究虽能发现问题，但人为挑选的痕迹明显，难以代表日常报道的话语特征。其次，话语研究的步骤可以概括为：文本结构分析——新闻语言特点——意识形态批判，甚至纯粹为了批判而批判，基于这样的研究思路得出的结论有时较为牵强。新闻话语研究的目标在于透过现象观察话语的规律，而不是为了证明话语理论的可行性从而进行现象分析。"本末倒置"的研究行为只会影响新闻话语研究的正常发展，因此急需改正。

近些年的研究现状说明新闻话语分析已经开始吸引许多学者的关注，新闻话语的研究已经成为新闻学不可或缺的理论和方法。从最初国外理论的引进到现在的实际运用，新闻话语研究日趋成熟。相信随着各种新的理论和研究思路的出现，新闻话语与其他学科的联系、与新闻传播实践活动的联系会更加紧密，其研究领域会不断扩展、研究对象将多样化、研究内容将深化和细化、研究力量不断壮大、成果越来越丰富，影响力也会逐渐增强。

二、新闻与神话

（一）罗兰·巴特的神话学理论

1. "神话"溯源

在《现代汉语词典》里，神话有两个义项：（1）关于神仙或神化的古代英雄的故事，是古代人民对自然现象和社会生活的一种天真的解释和美丽的向往。(2)指荒诞的无稽之谈。① 对于"神话"第二层的认知是建立在第一层意思的理解基础之上。最开始的古代人民对于神话故事是深信不疑的，认为是客观存在的真实的事情。但是随着时代的变迁，现代人理解的"神话"更多程度上是一种不切实际的幻想，并不是真实发生的事情。也就是说，在某种特定语境之下被奉为圭臬的价值、意义和观念，会随着时空的改变而成为谬论，反之亦然。而"神话"之所以被人们相信，则是因为真实客观的观点描述和神话一样，都是解读现实的一种方式。进一步说，"神话"有其特定的运作机制和生成意义的方式。而当服务于特定目的，并且经过意义生产的"神话"发生在特定语境的时候，此时的"神话"已然跳脱了"古代人民对自然与社会的解释与向往"的浅层面，来到了学术研究的更高层次。

相比较传统意义上对于"神话"的定义而言，最早从符号学的角度研究"神话"的罗兰·巴特在《神话是一种言说方式》这篇文章中说道："神话是一种交流体系，它是一种信息。我们凭借这点可以意识到神话不可能是一个客体，一个概念，或一种想象；它是一种意指样式，一种形式。"② 对于"神话"，罗兰·巴特"会即刻给出一个极其简单的初步答复，它与词源意义吻合无间：神话是一种言说方式"。③

2. 罗兰·巴特眼中的"神话"

罗兰·巴特"神话学"的理论源于索绪尔的语言符号学研究。索绪尔关注文本本身，其研究范畴局限在语言系统，而他在文本中的符号和语言系统与文本解读者以及社会、历史语境如何发生关联等问题上缺乏关注。与索绪尔不同，罗兰·巴特致力于运用结构主义符号学的方法来分析意义生产的过程，例如他在《神话学》中将研究的重点放在了大众文化上，把大众文化如"格里泰·嘉宝的

---

① 曾庆香著：《新闻叙事学》，中国广播出版社2005年版，第155页。
② 曾庆香著：《新闻叙事学》，中国广播出版社2005年版，第169页。
③ [法]罗兰·巴特著：《神话修辞术》，屠友祥、温晋仪译，上海人民出版社2009年版，第169页。

脸"、"爱因斯坦的大脑"、"占星术"、"自由摔跤"等当作进行分析的符号文本,来进行意识形态批评,揭示"神话"的运作机制。这样,其研究范畴摆脱了语言学的桎梏。同时他还提出了关于符号学的原则和方法等相关概念。这些成就的取得都使罗兰·巴特成为法国结构主义和符号学的代表。

说到"神话学"诞生的社会原因,巴特说:"我们可以想象十分古老的神话,但不存在永恒的神话,因为正是人类历史把现实转变为言语,而且是历史本身制约着神话语言的存亡。不管神话是否是古代的,它只能有一个历史基础,因为神话是一种由历史选定的言语。它不可能从'事物本性'中逐渐产生。"①

"神话"能够诞生,要归因于它所存在的"历史基础"。而之所以"神话"能够被历史所选定,则是由"神话"的本质所决定的。从表面上看来,"神话"讲述的是"神的故事"。但是"归根结底,它还是人类根据自己的生活经历做出的一种设想……'神话'说到底只能是一种'人话'"。②而这里的"人话",在罗兰·巴特看来就是一种"意义"。这种"意义"是"已经完成好了的,它设定了一种知识,一种过去和记忆,设定了事实、观念和规定得比较秩序"。③而"神话"就是"意义的存放器"。④它来源于历史与社会的语境中,然后运用"确定运用的条件,再次把社会注入这种形式中"。⑤而这个"注入的过程"就是神话建构的过程。

通过这个"注入的过程",最终体现出建构"神话"的现实意义。罗兰·巴特认为:"从历史到神话的转变过程中,神话以简省的

---

① [法]罗兰·巴特著:《符号学原理——结构主义文学理论文选》,李幼蒸译,三联书店1988年版,第219页。

② 谢选骏著:《神话与民族精神》,山东文艺出版社1986年版,第106页。

③ [法]罗兰·巴特著:《神话修辞术》,屠友祥、温晋仪译,上海人民出版社2009年版,第178页。

④ [法]罗兰·巴特著:《神话修辞术》,屠友祥、温晋仪译,上海人民出版社2009年版,第180页。

⑤ [法]罗兰·巴特著:《神话修辞术》,屠友祥、温晋仪译,上海人民出版社2009年版,第169页。

方式操作：它消除了人类行为的复杂性，赋予其本质的简单性，它排除了一切辩证法，一切对越出直接可见物之外的回溯，它构织了一个因没有深度从而没有矛盾的世界，一个一目了然的敞开的世界。"①

通常被"注入的"所指即意识形态，而这个被"注入的"意指过程把社会之物逆转成为自然之物，使得作为所指的意识形态呈现为自然的样貌，从而大肆地僭越真理之位，成为社会公众普遍接受的"常识"。因此，为了打破神话的"自然性"和"真理性"，罗兰·巴特通过对大众文化的语言做意识形态批评，致力于"揭露神话制作的过程"，最终让人们看到这个貌似"没有矛盾、一目了然"的世界背后真实的面相。

3. "神话"的建构过程

罗兰·巴特认为神话的建构过程并非是一个各自为战的过程。相反，这个过程是一个将各种符号要素联结起来进行全面互动的意义生成过程。而在这个过程中并非只有能指和所指两个要素。他举了玫瑰花作为例子：当用一束玫瑰花来表示人心中的激情时，首先是作为能指的"玫瑰"与其所指"落叶灌木……刺密……植物的花"所组成了一个符号，然后该符号被赋予了"激情"这个第二个所指后的过程。对于这个意义生成的过程，罗兰·巴特说："再假设有一颗黑石子，我可以用各种方式使之有意义，这只是个能指而已。"②

从"玫瑰花"的例子可以得出，建构"神话"的过程就是两次意指化的过程。罗兰·巴特提出的"神话学"理论是借助二级符号学模式，即含有两个层次的表意系统来得以建构的。总的来说，一个神话中的两级符号系统，第一级符号系统是语言学系统，第二级符号系统是神话系统。其中第一级符号系统是由"能指＋所指＝符

---

① ［法］罗兰·巴特著：《神话修辞术》，屠友祥、温晋仪译，上海人民出版社2009年版，第204页。

② ［法］罗兰·巴特著：《神话修辞术》，屠友祥、温晋仪译，上海人民出版社2009年版，第174页。

号"所组成的,在第一次意指过程完成之后,它又作为第二级符号系统的能指,与另一个新的所指结合起来,构成第二级符号系统的符号。这两次意指过程最终建构了一个完整的神话。

在《作为符号学系统的神话》这篇文章中,罗兰·巴特提出了神话建构的图式:

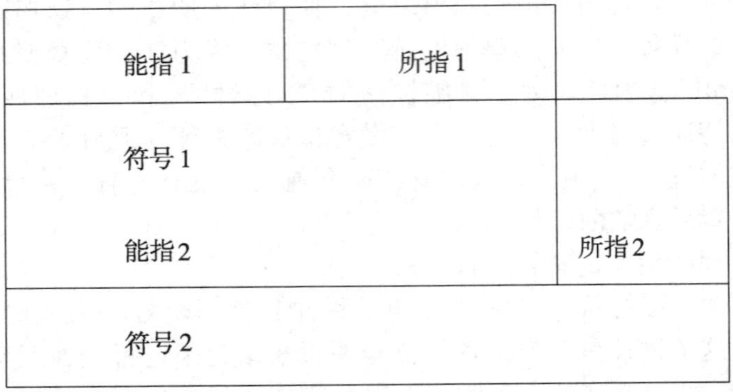

能指1	所指1
符号1	
能指2	所指2
符号2	

图5.1 神话建构的图式

为了具体阐述罗兰·巴特的两次意指过程,将第一符号系统中的能指称为能指1,其所指为所指1,能指1和所指1构成符号1。在第二符号系统中的能指称为能指2,其所指称为所指2,能指2和所指2构成符号2。

结合罗兰·巴特举的《巴黎竞赛报》封面图片的例子来分析:封面上,一位身穿法国军服的黑人青年双眼仰视,凝视着三色国旗,并敬军礼。因此,在第一符号系统中的能指1就是"黑人、国旗、军服、军礼"等具象符号,所指1则是"一个法国黑人士兵在用法式军礼向国旗致敬"。能指1和所指1构成了第一个符号系统的意指过程。等到了第二符号系统阶段,能指2就是第一符号系统中能指与所指的总和,即为整张封面图画。而所指2就是"法国是个伟大的帝国,她的所有儿子,不分肤色,都在其旗帜下尽忠尽责,这位黑人为所谓的压迫者服务的热忱,是对所谓的殖民主义的诽谤者最好的回答"。① 能指2与所指2共同构成了符号2。

巴特认为："能指是空洞的，符号是充实的，它具有意义。"② 在图示中，神话的能指既是符号1，又是能指2。因此作为符号1的身份充实而具有内容，表示"一个法国黑人在敬法式军礼"。当符号1进入第二级符号系统，作为能指2的身份时，它又变成了一个空洞的需要填充内容的躯壳。就如黑人士兵向法国国旗做完了敬军礼的动作，军礼仅仅表示一个动作，而没有"效忠国家"的含义。但是神话的能指2并未剥夺符号1的意义，并且当能指2指向所指2的时候，它又获得一个新的概念。在反对殖民主义的语境中，能指2被赋予"效忠国家"的所指2，形成符号2，从而最终实现对于该神话的建构。

（二）作为神话的新闻话语

1. 新闻话语的神话性

新闻话语具有"神话性"。罗兰·巴特在《神话学》的出版序言中写道："面对'自然'经常产生难以忍受之感，报刊等不断拿'自然'装扮现实，使之呈现'自然'之貌……时事的记叙、报道中，我看到'自然'与'历史'每时每刻都混同难辨，我想要在表面看似得体的'不言而喻'的叙述中重新捉住意识形态的幻象，我觉得这幻象就藏匿在叙述中。"③

新闻的"神话性"表现在两个方面：

一方面，从性质的层面看，"'自然'与'历史'每时每刻都混同难辨"表明：新闻报道与神话学在运作方式或者生成机制上存在着某种关联性。

---

① ［法］罗兰·巴特著：《神话修辞术》，屠友祥、温晋仪译，上海人民出版社2009年版，第176页。
② ［法］罗兰·巴特著：《神话修辞术》，屠友祥、温晋仪译，上海人民出版社2009年版，第173页。
③ ［法］罗兰·巴特著：《神话修辞术》，屠友祥、温晋仪译，上海人民出版社2009年版，第29页。

另一方面，从具体的新闻报道建构的过程中看，"幻象就藏匿在叙述中"表明，在新闻话语中存在着神话学建构的特定的操作方式。

罗兰·巴特认为："人们和神话之间的关系不是建立在真理之上，而是建立在使用之上。"① 也就是说运用神话的目的在于神话的功能性。从葛兰西的文化霸权理论可以推知，新闻话语作为一种意识形态栖身和斗争的场所，决定着其本身在建立主流价值体系、把控文化领导权，进而维护政治领导权方面的重要作用。而这种权力的获得并非是通过暴力的形式，而是通过吸收被统治阶层的价值观，进行整合、重塑从而融入统治阶层的意识形态当中，获得民众发自内心的认同。在这个价值观整合的过程中，对新闻话语中进行神话建构就成为意识形态建构的中观方法。

从罗兰·巴特的"神话学"的视角来观照新闻话语，通过对新闻语篇进行话语分析，可以探究隐藏在新闻话语背后的神话的建构和意识形态的运行机制。

2. "神话"的意指方式

索绪尔关注语言系统中符号的运作，以及语言系统如何与它所指涉的现实发生联系。也就是说，"文本"是其研究的重点。与索绪尔不同的是，罗兰·巴特更加关注文本中的符号与社会语境，以及文本解读者之间意义的协商与相互作用。罗兰·巴特认为："神话不是凭借传递其信息的媒介物来界定的，而是靠表达这信息的方式来界定的。"② 或者说，"神话不藏匿什么，也不炫示什么，神话只是扭曲；神话不是谎言，也不是坦承实情：它是一种改变"。③ 而这种改变要得以实现，就必须依靠特定"表达信息的方式"来实现。在罗兰·巴特这里，这种方式就是意指方式。

---

① ［法］罗兰·巴特著：《神话修辞术》，屠友祥、温晋仪译，上海人民出版社2009年版，第205页。

② ［法］罗兰·巴特著：《神话修辞术》，屠友祥、温晋仪译，上海人民出版社2009年版，第169页。

③ ［法］罗兰·巴特著：《神话修辞术》，屠友祥、温晋仪译，上海人民出版社2009年版，第190页。

第五章 以意义生产为中心的文化—话语研究 | 169

常用的意指方式有隐喻、转喻、象征和蒙太奇等方式，这些意指方式使符号的第二层次上的意义与其第一层次上的意义的产生方式不同，并在具体的操作层面上以不同的方式建构起神话。

(1) 隐喻

对于"隐喻"概念的界定，著名的文化研究学者费斯克认为，"隐喻是用熟悉的词汇表达不熟悉的内容"①，这个定义是传统文学范畴的定义。为了进一步解释"隐喻"的概念，费斯克将研究的视角转向了符号学的领域，并对隐喻在广告的功能进行分析。在广告的建构中，广告创造者经常会借助一件事情或者一个东西来譬喻一种产品。他列举的是"西部野马是万宝路香烟"的隐喻以及"瀑布和自然绿地是薄荷烟"的隐喻。尽管作为喻体和被喻物的差异都很大，但是它们都有某种相似的视觉展示因素。

"隐喻"虽然是一个重要的文学概念，但是它同时不仅仅局限于文学的阐释框架。雷考夫和约翰逊就指出："隐喻具有更为重要的日常功能，是我们理解日常体验的基本方式。"② 为了解释隐喻如何在日常生活中帮助受众理解，费斯克列举了两个例子：

一个例子是运用"上"与"下"这两个具体的方位指向字，来进行"隐喻"建构。"上"被赋予了正面而积极的意义，例如"上帝在天上"；而"下"则正好相反，被赋予负面而消极的意义，因此就会有"魔鬼在地下"的隐喻。这个例子表明，诸如"上—下"这种具象的物理性差异，被用作为隐喻的组成，来使人理解抽象的社会性概念。

另一个例子是"用钱来比喻时间"的隐喻。对于这个隐喻的功用，按照费斯克的话来说就是"用钱来比喻时间是一种典型的我们

---

① [英]约翰·费斯克著：《传播研究导论：过程与符号》，许静译，北京大学出版社2008年版，第78页。
② [英]约翰·费斯克著：《传播研究导论：过程与符号》，许静译，北京大学出版社2008年版，第78页。

称之为'新教工作伦理'的社会价值观"。① 这个隐喻暗示人们如果不参与劳动,浪掷浮生的话就是错误的行为,不为社会所容。通过这种形式的隐喻会使人们在思考问题的过程中,让自己的思维模式与主流的社会意识形态相匹配。

这些日常隐喻跟文学隐喻不同的是,它们在借助自然之物来反映特定的意识形态。它在表面上的"自然性"和"真实性"使得文本解读者并不有意识地去进行解码。而隐喻实现功能的方式是在潜移默化中,将它们所形成的意义成为社会"常识"的一部分。

(2)转喻

转喻的基本定义就是"用部分代表整体"。② 费斯克在书中列举了"犯罪电视剧中都市街景"隐喻的例子作为解释:被拍摄到的街道并不只是街道本身这么简单,而是对某种形态的都市生活的转喻——要么是肮脏的都市,要么是温情的乡村,并且隐喻主要是通过"相邻派生"的方式发挥其作用。"街道"是都市生活必不可少的一部分,并且与都市生活息息相关。与隐喻相对照,"转喻"同样是利用自然之物的真实因素进行建构,从而被赋予了不被质疑的"真实"地位。

罗兰·巴特认为:"神话更偏爱用贫乏而未完成的形象,其中的意义已被抽除,已经瘦瘠下来了,为某种意义作用做好了准备。"③从这个角度看来,在转喻实现的过程中,所选取"形象"并非具备着曾经完整的意义,而是通常会选取被剔除、被筛选意义之后的"形象"。

费斯克提到了一个电视节目《编辑们》的例子。在这个节目中,有两个关于罢工的镜头:一个镜头是一群井然有序的人站立在机器

---

① [英]约翰·费斯克著:《传播研究导论:过程与符号》,许静译,北京大学出版社2008年版,第80页。

② [英]约翰·费斯克著:《传播研究导论:过程与符号》,许静译,北京大学出版社2008年版,第80页。

③ [法]罗兰·巴特著:《神话修辞术》,屠友祥、温晋仪译,上海人民出版社2009年版,第187页。

旁边，其中的两个人在与一个卡车司机聊天；另一个镜头则是一群工人与警察展开对抗的场景。并且这两次罢工都是同一天发生的，最终出现在电视上的是第二个镜头。通过这个转喻所建构起来的神话指向了"工人罢工性质恶劣、充满暴力因素"等负面的意义。因此，新闻话语中的"转喻"在某种程度上会使文本的受众建构出碎片化的、不完整的思维图式。

(3) 象征

作为意指手段之一的"象征化"在罗兰·巴特看来，是"当一个客体通过惯例而获得某种意义用来代表一些事物时，它就成为一个象征"。① 通俗一点来讲，象征就是利用物质世界的具体符号来代替精神世界的抽象符号。巴特在解释"象征"概念时，以电影《恐怖的伊万》为例，年轻的沙皇在金币中受洗的镜头就是一个"象征"。用"金币"来象征着"王权、财富"等抽象概念。

此外，象征物与象征意义之间的关系并不一定是一一对应的固定关系，这种关系处于动态的选择过程中。而支配这种选择的行为则要受制于象征物所处的语境与意识形态环境等因素。因此，同样的象征物在不同的时间、场合则会表现出不同，甚至是相反的象征意义。例如，狗在西方文化中象征着"忠诚"、"友好"，而在中国的成语或俗语中可能会有"卑鄙"等负面的象征。

(4) 蒙太奇

"蒙太奇"来自法语词"Montage"的音译。"一般来说，电影蒙太奇的基本内涵就是镜头的分切与组合。因为当不同的镜头组接在一起时，往往会产生各个镜头单独存在时所不具有的含义。"② 由此，蒙太奇作为一种电影创作的叙述与表现手段，被借用到了新闻话语的神话建构中来。

罗兰·巴特认为："神话的言说方式由为了恰到好处地传播已经

---

① [英] 约翰·费斯克著：《传播研究导论：过程与符号》，许静译，北京大学出版社2008年版，第77页。

② 董璐编著：《传播学核心理论与概念》，北京大学出版社2008年版，第101页。

精心加工过的材料铸就的。"① 每一个部分的新闻话语都是在特定传播目的之下"精心加工过的材料"。作为意指手法之一的"蒙太奇",通过内容组合和效果编排来实现新闻话语神话学意义上的建构。

按照罗兰·巴特的观点,并非所有的新闻话语素材都适合用来进行神话的建构。而"蒙太奇"的意指手法通过对新闻语篇、话语段落、电视镜头等素材的分切与组接,将选取好的新闻话语的文本进行交错、对比、并列、组合等方式的操作,在完成基础表意功能的同时,使表现内容达到高度的概括和集中,使意义得以有针对性地生成与赋予。并且在"蒙太奇"中可以运用到几乎文学中所有的修辞手段,例如对比、双关、隐喻、借代等。修辞手法在蒙太奇中的运用,无疑将会大大提升新闻话语的感染力和煽动性,提高作为"神话"的新闻话语的表现力、影响力和传播力。

罗兰·巴特认为:"神话被逼入或是揭示概念或是消除概念的绝境,神话将使概念自然化。"② 意指方式要实现其传播效果,更多的是凭借真实客观的事实因素,来掩饰其标志特征。通过将所指进行"自然化"处理,在潜移默化中将受众的思维训练成为本能,或者把受众的思维空间固化成封闭的系统,从而将统治阶级的意识形态变成所有阶级的"常识"。

三、新闻话语的神话运作

罗兰·巴特认为:"任何事物都躲避不开神话的侵袭,神话可从任何意义那里展开其次生的模式。"③ 因此,神话可以将意义附着在

---

① [法]罗兰·巴特著:《神话修辞术》,屠友祥、温晋仪译,上海人民出版社2009年版,第170页。
② [法]罗兰·巴特著:《神话修辞术》,屠友祥、温晋仪译,上海人民出版社2009年版,第190页。
③ [法]罗兰·巴特著:《神话修辞术》,屠友祥、温晋仪译,上海人民出版社2009年版,第193页。

任何的人和事物上来进行神话的运作，并且完成对于自身的建构。为了使罗兰·巴特的神话学理论更具有本土化意义，本节特选取关于"雷锋"的新闻语篇及语料作为研究对象。

雷锋及"雷锋精神"承载着主流意识形态，对社会和民众有着政治和文化教育功能。因此，在新闻话语中建构雷锋形象，弘扬"雷锋精神"就成为政治意义生成与传播的重要策略。

罗兰·巴特的神话学理论投射到"雷锋精神"的建构当中，即根据现实的社会需要，选择适合实际社会需要的雷锋形象，将其树立为英雄模范。雷锋精神在第一级符号系统中的能指——雷锋，与雷锋平时团结同志、热爱工作等事迹当中接触到的所指概念，共同组成第一级语言学系统的一个符号，这一符号进入第二级的神话系统，和它的所指（如"全心全意为人民服务精神"、"集体主义价值观"等主流意识形态）结合，形成了罗兰·巴特神话学意义上的"雷锋精神"。

罗兰·巴特在《现代神话》中明确地提出"神话"是一种意指方式，这样的"神话"关乎的不是内容，"而是指一个社会里构造出来以维持和证实自身的存在的各种意向和信仰的复杂系统"。[①] 因此，"雷锋精神"建构的实质，是基于一种社会主流意识形态的文化生产。它的建构机制就是，以雷锋这个典型人物作为能指，在特定的历史背景下，主流意识形态根据实际的社会需要，赋予作为能指的雷锋以相应的所指概念。而在赋予所指的过程中，意指化手法就成为帮助神话在新闻话语中运作的具体操作路径。

（一）"隐喻"的使用

在关于雷锋的新闻报道中，"隐喻"是出现频率很高的意指手法。这不仅仅限于其形象生动的描述方式和极富感染力的呈现效果，更在于其在生成意义和建构神话方面的作用机制。

[①] ［英］特伦斯·霍克斯著：《结构主义与符号学》瞿铁鹏译，上海译文出版社1987年版，第110页。

为了研究隐喻发挥作用的运行方式，特选取《人民日报》关于雷锋的部分新闻报道如下：1963年的"过个党日，先洗个政治思想澡，把思想上的污垢洗去了"；1977年的"对敌人要狠，要像严冬一样残酷无情；对党、对人民要忠诚老实"；1981年的"雷锋精神如绵绵细雨、和煦春风重返中华大地"；2012年的"执著燃烧的一团火，众人拾柴火焰高"。①

其中的"污垢"、"严冬"、"细雨"、"春风"、"火"等都是对"雷锋精神"的隐喻。尽管作为喻体和被喻物的差异都很大，但是它们都有某种相似的视觉展示因素。通过将"雷锋精神"比作"细雨"、"春风"、"火"，可以在受众思维与意识当中建立起认知画面，增强人民对于"雷锋精神"的感性理解。而将"资产阶级思想"、"阶级敌人"比作"污垢"与"严冬"，则形象地表现出其不可控的破坏力，激发起人民的心理反感，并进行自觉抵制。

隐喻是用熟悉的词汇来表述不熟悉的词汇。之所以选取如"污垢"、"严冬"、"细雨"、"春风"、"火"这样的自然界名词来做隐喻的喻体，结构主义人类学家列维·施特劳斯认为："文化要将自身与自然区别开来，以建立自己独有的本体一致性，然后却要反过来通过与自然的比较，来使文化的本体一致性合理化和更趋'自然'。"② 在建构关于雷锋的新闻时，通过将抽象的"雷锋精神"隐喻性地用具体的、为受众熟悉的自然事物来承载，使其看起来更像是自然而不是文化，也更容易为人民所理解和接受，并且"火"、"春风"、"细雨"这些特定的喻体分别代表着"热情"、"温暖"、"富有生命力"等喻义。在意义层面上与"雷锋精神"有相似性和关联性，所以选择自然界中恰当的喻体，与"雷锋精神"共同完成隐喻的神话建构。

同时，列维·施特劳斯认为，一个系统中的概念化分类是理解

---

① 《人民日报》数据库检索系统，http://data.people.com.cn.
② ［英］约翰·费斯克著：《传播研究导论：过程与符号》，许静译，北京大学出版社2008年版，第98页。

的关键。"当某种分类在自然中明显存在,也就是说分类很接近我们对具体现实的认识时,该分类就可以被用来解释更为抽象、概括的概念。"① 而理解的核心就使它成为"二元对立"的结构,它是最基本、最普遍的理解过程。而二元对立是一种有两类相互关联的分类所组成的系统。依照常识我们也不难发现,"火"相对于"冰";"春风"相对于"冬风";"细雨"相对于"暴雨";"污垢"相对于"纯洁";"严冬"相对于"暖春"……这些"二元对立"的喻体无疑在建构意义过程中暗合了大众的思维模式。因此在具体的关于雷锋的新闻文本的操作中,建构者往往选择"二元对立"结构中的某一端的意象,用正向意义的喻体来作为"雷锋精神"的隐喻,用负向意义的喻体来作为其对立面的"腐朽思想"和"阶级敌人"的隐喻。

(二)"转喻"的使用

罗兰·巴特认为,"形式抛弃了许多同类之物,只保留了其中若干个而已"。② 以往对于"雷锋精神"的建构都脱离不开"艰苦朴素、爱岗敬业、助人为乐"的精神范畴,雷锋形象仿佛并不存在凡人皆有的人性特征。这是因为"转喻"的意指化手段在发挥着潜移默化的作用。通过运用"转喻"的手法来建构关于"雷锋"的新闻,剔除了负面的、琐碎的、私人化的内容成分,而是有针对性地挑选雷锋身上某角度的精神特质、片段化的故事情节以及符合主流意识形态的内容进行意指化建构,并且以这些作为"部分"的精神特质,来代替整个的雷锋形象。

关于雷锋的照片,通常都是"转喻"最好形式的呈现。例如雷锋在卡车里、在田间、在工作地点等胸带毛主席像章,手捧毛主席语录的照片,这个转喻表明,"雷锋坚决拥护并热爱毛主席,积极学

---

① [英]约翰·费斯克著:《传播研究导论:过程与符号》,许静译,北京大学出版社2008年版,第98页。
② [法]罗兰·巴特著:《神话修辞术》,屠友祥、温晋仪译,上海人民出版社2009年版,第187页。

习毛主席的理论"。

还有那些雷锋穿着"补丁摞补丁"衣服的照片,这个转喻则表明"雷锋为了革命事业,坚持艰苦朴素、勤俭节约的生活作风"。随着新闻传播语境的变化网络传播力的增强,雷锋生前鲜为人知的真实面相被呈现在了公众面前,新的"转喻"生成了新的"神话"。如2003年,在纪念毛泽东为雷锋题词40周年前夕,沈阳军区雷锋纪念馆里展出了一张关于雷锋戴手表的照片。这表明雷锋不仅仅是之前"转喻"中塑造的艰苦朴素的形象,而是拥有那个时代"奢侈品"的正常人。这部分的信息在过去建构雷锋形象的隐喻中被抹掉了。

在不同的转喻之下,新的神话与旧的神话形成强烈的对冲。罗兰·巴特认为:"一个完整的形象会与神话不相容,或至少会迫使神话只把握其总体而已。"[①] 这些新的"转喻"的出现,一方面尽管从某些角度削弱或者解构了之前形塑的雷锋形象,但是亦是一种"神话"的建立——它弥补了雷锋个人面相的缺失:雷锋也是一个热爱生活,有七情六欲的普通人。这同样是"转喻"的功能。

(三)"象征"的使用

雷锋将自己比作革命事业机器上的一个小小的"螺丝钉",因此"螺丝钉"成为建构"雷锋"形象时经常用到的象征物。

罗兰·巴特认为:"能指是空洞的,符号是充实的,它具有意义。"[②] "螺丝钉"这个具象的事物,本身具有坚硬的物理属性,它在意义层面是空洞的。但是通过"象征"的手法,在"雷锋"新闻的建构过程中,将这个空洞的能指赋予诸如"坚强"、"执著"、"专注"、"服从大局"等充实的所指。

罗兰·巴特认为:"意义犹如历史的瞬间存储……可以用某种快

---

① [法]罗兰·巴特著:《神话修辞术》,屠友祥、温晋仪译,上海人民出版社2009年版,第187页。

② [法]罗兰·巴特著:《神话修辞术》,屠友祥、温晋仪译,上海人民出版社2009年版,第173页。

速交替的方式予以恢复和抛弃：形式必须不断地重新植根于意义之中，并从中吸取实际的营养，尤其必须能够隐藏于意义之中。"① 由于象征物与象征意义之间的关系并不一定是一一对应的固定关系，这种关系处于动态的选择过程中。而象征意义更多时候受当下的语境、意识形态、政治气候、价值取向等因素的影响和制约，因此在用"螺丝钉"来象征"雷锋精神"的过程中，"螺丝钉"这个象征物跟"雷锋"这个象征物一样，在不同的历史时期内被赋予了不同的象征意义。

例如在20世纪60年代，这一时期雷锋宣传的重点是"永远忠于毛主席的无产阶级革命战士"。由于作为"螺丝钉"的雷锋是国家机器上的一个组成零件，要服从于机器的安排和调用，所以在这种历史语境下的"螺丝钉"则象征着"集体主义"：服从大局，服从整体，服务于党和国家。

在20世纪80年代，这一时期的党的工作重心转移到经济建设上来，"雷锋精神"的建构与改革开放的需要紧密结合起来。在这样的历史背景下，"螺丝钉"这个象征物被赋予了"默默坚守岗位，任劳任怨地完成自己的工作使命"的"敬业精神"。

在2012年，这个历史时期里，国家针对近年来出现的道德滑坡、不良风气的现象，倡导、建设公民道德，弘扬民族精神、时代精神。因此新时期的"螺丝钉"这个象征物又被赋予了"塑造自我价值、提升道德水平、践行精神文明"的象征意义，这些都表明，"雷锋精神"始终坚定地与转型国家政治、文化工作的重心保持一致，与主流意识形态和价值观保持一致。

（四）"蒙太奇"的使用

"蒙太奇"的意指手法有多种多样的存在形式，现特选取两种使用较多的手法"平行蒙太奇"和"对比蒙太奇"的手法加以分析。

---

① ［法］罗兰·巴特著：《神话修辞术》，屠友祥、温晋仪译，上海人民出版社2009年版，第179页。

"平行蒙太奇"将同时异地发生的两个故事情节并列表现,分头叙述并且都统归到一个完整的结构中。在《中国"80后"、"90后"眼中的雷锋》①这篇消息中有两段并列描述的新闻语段:

第一段是:"我帮老奶奶指路,她夸了我,这种帮助他人所获得的快乐很真实。"在日记上,13岁的"90后"学生刘品仪写道。由于是独生女儿,在家里"向来都是父母为自己做事",但在学雷锋活动的时候,她主动做了好事得到了表扬,让她很有"成就感"。

第二段是:在长沙从事广告策划工作的"80后"严培,曾在云南楚雄州支教1年。她告诉记者,当时大学毕业后,在长沙已经找到了一份不错的工作,父母也希望自己留在家乡。但当她看到云南边远地方的孩子们迫切需要英语老师时,严培就报名了。"学雷锋不是一句空话,而是为需要帮助的人尽一些绵薄之力,让青春充满意义,让年轻不留遗憾,让雷锋精神相传。"严培说。

这两个新闻语段运用了"平行蒙太奇"的手法。具体说来,新闻语段的建构者从"80后"、"90后"两种不同属性人群的角度切入,将两类型人群中的个体——刘品仪和严培在雷锋学习日这天的行为和理念进行并列呈现。通过将这两个具有相关性的新闻素材进行"平行式"的叙述,来自两方的文本意义进行叠加,并且相互烘托,从而形成积极意义的合力,建构起二级符号层次上的"神话":即使是出生在不同的时代背景下,代表着不同的群体的两个年轻人,都会在同一个时间节点践行同样的价值观。"神话"具体指向的意义在于"雷锋精神"在新时期对于年轻人群体的精神感召力,它保有长久的理论和精神的生命力,是每一个社会群体都应该践行的主流价值观。

南方网在3月5日学习雷锋日的版面设计上采用了"对比蒙太奇"的手法。② 网络编辑将"平凡中的高尚"这个主题的新闻如

---

① 谢樱、帅才:《中国"80后"、"90后"眼中的雷锋》,http://news.sohu.com/20120220/n335291365.shtml,2012年2月20日。

② 何敏: 《老人被弃医院子孙不肯露面医生护士设爱心账户》,http://www.southcn.com/news/community/shzt/lfs/daily/200510310396.htm,2005年10月31日。

《老人被弃医院子孙不肯露面，医生护士设爱心账户》、《爱在受予之间——记勇救落水女子的大学生贺小虎》、《北京千余名志愿者报名，欲陪千名孤寡老人度除夕》等与另一个主题"社会道德沙漠化"中的《小学生水坑戏耍三人溺亡，二三十人静观孩子淹死》、《车祸受害者巨款遭哄抢，无锡市民痛斥丑行并反思》、《救85命没人信反被当骗子，27年等不来一封感谢信》等新闻并列编排在"雷锋在哪里"的栏目之下。

通过采用"对比蒙太奇"的手法，将"学习雷锋"的主流价值观事件与违背"雷锋精神"的负面事件进行对比，产生强烈的冲突性效果，进而建构了新闻话语中的"神话"：它指向于对社会道德滑坡现象及相关负面事件的否定，与对以"雷锋精神"为榜样的英模人物及价值观的宣扬。通过将两个文本意义进行对比，从而强化了学习"雷锋精神"的重要性，从而实现了新闻话语进行"神话"建构的现实层面的意义。

第六章 以媒介为中心的控制—自由研究

第一节 新闻自由与控制

一、新闻自由观的嬗变

从天赋人权到新闻自由相对性的提出，从功利主义的引入到社会责任论对古典新闻自由的修正，西方的新闻自由观念在不同的历史背景下不断丰富、修正和完善，并且在不同的时代产生出多种价值取向。

（一）理性主义和自然权利

西方的"新闻自由"思想发轫于英国约翰·弥尔顿，其著作《论出版自由》成为最早关于出版自由的文献。在这部里程碑式的著作中，弥尔顿提出了"让我有自由来认识、抒发己见，并根据良心做自由的讨论，这才是一切自由中最重要的自由"。[1] 他把矛头指向了当时的出版检查制度，将火力集中在对集权主义控制的批判上。弥尔顿在论述中植入了"真理"、"理性"等概念，强调人的理性力

---

[1] ［英］约翰·弥尔顿著：《论出版自由》，吴之椿译，商务印书馆1989年版，第45页。

量，对出版自由的管制实质上就是对于人的理性的扼杀。"杀人只是杀死了一个理性的动物，破坏了一个上帝的像，而禁止好书则是扼杀了理性本身，破坏了瞳仁中的上帝的圣像。"① 他主张人在充分运用自身理性的情况下，让真理参加"自由而公开的斗争"，从而显示其战胜其他意见的独特性。"让真理和虚伪交手吧！谁又看见过真理在与虚伪的交手时吃过败仗！"② 弥尔顿致力于寻找一个直接挑战威权主义的突破口，他的"出版自由"思想以理性护驾，同时又融合了人文主义真理观的思想，为自由主义理论中"观点的自由市场"和"意见的自我修正"概念的形成奠定了基础。

　　杰斐逊紧随其后，将新闻自由观建构在自然权利之上。他认为表达自由是天赋人权，是不能被其他权力所剥夺的。他说："人民的权力来自自然法则，而不是长官的恩赐，赐予我们生命的上帝，同时也把自由送给了我们。"③ 杰斐逊强调新闻自由独立于政府之外的立场及其对于政府的监督作用。在公众新闻自由权利和国家权力之间的关系上，杰斐逊坚决地捍卫公众新闻自由权利。"新闻自由与国家权力的关系，前者是第一位的，个人的新闻自由与国家权力发生冲突时不得侵害。"④

　　无论是弥尔顿还是杰斐逊的自由观，两者都强调了个人权利，"把主体认识凌驾于客体之上，把人的思维与精神作为认识的本源"，"孤立地确信人类的天赋要素，无视社会客体的种种制约，陷入了从精神到精神的自我认识"⑤，忽视了新闻自由的社会属性，并把新闻

---

　　① ［英］约翰·弥尔顿著：《论出版自由》，吴之椿译，商务印书馆1989年版，第5页。
　　② ［英］约翰·弥尔顿著：《论出版自由》，吴之椿译，商务印书馆1989年版，第46页。
　　③ ［英］托马斯·杰斐逊著：《杰斐逊文集》，刘诈昌、邓红风译，三联书店1993年版，第22页。
　　④ 张昆、程凯：《杰斐逊与罗伯斯庇尔新闻自由思想之比较》，载《武汉大学学报》（人文科学版）2002年第3期，第357页。
　　⑤ 刘建明：《从主体论到客体论的新闻自由观》，载《清华大学学报》（哲学社会科学版）1996年第3期，第52页。

自由简单地等同于言论自由。

（二）新闻自由的相对性

"新闻自由的主体内涵则是指由一定集团的功利性决定的唯我意志，由此引申出新闻自由的相对性。"① 马克思、恩格斯从历史唯物主义和辩证唯物主义的视角来研究新闻自由，认为建筑于经济基础之上的新闻自由是一种法定自由，并且是一种相对自由，它具有阶级属性。

新闻自由存在于市场经济环境之中，是市场经济原则和规律的产物，而并非是天赋人权。马克思指出："除了平等的规定以外，还要加上自由的规定。尽管个人 A 需要个人 B 的商品，但他并不是用暴力去占有这个商品，反过来也一样，相反地他们互相承认对方是所有者，是把自己的意志渗透到商品中去的人。因此，在这里第一次出现了人的法律因素以及其中包含的自由的因素。"②

在认识到新闻自由之间的权力之争的同时，马克思对孤立的新闻自由观进行驳斥，并提出用法律对当权者进行规约，对新闻自由的相对性进行规范。由于市场经济环境有法律规约，因此从市场经济环境中产生的新闻自由也必须有法律管控。当然，这些法律只干预意见领域的违法问题，诸如诽谤等，但不干涉意见的其他方面的内容，于是法治之下的新闻自由就成了相对自由，正如马克思所言："权力永远不能超出社会的经济结构以及经济结构所制约的社会的文化发展。"

法律是由当权阶级制定的，势必要服务于相应的阶级利益。法治之下的新闻自由因此所具有阶级性。恩格斯在谈到共产党争取出版自由的目的时提到，"出版自由，不同意见的自由斗争就意味着允许在出版方面进行阶级斗争"。③ 而新闻自由用以进行阶级斗争的武

---

① 刘建明：《从主体论到客体论的新闻自由观》，载《清华大学学报》（哲学社会科学版）1996 年第 3 期，第 52 页。
② 《马克思恩格斯全集》第四十六卷上册，人民出版社 2008 年版，第 195 页。
③ 《马克思恩格斯全集》第十九卷，人民出版社 2008 年版，第 22 页。

器就是开展舆论监督。马克思认为:"报刊按其使命来说,是公众的捍卫者,是对当权者孜孜不倦的揭露者,是无处不在的眼睛。"①

(三)功利主义新闻自由观

随着资本主义社会的发展,资产阶级呼唤适应自由资本主义的新闻自由,以功利、实用的新闻自由观代替社会契约为基础的新闻自由观应时而生。密尔从功利主义的视角对新闻自由进行阐释,将新闻自由的意义落脚到公众个体身上,提出把新闻自由的意义诉诸人权,认为新闻自由可以防范"多数人的暴虐",维护个性的自由。

密尔主张公众要运用言论自由的权利,获得更多的新闻自由,来对抗国家、政府的权力。"这样一个时代,说对于'出版自由'作为反对腐败政府或暴虐的保证之一,还必须有所保护,希望已经过去。现在,我们可以假定,为要反对允许一个在利害上不与人民合一的立法机关或行政机关,硬把意见指示给人民并且规定何种教义或何种论证才许人民听到,已经无须再做什么论证了。"②

公众在新闻自由的庇护下避免受制于"多数人的暴虐",进而谋求个体个性自由的发展。密尔指出:"凡在不以本人自己的性格却以他人的传统或习俗为行为准则的地方,那里就缺少人类幸福的主要因素之一,而缺少的这个因素同时也是个人进步和社会进步中一个颇为主要的因素。"③ 而新闻自由则正是保障公众获取个体自由、人生幸福和社会进步的主要因素。由于功利主义新闻自由观来源于功利主义,这种自由观强调功利性和实用性,以至于这一特性深深影响了日后媒介产业化的进程。

---

① 《马克思恩格斯全集》第十九卷第一卷,人民出版社1956年版,第74页。
② [英]约翰·斯图亚特·密尔著:《论自由》,许宝骙译,商务印书馆1959年版,第18页。
③ [英]约翰·斯图亚特·密尔著:《论自由》,许宝骙译,商务印书馆1959年版,第66页。

（四）新闻自由观的修正——社会责任论

社会责任论是一种有条件的新闻自由主张，于二次世界大战后流行于西方国家。而社会责任思想的首次提出则是20世纪20年代。1923年，美国报纸主编协会制定了《报业法规》，指出报纸媒体存在责任问题。第二次世界大战结束后，以哈钦斯为主席的新闻自由委员会，在调查研究的基础上发表了《一个自由而负责任的新闻界》、《新闻自由：原则的纲要》等报告，报告中运用了"社会责任论"这一概念，这一事件成为新闻自由观念史上的一个里程碑。1956年美国新闻学者施拉姆撰写《报刊的四种理论》一书，首次系统地阐述了社会责任理论的基本观点。施拉姆对社会责任论的阐述激起了新闻自由研究中的波澜，西方新闻自由研究者认为社会责任论是对新闻自由的一次重大修正。

之所以说社会责任论对新闻自由观进行了修正，是因为社会责任论以"责任"来丰富新闻自由观，强调媒介对于社会的责任和义务。"追求新闻自由应有崇高的动机，既要表达个人的意志，又不伤害他人的权利和社会秩序，最终能够促进社会的进步。"[1]

鉴于《一个自由而负责任的新闻界》中所认为的交换信息和观点的自由市场已被少数资本家或经济财团控制，舆论引导权掌握在少数人的手中，已对公众社会以及民主政治产生了威胁。社会责任论从理念到操作层面对新闻自由观进行修正。

从理念层面来说，由于在现实的传播环境中，对于那些缺乏媒介接触的公众而言，新闻自由不具有实效，是一种"消极自由"。媒介唯有肩负起社会责任，采取具体有效的措施去保障公众的新闻自由，才可以带来"积极自由"。

从操作层面来说，媒介应当有社会责任感和专业精神，服务于政治经济制度，保护公众的自由等事务；公众应当了解媒介权力的

---

[1] 刘建明：《从主体论到客体论的新闻自由观》，载《清华大学学报》（哲学社会科学版）1996年第3期，第54页。

归属和运作,积极参与新闻教育,并加强对媒介的监管;政府可以对新闻活动进行干预,"虽然政府承认传媒必须保持私有企业的性质,但是它仍然可以努力为其公民提供一种他们所需要的传播制度"。①

社会责任论提倡建立一个自由而负责的新闻界,"自由新闻界的全部要义就在于:值得公众倾听的思想观点就让公众倾听,决定哪些思想观点值得倾听部分取决于公众,而不仅仅取决于主编和业主们特有的偏向性"。②新闻自由应以社会责任为规范,媒介对社会有责任提供客观而准确的消息,如果媒介忽视社会责任,政府可给出一定限度的控制。"追求新闻自由应有崇高的动机,既要表达个人的意志,又不伤害他人的权利和社会秩序,最终能够促进社会的进步。"③

二、自由与控制的矛盾

从19世纪至今,从一本小册子到学科巨著,从观点的自由市场到社会责任论,新闻自由经历了一系列的嬗变,"表面看来,人在社会中似乎有市场选择的自由、文化选择的自由、政治选择的自由,但是这些自由只是'被管理了'的'给定的'自由,是阻碍人的'自我决定的自由'"。④控制是伴随着自由而生的,自由与控制这对矛盾始终贯穿在新闻传播的实践和理论研究之中,主要包括政治控制、资本控制、道德控制三个方面。

---

① [美]弗雷德里克·S.西伯特、威尔伯·施拉姆、西奥多·彼得斯著:《传媒的四种理论》,戴鑫译,中国人民大学出版社2008年版,第81页。
② [美]弗雷德里克·S.西伯特、威尔伯·施拉姆、西奥多·彼得斯著:《传媒的四种理论》,戴鑫译,中国人民大学出版社2008年版,第81页。
③ 刘建明:《从主体论到客体论的新闻自由观》,载《清华大学学报》(哲学社会科学版)1996年第3期,第54页。
④ 欧力同、张伟著:《法兰克福学派研究》,重庆出版社1990年版,第312页。

（一）政治控制与自由的矛盾

政治控制就是国家和政府在政治层面对媒介进行控制，最初体现在对新闻出版的控制上。1476 年，英国有了第一架欧式印刷机，此后印刷业不断壮大，印刷品的广泛传播逐渐对王权产生威胁，于是，从 1528 年起，历任国王对出版业实行了一系列管制措施，包括建立皇家出版特许制和建立皇家出版法庭（即星法庭），严格限制出版事业的发展。在这种严格的书刊出版管理制度下，约翰·弥尔顿以《论出版自由》进行了争取自由的第一次反击。《论出版自由》揭示书报检查制度中存在的无法解开的矛盾，并明确提出出版自由是一切自由中最重要的自由。

然而自由和控制的斗争在历史中从未停止过，从 1712 年起，英国政府开始对报刊征收"知识税"，"较之强行政的直接干预，应该说还是一种进步，但是它一开始就是新闻传播事业发展的沉重负担，实行半年，就有一半报刊因无法承受税赋而被迫停刊"。[1] 威权主义为国家的政治控制做了充分的辩护，"既然权力属于国家，伴随权力而来的又是解决公共问题的责任，那么媒体的首要职责就是避免干扰国家目标。这些目标由某位统治者或精英人物决定，而不是自由至上主义者宣称的观点的自由市场来决定"。[2]

威权主义从政治控制入手，把对公众和社会的控制凌驾于自由和权利之上，媒介只是其实现这个目的的工具。与之相对的权利一端，公众的权利要服从于权力组织的意志，获得极其有限的媒介接近的可能性。"在国家中并且要通过国家，个人才能实现自己的目的；没有国家，个人只能停留在原始状态。"[3] 国家通过控制媒介"制造共识"（Manufacture of Consent）和"操控共识"（Engineering of Consent），实现自身的利益和目标，使得民主社会的百姓们成为无

---

[1] 陈力丹：《世界新闻传播史》，上海交通大学出版社 2002 年版，第 32 页。
[2] 陈力丹：《世界新闻传播史》，上海交通大学出版社 2002 年版，第 32 页。
[3] ［美］弗雷德里克·S. 西伯特、威尔伯·施拉姆、西奥多·彼得斯著：《传媒的四种理论》，戴鑫译，中国人民大学出版社 2008 年版，第 3 页。

知或头脑简单的傻瓜。就像《动物庄园》里所描述的:"为极权统治服务的宣传家总是把过去的处境描述得恐怖可怕,让有问题的现状显得美不胜收,缺乏理解力的民众欣然接受了实际上更加残暴的奴役。"①

"在那些政府运作不够透明的社会里,滥用政治权力的情况总会存在,同时那里的独立媒介的力量也很孱弱。"② 随着社会变革和新闻传播事业的发展,威权主义逐渐被时代所淘汰。如果要形成一个自由的言论市场,媒介必须摆脱权力组织的控制。正如杰斐逊所说:"我们的首要目标应该是为人们打开所有通向真理的道路,迄今为止所能找到的最佳道路就是新闻自由。"③ 但这并不代表政治控制的削弱,"今天的政府在更多的时候已不再像过去那样直接地控制媒介,但它们也不会两手空空地去对付媒介集团"。④

(二) 资本控制与自由的矛盾

资本控制指利益集团通过控制媒介资本的方式对传播事业加以制约。马克思主义新闻自由观指出资产阶级倡导的出版自由说穿了就是一种特权,因为资产阶级需要钱,只是需要钱的多少不同,使得虚伪性的程度也不同。这种特权是建立在资本控制之上的。因而列宁提出出版自由在实现的过程中必须要摆脱资本的控制,"出版自由实际上就会更加民主,更加完备"。⑤

一些政党、社会团体、经济势力通过控制资本来控制新闻传播。如政党对报刊进行津贴以宣传自身的主张。根据英国政府秘密委员

---

① 单波、李加莉著:《奥威尔问题统摄下的媒介控制及其核心问题》,载《上海大学学报》(社会科学版) 2008 年第 4 期,第 75 页。

② [英] 詹姆斯·卡伦著:《去西方化媒介研究》,卢家银、崔明伍等译,清华大学出版社 2011 年版,第 222 页。

③ [美] 弗雷德里克·S.西伯特、威尔伯·施拉姆、西奥多·彼得斯著:《传媒的四种理论》,戴鑫译,中国人民大学出版社 2008 年版,第 39 页。

④ [英] 詹姆斯·卡伦著:《去西方化媒介研究》,卢家银、崔明伍等译,清华大学出版社 2011 年版,第 71 页。

⑤ 《列宁全集》,人民出版社编译,人民出版社 1958 年版,第 178 页。

会记载,辉格党领袖沃尔波担任首相的 20 多年里,每年的报刊津贴高达 5 万英镑;各主要政党报刊发行人接受津贴,高的每年达到数千镑。此时的新闻媒介完全成为政党言论的传声筒。

资本控制将自由与商业利益捆绑,对公民的新闻自由权利的实现产生诸多制约。由于媒介的产业化和传播活动的商业化,许多媒介将物质利益的追求放在了突出位置。媒介集团对于媒介资源的掌握和操控随时随地存在着。默多克当年收购《纽约邮报》成功之后,随即拿起即将出版的报纸大样大改标题,报纸编辑们刚提出质疑,默多克就当场发火:我买了这张报纸,听我的还是听你们的?资本的趋利性决定了媒介集团所控制的媒体无论如何无法摆脱利益的束缚和制约,它实践和追逐的只会是资本的新闻自由。甚至有美国学者发出感叹"默多克就是'地球村的统治者'"。①

"把新闻当作商品来看待,这是商业公司的既定目标……这里,媒体的社会责任荡然无存了。"② 美国社会科学家皮卡德在谈到美国媒介的特征时认为:"在极大程度上,美国的媒体是资本主义的商业事业。他们由以盈利为目的的私人来操作,并且受市场系统运作原理的制约。即便是诸如公共广播或由一些组织操作、不以盈利为目的的媒体,也受到市场运作原则的影响,并因此而影响到这些媒体的运转方式。"③ 新闻自由服从于商业利益已经是普遍现象,其背后就是资本的控制。

(三) 道德控制与自由的矛盾

人类社会是拥有道德秩序的社会,人是具有道德属性的人。作为权力工具的媒介也无法挣脱道德的束缚,道德成为维持自由与控制之间的平衡的操盘手。杨保军认为:"道德与自由总是矛盾的、冲突的,道德空间与自由空间总是不完全重合的;自由似乎总在追求

---

① [英] 詹姆斯·卡瑞、珍·辛顿著:《英国新闻史》,栾轶玫译,清华大学出版社 2005 年版,第 66 页。
② 杨伯溆著:《全球化起源、发展和影响》,人民出版社 2002 年版,第 389 页。
③ 杨伯溆著:《全球化起源、发展和影响》,人民出版社 2002 年版,第 379 页。

第六章 以媒介为中心的控制——自由研究

无限的活动空间，而道德总要划出有限的活动范围。在这种无限与有限之间，自由总是受到道德限制的对象，道德似乎成了自由的'裁剪刀'。"①

新闻自由作为一项原则和一个口号，起源于西方新闻出版界向封建统治阶级争取出版自由的斗争之中，然而在西方自由新闻体制确立后不久，一些新闻从业人员却打着新闻自由的旗帜扭曲新闻自由理念，滥用新闻自由的权利，对新闻报道中有失公正甚至危害社会之处视若无睹。

面对新闻自由被滥用的现象，西方新闻界内外有识之士自19世纪上半叶起就开始思考新闻自由问题，认为对新闻自由最好的保护方法就是承担社会责任。哈钦斯委员会就报纸、广播、电影等主流大众媒介进行研究，发布了《一个自由而负责任的新闻界》，将"责任"引入到"新闻自由"的研究视阈，并着重强调"责任"、"良知"对于新闻界保护公众权利、对抗权力组织的重要性，通过以责任为切入点，对抗新闻界的垄断权力，建立一个自由而负责任的新闻界。在这个过程之中，新闻界可以通过进行负责任的新闻产品生产，打造一个"交流评论和批评的论坛"，让公众自由发声。

责任意识的植入是对道德控制的呼唤。美国人格主义伦理学家弗留耶林认为："在伦理行动中，约束的松懈不仅带来伦理能力的衰败和虚脱，而且也将带来伦理敏感性的衰败和虚脱，带来自由能力的丧失……这是因为，自由不是一种物质的占有，而是一种道德的能动性。"② 道德，无论在规范意义上，还是在作为主体品质的意义上，都对主体言行构成某种约束，这种约束使得新闻自由得以良性的发展。

社会责任理论认为："强调个人主义，保护个人的自由权益，反对政治干预，主张仅是道德和伦理层面的自我约束。"新闻界应当加

---

① 杨保军著：《新闻道德与新闻自由关系初论》，载《山西大学学报》（哲学社会科学版）2009年第6期，第108页。

② 万俊人著：《现代西方伦理学史》，北京大学出版社1992年版，第361页。

强行业自律，提高道德教养，不断地改进自身的工作，更加客观准确地报道新闻事实，承担社会责任，为公众打造一个"意见的自由市场"。

作为控制的主要手段，政治控制、资本控制、道德控制是相互影响、相互交叉、相互制约的。正如马克思说："一个阶级是社会上占统治地位的物质力量，同时也是社会上占统治地位的精神力量。支配着物质生产资料的阶级，同时也支配着精神生产的资料，因此那些没有精神生产资料的人的思想，一般地是隶属于这个阶级的。"① 自由不是无限制的，其本身具有相对性，新闻自由观念的发展始终和政治控制、资本控制、道德控制相关联、相冲突，并不断与社会实践、社会关系的变革相调试。

第二节 新媒介引发的自由与控制问题

一、新媒介中的控制问题

在历史的长河中，人类一直努力尝试超越时空进行信息的传播和保存，进而推动媒介的不断发展变化。从文字的出现到印刷术的兴起、从广播电视方兴未艾到数字化多媒体技术崭露头角，人类进步的过程可以说也是新的媒介不断出现的过程。20世纪末开始，新媒介（New Media 又译新媒体）日益成为全球范围内新闻与传播学者们的一个热门研究课题。

新媒介并不是专指某一种特定的媒介，"从传播史的角度出发，'新媒介'与'旧媒介'也可以说是世事沧桑必然的推陈出新的相

---

① 《马克思恩格斯全集》第一卷，人民出版社2008年版，第98页。

对概念"。① 熊澄宇认为新媒体是个相对概念,新相对于旧而言,相对于报纸,广播是新媒体;相对于广播,电视是新媒体;相对于电视,今天的网络又是新媒体。因而新媒体它是一个相对的、不断更新的概念。

媒介的更新与转型必然会引发自由与控制的新格局,导致权力两端力量的重新洗牌。麦克卢汉和英尼斯都从媒介研究入手,把社会变革的轴心定位在该社会中处于主导地位的传播媒介,并且关注媒介在权力与权利关系链条中所表现的作用。

然而不同的是,麦克卢汉将媒介技术对于"人"本身的影响,聚焦于媒介对人类感官和思维的影响,重点强调媒介技术的发展对于人的延伸,进而对于信息获取、言论表达和心理整合带来的自由度。英尼斯则是将媒介放置于文明的进程中加以观照,认为权力组织通过对于具有传播偏向性的媒介加以使用和控制,将公众裹挟到其控制的时空范围之下,同样使公众受制于媒介建构起来的"知识垄断",无法接近知识和真理,从而无法实现公众言论表达的自由,沦为权力的工具和手段。

(一)麦克卢汉的媒介自由观

麦克卢汉将媒介技术的终极意义落脚在作为言论主体的传播者上。他借力于媒介,试图全方位地激活并实现传播主体在各个层面的权利与自由,使传播者能够得到积极的意义建构。关于媒介与公众言论的显要性,麦克卢汉认为:"伟大的、持久不变的大众媒介不是文献,而是言语。"② 媒介则是实现公众言论表达自由的重要路径。从麦克卢汉的媒介观可以看出,媒介所造就的"地球村"搭建了言论表达的外环境,并深层次地塑造了言论主体的表达心理及身份认同的内环境,同时还提供了实现言论自由表达的技术路径。

---

① 吴信训著:《世界传媒产业评论》第一辑,中国国际广播出版社2008年版,第207页。
② [加]马歇尔·麦克卢汉、秦格龙著:《麦克卢汉精粹》,何道宽译,南京大学出版社2000年版,第424页。

首先，麦克卢汉认为媒介提供了公众言论准入的外环境。他提出了"地球村"的概念，认为电子媒介时代"使我们每个人都可能受到世上的其他影响……相互作用的世界具有不可分割、相互影响、无所不包的范围"。① 同时，"地球村"的形成是一个重新部落化的过程。相对于非部落化中言论主体"沙粒化"的存在方式，重新部落化的过程对言论主体进行重新整合，增强了相互之间的黏度。同时在这个过程中，话语场的主要特点是"去中心化"以及"参与互动式"的。因此，公众的言论主体地位得到进一步凸显，进行言论表达的门槛已经大大降低，言论表达的自由度得到相应的提升。并且，生活在"地球村"之中的言论主体被深度卷入到传播进程中来，没有人是意见的孤岛。在深度卷入电子媒介的时代，电子媒介能"将人们带入完全卷入的相互关系之中，这使得大规模的对话和发现成为可能"。②

其次，麦克卢汉认为媒介塑造了传播主体进行言论表达的内环境。媒介塑造了公众的表达心理，"是无孔不入的电子环境达到深入状态的手段……有一种能踏上内心旅程的反馈机制……"③ 媒介影响了公众的表达心理，使之产生一定程度的转向。麦克卢汉认为，传统媒体时代的话语场相对结构化和模式化，公众往往居于言论表达的底层。而在电子媒介时代，公众们"渴望深度参与，而不是线性的疏离和一成不变的序列模式"。④

同时媒介固化了公众进行言论表达的身份认定。他认为媒介将数量众多的公众深度吸纳到了媒介讨论的公共议题中来，每一个人都不是局外人，而是置身其中的重要成员，因此赋予了公众媒介意

---

① ［加］马歇尔·麦克卢汉著：《理解媒介》，何道宽译，商务印书馆 2003 年版，第 306 页。
② ［加］马歇尔·麦克卢汉、秦格龙著：《麦克卢汉精粹》，何道宽译，南京大学出版社 2000 年版，第 424 页。
③ ［加］马歇尔·麦克卢汉著：《理解媒介》，何道宽译，商务印书馆 2003 年版，第 128 页。
④ ［加］马歇尔·麦克卢汉著：《理解媒介》，何道宽译，商务印书馆 2003 年版，第 306 页。

义上的言论表达身份，完成了公民由局外人向参与者的身份认定。"无论是个人的还是集体的，都被提升起来，赫然进入我们全部的视野……它提出了一种全盘的社会卷入的哲学，而不是个体分离或个体观点的资产阶级精神。在电子时代，我们身披全人类，人类就是我们的肌肤。"①

麦克卢汉认为，媒介为公众进行言论表达提供了可实现的技术路径。他提出了"媒介是人的延伸"这一论断。媒介顺应着人的需要被制造，其媒介功能属性补充着人类天然的不足，延伸着人体的机能。在媒介延伸的过程之中，它悄然影响着公众的思维模式和表达习惯，当然更多的是为公众进行意见表达提供了物质和技术支持。例如作为人的中枢神经的延伸，新媒介将人的思想、态度和意见与媒介形态完美嫁接，使得公众可以将言论表达的触角蔓延至全球。

因此，麦克卢汉从媒介入手，在各个维度论证了媒介对于保障公众言论表达自由的内外环境。麦克卢汉认为其最重要的著作《理解媒介》的写作目的在于，"弄懂媒介所产生的冲突，增加人的独立与自由，并削弱这些冲突"。②

(二) 英尼斯的媒介控制观

英尼斯认为媒介具有"时间偏向"和"空间偏向"的特性，这种媒介特性对于人类的文明形成深层次的控制和影响，使其相应产生文化偏向。诸如石刻文字、书籍等具有"时间偏向"的媒介，它们不便于运输，不方便生产，但是它们倚重于视觉和口头的连接，具有时间上的延续性，通过传播共同信仰和传统，对于社会组织有着持久的影响。而诸如莎草纸、广播等具有"空间偏向"的媒介，它们能够实现灵活搭配、快捷复制，实现空间的延伸。

与之相对应的是，在某种偏向的媒介主导下的人类文化会形成

---

① [加] 马歇尔·麦克卢汉著：《理解媒介》，何道宽译，商务印书馆 2003 年版，第 64 页。
② [加] 马歇尔·麦克卢汉著：《理解媒介》，何道宽译，商务印书馆 2003 年版，第 85 页。

不同的文化症候和传播效应。具有"时间偏向"的媒介依赖于视觉解读，并且对于受众的媒介素养要求较高，有利于形成具有统一性的社会价值观和国家认同。具有"空间偏向"的媒介由于空间的扩展性，可以将媒介的影响面极大地拓展，从而有利于政治帝国对于公众的远距离控制，实现中央权力对于边缘地区的控制。

与麦克卢汉把媒介的影响作用到普罗大众所不同的是，英尼斯认为媒介是受控于权力阶层而实现其媒介效力。上述这种决定性影响的生成，是在权力掌控者主导之下，通过具有偏向性的媒介进行干预，从中获取"知识垄断"，而这种"知识垄断"则服务于权力组织，"在文明的政治史和军事史中，知识垄断与组织力量之间的相关性，是显而易见的"。[①] 通过垄断知识，进而管束公众言论，影响公众的思维模式，改变公众的组织结构，最终实现权力掌控者对于权力的配置。

这样一来，权力组织从内容和形式两个层面上，封锁了公众的知识获取和表达的路径，从而使公众的理性思考和自由表达无从实现。英尼斯在书中就提到了，"传播设施发展速度的不同，加剧了彼此理解的困难。传播手段的改进……反而使交流的困难增加"。[②]

（三）麦克卢汉与英尼斯媒介观观照下的新媒介

从麦克卢汉和英尼斯的理论来看，权力与权利围绕媒介进行的博弈在每一个媒介时代都在上演。尤其是在新媒体兴旺发达的当下，公众言论复兴，自由表达的呼声渐强，新媒体势必会成为权力与权利角逐、控制与博弈的战场。

麦克卢汉已经在他所在的时代大胆预言："电子媒介的发展终于使心理上的公共整合成为可能。这种整合开创了但丁预见的意识普

---

① ［加］哈罗德·亚当斯·英尼斯著：《传播的偏向》，何道宽译，中国人民大学出版社2003年版，第2页。
② ［加］哈罗德·亚当斯·英尼斯著：《传播的偏向》，何道宽译，中国人民大学出版社2003年版，第23页。

世性。"① 他期望新媒体能够充分发挥其技术优势，实现信息的自由传通和转换，保障公众言论表达的自由，帮助公众全面实现自由无障的交流，打造公众交流的理想世界。"作为参与者在天衣无缝的网络中所过的那种相互依存、和谐相处的生活……他们具有深厚的情感意识，知道自己与全人类完全是相互依存的。"② 因此在"地球村"光芒的照耀下，不断发展电子新媒体，延伸公众的感知触角，进而实现人与人之间纯粹的交流，则是麦克卢汉媒介自由观的旨意所在。

同样，"一种新媒介的长处，将导致一种新文明的产生"。③ 英尼斯也认同新媒体对于人类文明进程的决定性影响。权力组织也看到了"时间被摧毁，对空间的垄断日益重要"④ 的大趋势，为了实现权力统治的延续，必然会大力发展新媒体，拓展其在空间上的控制力。

之所以要争夺新媒体的战场，是因为新媒体能够使掌握新媒体技术的组织在竞争中占据强势地位，形成新的"知识垄断"，而打破旧的"知识垄断"，进而为"言论控制"松绑，实现在旧的话语场中权力与权利力量格局的重新洗牌。正如英尼斯在书中举到的例子："以石头和象形文字为核心的知识垄断，受到莎草纸的挑战，这是一种更为有效的新媒介。"⑤

而麦克卢汉看来，发展新媒体，则无疑是能够不断地冲破公众交流的障碍和束缚，打破权力等因素对于公众交流的桎梏，从而还

---

① ［加］马歇尔·麦克卢汉著：《理解媒介》，何道宽译，商务印书馆2003年版，第394页。
② ［加］马歇尔·麦克卢汉、秦格龙著：《麦克卢汉精粹》，何道宽译，南京大学出版社2000年版，第389页。
③ ［加］哈罗德·亚当斯·英尼斯著：《传播的偏向》，何道宽译，中国人民大学出版社2003年版，第28页。
④ ［加］哈罗德·亚当斯·英尼斯著：《传播的偏向》，何道宽译，中国人民大学出版社2003年版，第104页。
⑤ ［加］哈罗德·亚当斯·英尼斯著：《传播的偏向》，何道宽译，中国人民大学出版社2003年版，第28页。

权给公众，让他们可以理解媒介，运用媒介，真正实现精神层面的言论表达的交流自由。

　　从麦克卢汉和英尼斯的媒介理论出发，可以断言，新媒介的每一次出现都将导致权力的重新分配，打破自由与控制的平衡并引发新的控制与自由问题。这些问题集中反映在新媒介中传播主体、传播内容、传播技术、受众的重新划分和界定上。而新媒介引发的控制的消解和权力争夺中自由的重新定位都将创造新的媒介环境，并以此改变世界和人类原有的生存和发展模式，影响人类对整个世界的认知图式。

二、作为公共领域的新媒介

　　按照哈贝马斯的说法，所谓的公共领域最先出现在 17—18 世纪的英国和法国，后来与现代民族国家的出现一起扩展到 19 世纪的欧洲和美国。哈贝马斯认为，公共领域也叫公共性，它是公共意见在社会生活中的集散地。公共领域是私人领域的一部分，它是一个"由私人集合而成的公众领域"①，讨论的是私人领域的"一般性问题"。以网络为代表的新媒介环境为信息的公开、自由平等的交流和公共意见的形成提供了可能性，暗合了"公共领域"的开放性特质，并成为"公共领域"和"私人领域"博弈的主战场。

（一）"交往理性"关照下的话语权回归

　　由哈贝马斯公共领域的理想模式可知，"公共领域"具有人们在理性交往的前提下通过自由平等的对话、讨论以取得话语共识的特点。公众通过行使言论表达的权利建构话语共同体。"这个话语的共同体只有通过实现所有人话语的自由权利，铲除一切歧视和苦难，

---

① ［德］尤尔根·哈贝马斯著：《公共领域的结构转型》，曹卫东等译，学林出版社 1999 年版，第 33 页。

将边缘化的人纳入相互关爱中才可能建立。"① 为了保障公众言论表达的权利，塑造公众的权利身份，哈贝马斯试图通过"交往理性"的重建来实现公众权利的自由与平等。"交往理性"是作为权利主体的公众自身的建设的基础，是在保证权利主体进行自由表达的前提下，以语言为媒介，遵守相关的话语规定，从而创造言论自由表达的话语空间。哈贝马斯的"交往理性"理论将公众表达的权利放在重中之重的地位。

"交往理性"以公众权利为前提，按照"主体间性"原则，保证任何人都可以进入公共领域参与交往，同时拥有平等的机会表达诉求。公众通过言论表达，进行对话、互动、交往等一系列活动，以期达成相关一致性。与"交往理性"相对的是"工具理性"。"工具理性"往往受到权力的裹挟和控制，把公众视为实现权力目的的工具或者手段。因此"交往理性"与"工具理性"的博弈从深层次来看是权利诉求和权力控制之间的较量。在这个较量的过程中，"工具理性"往往借助对媒介的控制权，不断侵蚀"交往理性"的边界，进而导致公众权利异化，理性扭曲。因此复兴公众权利，确认权利身份，重建"交往理性"来对抗"工具理性"，是重新划分权力与权利边界的前提。

"交往理性"的核心是关注交往主体之间的关系，强调交往过程中公众的主体性。这种主体性在传统媒介时代的体现并不显著，而在新媒介时代，公众的主体性通过裂变式传播被无限放大，就像每一个使用微博的公众都有可能成为左右信息流向和意见导向的关键环节，更不用说是意见领袖等显要公众了。因此"交往理性"的实现首先要保证公众言论和行为的自主权和主体性。

在新媒介语境中，"交往理性"的实现程度，体现为新媒介中人与人互动交往的实现程度。海量的微博粉丝通过"互粉"、"回复"、"私信"、"转发"等功能，实现了信息共享和互动交往，使得公众

---

① ［德］尤尔根·哈贝马斯著：《作为未来的过去——与著名哲学家哈贝马斯对话》，哈勒、章国锋译，浙江人民出版社2001年版，第16页。

之间相互勾连，增加了人与人之间的互动频率和黏着度，在很大程度上消除了公众之间的沟通屏障。

"交往理性"的实现要遵循言语行为的四个有效性：可领会性、真实性、正当性（正确）和真诚性，即"言说者必须选择一个可领会的表达以便说者和听者能够相互理解；言说者必须有提供一个真实陈述的意向，以便听者能分享说者的知识；言说者必须真诚地表达他的意向以便听者能相信说者的话语；最后，言说者必须选择一种本身是正确的话语，以便听者能够接受之，从而使言说者和听者能在以公认的规范为背景的话语中达到认同"。① 在新媒介时代，只有充分尊重公众的表达权，遵循新媒介时代的话语规范，增加公众之间互动交往的频次，确保公众的权利主体性，才能为"交往理性"的重塑和传受权力边界的划分奠定基础。

（二）公共权利空间的建构

公众行使权利的边界在于公共领域所延展的边界，"全民参与"、"关注公共议题"、"理性讨论"共同搭建出这个权利边界，实现"公共领域"之下公共权利空间的建构。

平等开放是公共领域的特性，也是搭建公共权利空间的题中之意。"公共领域原则上向所有公民开放。公共领域的一部分由各种对话构成，在这些对话中，作为私人的人们来到一起，形成了公众。"② 在新媒介参与建构的公共领域中，先进的媒介技术大大降低了公众的准入门槛，使得"沉默的大多数"状态成为过去，因为在新媒介空间里，每个人都有发言的权利，也同样拥有着被关注的可能性。新媒介以平等开放的姿态拥抱数量更为广大的公众，使得草根话语和官方话语有了正面对话的平台，为接下来的议题讨论创造了先决条件。

---

① ［德］尤尔根·哈贝马斯著：《交往与社会进化》，张博树译，重庆出版社1989年版，第3页。
② 汪晖、陈燕谷著：《文化与公共性》，三联书店2004年版，第125—126页。

第六章 以媒介为中心的控制—自由研究

公共舆论"不是单纯的个人偏好,而是私人对公共事务的关注和公开的讨论"。① 相比于传统时代,新媒体提供了海量信息,拓宽了多元信息渠道,改变了信息流动方向,使得公众能够避开信息死角,获得更多的信息接近权和表达权。一旦跨越了传统媒体制造的"信息鸿沟",公众将卷入过去被认为"与自己无关的其他人"的事务中,开始实现与其他社会角色经验、意见和态度的分享。因此公众将不再满足于传统媒体精英们议程设置的内容,他们进行自我赋权,任意选择公众所关注的公共事务进行讨论。

哈贝马斯认为,"公共领域"必须体现出平等和批判的原则,必须有一个具有理性判断能力的群体作为基础。与传统主流媒体的宏大叙事和价值建构相比,新媒介的代表微博就集纳了公众所关注的公共事务,重塑了公众的社会角色,激发了公众对于公共事务的热情,使得公众之间的意见交换、力量整合和群体协作成为可能。"微博用户之间的社会网络关系,也可能影响、规定他们对某一信息的获取、解读,甚至界定和塑造其对现实的理解,达成群体共识,进而促成具有较高组织程度的群体行为。"②

权利保证每个公民可以自由发声,但是并非所有的意见都能最终捍卫权利本身。只有在全民参与之后,通过对公共事务进行理性讨论之后并达成一致性的意见,才能实现其理性价值,最终捍卫公共权利。哈贝马斯说:"本来意义上的公共性是一种民主原则,这倒不是因为有了公共性,每个人一般都能有平等的机会表达其个人倾向、愿望和信念;只有当这些个人意见通过公众批判而变成公众舆论时,公共性才能实现。"③

新媒介包括自媒体更多地成为公众参与社会活动、进行言论表

---

① [德]尤尔根·哈贝马斯著:《公共领域的结构转型》,曹卫东等译,学林出版社1999年版,第153页。
② 喻国明、欧亚:《微博:一种新传播形态的考察——影响力模型和社会性应用》,人民日报出版社2011年版,第25页。
③ [德]尤尔根·哈贝马斯著:《公共领域的结构转型》,曹卫东等译,学林出版社1999年版,第252页。

达、捍卫权利的工具和手段。借力新媒介，民间话语与官方话语已经形成分庭抗礼、互为文本的态势。在公共领域得以蓄力酝酿的新媒介时代，公众的权利边界不断拓展并开始逼近权力边界。权利与权力之间的相互制衡、"交往理性"和"工具理性"的此消彼长、自由与控制的相互博弈……都使得通过新媒介，建设公共领域，培养理性公民，最终保护公众权利和公共利益成为社会稳定和发展的必然。

第七章　新闻传播与宣传中的权力运作

第一节　新闻中的"宣传"与宣传中的"新闻"

一、新闻与宣传

在新闻传播学的研究和实践中，宣传这个概念总是被人们提起，"新闻宣传"又往往作为一个整体来使用。在我国，宣传有"宣布传达"和"相互传播"两种含义。①

宣传活动在人类文明发展史中源远流长。中国西晋史学家陈寿（233—297）所著《三国志·蜀志·彭羕传》中有"先生亦以为奇，数令羕宣传军事，指授诸将，奉使称意"句，可见中国东汉末年已将"宣"、"传"两字合用。虽然"宣传"二字很早就见于古籍记载之中，但近现代文中的"宣传"概念与古籍中的概念并无直接联系，尽管中国古代也存在带有现代意义的宣传行为。宣传的现代含义是在戊戌变法和辛亥革命时期由日本传入中国的，来自于日语的"宣传"②，使用了汉语的旧词，却赋予了其西方语境中宣传一词的意

---

① 何扬鸣、张健康编著：《20世纪中国新闻学与传播学·宣传学和舆论学卷》，复旦大学出版社2002年版，第34页。
② 刘正琰、高明凯等编：《汉语外来词词典》，上海辞书出版社1984年版。

义，因此现代汉语中"宣传"一词真正的概念源头在西方。

宣传（propaganda）是由拉丁语词根"prop"演变而来，是一个与农业生产相关的词语，意为植物的栽种、嫁接。这一词汇最初起源于1622年罗马教皇格里高利十五世为了推进反宗教改革运动而设立的"布教圣省"（Congregatio de Propaganda）的神圣宗教语言。① 1927年，美国政治学者、宣传研究奠基人之一哈罗德·拉斯韦尔出版了其博士论文《世界大战中的宣传技巧》，才把宣传的非宗教意义写入词条。在该书中，通过对第一次世界大战战争宣传的研究和分析，他对宣传下的定义是："它仅仅指通过重要的符号，或者更具体但是不那么准确地说，就是通过故事、谣言、报道、图片以及社会传播的其他形式，来控制意见。"② 1934年，他又将宣传的定义修正为："宣传，从最广泛的含义来说，就是以操纵表述来影响人们行动的技巧。"③ 可见，宣传以"强化和改变公众的意识"④ 或者是以控制人们的行为为目的，宣传研究以传播者（宣传者）意图实现为指引。

新闻（news）和宣传（propaganda）同作为信息传播行为，形式上具有很大的相似性。美国新闻学家卡斯伯·约斯特考证指出，有人把英文"news"理解成是由英语 north、east、west、south 四个字第一个字母组成的，意指来自四面八方的消息。在中国，新闻传播和宣传长时间以来一直被放在一起。以至于我国"最初有人主张把宣传和新闻分开时，大多数的中国人感到惊讶不已，把这种观点

---

① ［日］佐藤卓己著：《现代传媒史》，诸葛蔚东译，北京大学出版社2004年版，第118页。

② ［美］哈罗德·D. 拉斯韦尔：《世界大战中的宣传技巧》，中国人民大学出版社2003年版，第22页。

③ ［美］沃纳·J. 赛弗林、小詹姆斯·坦卡德著：《传播学的起源、研究与应用》，福建人民出版社1985年版，第103页。

④ ［美］鲍勃·富兰克林等著：《新闻学关键概念》，诸葛蔚东等译，北京大学出版社2008年版，第271页。

视为奇谈怪论,并掀起了一场全国范围的争论"。① "有一位资深的老总编说他办了近 50 年的报纸,怎么也理解不了能把两者分开。"② 这种情况在当时的中国出现并不稀奇,但今天来看新闻传播和宣传肯定不能是等同的了,两者到底是什么关系呢?

(一)新闻传播与宣传的关系

关于新闻传播与宣传关系的论说,有学者总结为四种,分别为包容说、交叉说、并列说、无差别说(同一说)。③

无差别说(同一说)把一切人的行为都看作有目的的行为,把新闻传播看作有目的地去影响他人的传播行为,强调一切新闻都带有宣传的目的,新闻就等同于是宣传;包容说就是将宣传和新闻看成一种"属种关系",认为宣传这个"种"的大概念包含着新闻这个"属"的小概念,这种观点可表述为"一切新闻都是宣传,一切宣传不都是新闻";并列说认识到新闻和宣传具有不同的本质特征,认为新闻的目的是报道事实传递信息,而宣传的目的是表达观点影响他人,认为新闻就应该客观地报道事实而绝不能有宣传,这是"两者是两条道上跑的车,永远也走不到一起"。④

在关于新闻与宣传关系的争论中,"交错说"无疑是最受关注和认可的。这种观点认为新闻与宣传既有区别又有联系,就像两个圆圈相互交错,有重叠的部分,也有相互独立的"纯新闻"和"纯宣传"的部分。学者们从历史中寻找这种观点的依据。"在新闻传播的原始萌芽阶段,也就是口头新闻与手抄新闻时期,是以自发的朴素形态向人们传播所谓的新近发生的事实,其中没有或很少有宣传的

---

① 何扬鸣、张健康编著:《20 世纪中国新闻学与传播学·宣传学和舆论学卷》,复旦大学出版社 2002 年版,第 137 页。
② 何扬鸣、张健康编著:《20 世纪中国新闻学与传播学·宣传学和舆论学卷》,复旦大学出版社 2002 年版,第 136 页。
③ 何扬鸣、张健康编著:《20 世纪中国新闻学与传播学·宣传学和舆论学卷》,复旦大学出版社 2002 年版,第 137 页。
④ 郑保卫著:《新闻理论教程》,北京师范大学出版社 2012 年版。

意图，新闻和宣传本是两个不同的社会现象"，这两个圆很少交错。"到了近代，由于阶级、政党的冲突对立，斗争的各方鉴于新闻舆论的巨大能量，必然要控制和利用新闻工具"，于是新闻的职能发生了重大的变化，新闻在向人们提供有价值信息的同时又隐含着某种主张。"就整个的人类历史长河而言，新闻与宣传的关系的发展轨迹是：并列——切边——小重合——大重合——切边——并列。"①

应该看到的是，虽然新闻和宣传的同一说稍嫌机械，但在历史发展的进程中，不是没有这样的时期。在战争时期，中国共产党的新闻事业是为夺取革命胜利服务的，新闻与宣传几乎就是同一概念。这种现象在非战争时期也曾出现，比如"文化大革命"时期，新闻、宣传、新闻宣传都是同义的。在新时代，新闻和宣传有时也经常混杂在一起，即便是在新媒体飞速发展的今天，新闻和宣传同样难以做出准确的切割。

2012年5月12日14时28分，四川省汶川县发生特大地震，北京出现震感。仅仅17分钟后，新华社向全世界发出第一条英文快讯，两分钟后发出地震相关简明消息；15时05分，中央电视台第一次电话连线重庆台记者苟海东，及时得到重庆遭遇震灾的情况；16时40分，中央人民广播电台、中央电视台记者随温家宝总理登上专机，奔赴灾区，并于飞机降落后第一时间，播出了温家宝总理在专机上发表的重要讲话，将中国领导人抗震救灾的决心展现在世人面前，也令人们意识到灾难的严重程度。

在这个过程中，媒体很好地起到了沟通桥梁的作用，在提供丰富信息资源的同时，各种各样的新闻、访谈、图片、赈灾晚会通过报刊、广播、电视、网络迅速出现在人们面前，正确引导了舆论，也很好地遏制了谣言的产生，这就体现了新闻与宣传的交错性。这也说明，在全面真实报道新闻事实的同时，观念的传播和事实的传播有机结合到一起，才能有效引导社会舆论。

---

① 何扬鸣、张健康编著：《20世纪中国新闻学与传播学·宣传学和舆论学卷》，复旦大学出版社2002年版，第34页。

因此，人们认为新闻和宣传的"交错说"更具有现实特征和理论阐释意义，但应该看到的是，新闻与宣传不是在静态中交错的，而是在动态中交错的，交错的部分不是一个常量，而是一个变量。"政治斗争形势越尖锐，宣传的比量也就越大。"同时，政党或财团对新闻媒体的控制也随着政治、经济斗争而变化着。

因此，我们既要看到新闻与宣传相联系的地方，又要能够准确地把握新闻与宣传相区别的地方，保持二者的相对独立性。

（二）新闻传播与宣传的不同

新闻是对新近发生的事实的报道，其目的是让"受者晓其事"。宣传是运用各种符号传播一定的观点，以影响、引导人们的态度、控制人们行为的一种社会性传播活动，宣传行为的重心不是接受者，而是传播者，其归宿是"传者扬其理"，两者是不能等同的。[①] 下面从主体、目的、数量和内容四个层次来辨析新闻和宣传：

1. 主体层面

据考证，"新闻"一词最早出现在我国唐朝初年出版的《新唐书》中。书中载有"恨天下无书以广新闻"（孙处玄语）。这里的"新闻"指的是民间逸事。目前，国内学者普遍认同1943年陆定一同志在《我们对于新闻学的基本观点》一文中的说法，按照陆定一的定义，新闻是对新近发生的事实的报道。这其中就隐含了对新闻传播主体的限定。报道是新闻机构中从业者的行为，其主体不言自明就是新闻从业者。而宣传虽然有一部分是通过新闻媒体发声的，但其主体构成要复杂得多，可以是政府、是军队，也可以是教会、财团，还可能是其他的组织和个人。

2. 目的层面

新闻传播的目的简单来讲就是陈力丹所说的"受者晓其事"，新闻能够传播到受众就已经完成了新闻本身的任务。而宣传就其本质而言，就是说服、控制，往往是用来实现宣传者的意图，维护宣传

---

① 参见陈力丹著：《新闻理论十讲》，复旦大学出版社2008年版，第2页。

者的名誉和利益。

3. 数量层面

新闻讲求新，新闻不新也就不谓之新闻了，正是从这个意义上说，新闻是一次性的，是易碎品。而宣传，讲求的是重复。戈培尔关于由方化圆的论断一直支撑着他的宣传实践，"谎言一旦重复千遍就可成为真理"。纳粹德国电影宣传部门的首脑弗里茨·希普乐认为有效宣传的秘密就在于：第一将复杂的问题简单化，第二就是一遍又一遍地重复已简单化了的东西。① 可见两者在数量层面上大有不同。

4. 内容层面

第一，新闻传播信息，宣传传播观点。新闻将关于事件、现象的信息传播给受众，让受众增长见识、消除疑惑。而宣传则是要向受众灌输一种观点或者是一种行为方式，从而影响受众的意识和行为。通常认为，宣传的出发点在于宣传者的利益，是基于"我要你知道"，而新闻则是基于大众的认知需求，即"我要知道"。

第二，新闻讲求事实，宣传讲求形式。事实是新闻的第一性，这种事实是真实的、新奇的、具体的，能够满足受众对信息的需要。而宣传讲求的是形式，"有时候你参加了一场宣传活动，回来仔细想一想，什么新东西都没有获得，比如开会唱国歌或者是升旗仪式，总有一套规则，仔细想想，这套规则强调的就是形式，目的是通过这种形式给当事者留下一种深刻的印象，宣传的目的就达到了"。② 这种形式还体现在符号、标志、旗帜这些带有象征性意味的事物上。

第三，新闻要求平衡，宣传强调倾向。新闻要求客观而全面地报道一个事件。一个事件的发生往往伴随着众多的争议和不同的理解，平衡报道是对新闻工作者最基本的专业要求。宣传则是传播者找到事实信息中对自己最有利的一部分去传播，去论说，不利己则

---

① 参见［美］斯坦利·巴兰、丹尼斯·戴维斯著：《大众传播理论：基础、争鸣与未来》，曹书乐译，清华大学出版社 2004 年版，第 74 页。

② 陈力丹著：《新闻理论十讲》，复旦大学出版社 2008 年版，第 3 页。

不谈不讲，倾向性非常明显。

第四，新闻要求时效，宣传则看重时机。时效性是新闻的基本属性，要求记者在第一时间对发生的变动的事实进行传播。但宣传则要求选对时机，选对口径，事件发生了，可能会掩而不说，等待一个最有利最能发挥宣传效果的时机。

第五，新闻要求准确、生动的细节，宣传要求鼓动人心的口号。普利策讲新闻要"准确！准确！再准确！"而宣传则需要一个能够鼓动人心的、作用于人的情感的口号。现在各种流行的广告词其实也是这种口号的变体。口号时刻提醒为什么你要喜欢这个品牌。"De-Beers"在中国的经典口号"钻石恒久远，一颗永留传"极富感染性，使一颗小钻石的价值得以升华到爱情永恒。不难看出，在看似简单的广告口号背后也蕴含着复杂的宣传理念和营销策略，谁能掌握宣传的要领，谁就能抓住受众的心。

二、新闻与宣传关系再思考

对于新闻与宣传的关系的讨论，是新闻学领域的老话题了，几乎所有的新闻学教材都会为此专设一个章节。笔者认为，新闻和宣传作为信息传播的手段，都是借助符号进行的，而符号化过程是传播者赋予符号以意义的过程。前文讲到新闻是对客观事实的建构，是意义的赋予和生产，是意识形态的抗争领域，那宣传更是和主流意识形态绑定在一起的，或者说宣传就是意识形态的宣传。新闻和宣传都是权力的生产者。意识形态存在于新闻与宣传之中，抛开权力来考察新闻与宣传是很难揭示二者关系的。那么同为权力的生产者，新闻与宣传在发挥作用时有何联系与互动，又有什么不同之处呢？

（一）联系与互动中的新闻传播与宣传

新闻和宣传虽然是各具特点各有不同，但新闻与宣传之间存在着微妙、复杂的联系和互动。

新闻与宣传两者的相关性表现在三个方面：首先，新闻与宣传两者都属于传播活动，都是社会传播现象。其次，新闻和宣传使用的工具重合度很高。无论是广播、电视、报纸、杂志还是现在的新媒体，都是两者得以传播的工具和渠道。最后，新闻始于宣传活动。古登堡发明印刷术以后，最先印刷的是《圣经》，宗教的宣传由来已久。而最早期的报纸无论是中国的《邸报》还是国外的《威尼斯公报》，都是政治或宗教集团用来宣传控制的工具，后来新闻事业才渐渐地与宣传疏离。

新闻和宣传两者的互动关系通过以下几个方面表现出来：

第一，宣传功能的发挥能够借助新闻的力量。

新闻不依赖宣传而存在，而宣传大都依赖于新闻这种形式。在适当的时机借助新闻报道进行宣传，才能更好发挥宣传的效能，达到宣传的目的。

美国前总统艾森豪威尔说过，在"宣传上使用一个美元，等于在国防上使用五个美元"。而《基督教科学箴言报》说得更为直接："美国为改善国家安全所拨的款子，不需要全部拨给国防部。一小部分拨给'自由欧洲台'、'自由电台'、'美国之音'和国际交流署。语言和思想对维护美国的地位和促进美国的发展的目的会同大炮、潜艇和飞机一样重要。"[1]

宣传借新闻发挥巨大功能的例子不在少数。伊拉克战争爆发也是一个很好的例证。通过一些媒体的报道，萨达姆被塑造成了一个毫无人性的杀人狂魔，把伊拉克塑造成大规模杀伤性武器的拥有者，形塑了攻打伊拉克的正义性。乔姆斯基在描述第一次海湾战争时的媒体时这样说："现在你可以知道一个功能正常的宣传机器是如何运转的了。人们都认为，我们在伊拉克和科威特使用武力是我们真正遵循对非法侵占他国领土和侵犯人权就应以武力制止原则的结果。

---

[1] 郑保卫著：《新闻理论教程》，北京师范大学出版社2012年版，第56页。

他们看不到这些原则若使用在美国自身的行为上时意味着什么。"①

应该指出的是，如果宣传中没有新闻，那么宣传就将是空洞的、没有说服力的、失败的宣传（这里排出单纯的广告）。如果直接把宣传当作新闻，没有事实、没有细节，就会失去受众，宣传也就失去了意义。

第二，新闻中可以包含宣传。

经常有这样一种现象，被一个国家贬损为宣传的新闻在另一个国家可能是优秀的新闻报道。这是因为传播者观察事实的角度不同、立场不同、新闻价值观不同。

陈力丹在《新闻理论十讲》中举了这样一个例子。在 2006 年初，各国的媒体都报道了在俄罗斯发生的"石头间谍案"。英国驻俄国的外交官特工利用街边的一块伪装的石头与俄罗斯的非政府组织之间交换情报。虽然这个事实在 2005 年的时候就已经被俄罗斯官方所掌握，但始终没有公布。直到 2006 年初，俄当局召开记者招待会公开了这件事，对俄当局来说这是一种宣传，目的是要警告西方不要援助俄罗斯的非政府组织，而对于各国的受众来讲，虽然这件事是旧事，但却是新闻。

（二）作为控制手段的宣传

两次世界大战使得宣传研究颇为盛行，但人们总是对宣传忧心忡忡。当拉斯韦尔《世界大战中的宣传技巧》一书出版时甚至被评论家称作"马基雅维利式"（教唆权术）的教科书，要求立即销毁。虽然拉斯韦尔一直强调宣传是中性的，除了战时的宣传，"广告和消息发布"都属于宣传的范围，但人们，特别是在西方，还是认为这种以传播者意图实现为导向的控制手段让人担忧。

宣传这种以传播者意图实现为导向的控制手段在战时尤为突出，

---

① ［美］诺姆·乔姆斯基著：《新自由主义与全球秩序》，江苏人民出版社 2001 年版，第 208 页。

甚至是"黑色宣传"（Black propaganda 别有用心的策略性的传播谎言）① 也常常作为手段被运用。纳粹宣传家约瑟夫·戈培尔曾讲："通过多次重复以及对人们心理的掌握，就是要证明正方形实际上是圆形，也不是没有可能的。究竟什么是圆什么是方呢？它们不过是一些词汇而已，这些话可以被铸造，直到披上伪装的外衣。"② 当然协约国也运用了这种"宣传"。1925年在英国的一次国会辩论中揭发了一条1917年播发的新闻是如何造假的。当时为了形成对德国的谴责，报道了德国士兵用尸体来提取油脂，新闻中德文的"Kadavaer"（仅指动物的尸体）被翻译成英文的"Corpse"（指人的尸体），这种谎言对战争的走向有着巨大的影响。

在20世纪前半叶的宣传研究中，宣传这种控制手段基本上是以强力的形式出现的。从沃森的行为主义理论中，人们认为宣传能够立即引起反应从而控制人类的行为；弗洛伊德更是将大众看作是缺乏理性和自我调控能力的群体，易于受到操控和欺骗；魔弹论（magic bullet theory）则将人们推向一个可怕的境地：在1938年所谓的"火星人入侵"事件中，CBS的一个节目造成了几个城市的恐慌，显示了媒介强大的宣传力量；拉斯韦尔尽管反对简单化的魔弹论，认为受众接受宣传需要一个缓慢的准备的过程，但他也提醒宣传控制权需要掌握在新的精英也就是"科学技术学家"scientific technocracy（受过良好教育的、有社会科学基础的精英，肩负着保护脆弱普通大众免受有害宣传浸染的重任）③ 手里。另外，李普曼在《公众舆论》中也提到，需要建立有机情报部门去引导缺乏理性的大众。

到了20世纪的后半叶，特别是20世纪80年代，宣传又引起了人们的重视。一部分研究者开始抛弃宣传中的意识形态的因素，中

---

① ［美］斯坦利·巴兰、丹尼斯·戴维斯著：《大众传播理论：基础、争鸣与未来》，曹书乐译，清华大学出版社2004年版，第74页。
② ［美］斯坦利·巴兰、丹尼斯·戴维斯著：《大众传播理论：基础、争鸣与未来》，曹书乐译，清华大学出版社2004年版，第74页。
③ ［美］斯坦利·巴兰、丹尼斯·戴维斯著：《大众传播理论：基础、争鸣与未来》，曹书乐译，清华大学出版社2004年版，第81页。

立地来解释宣传,例如法国哲学家雅克·埃吕尔在其《宣传:态度的形成》一书中把宣传从战争的局部扩展到了整个社会;也有一部分学者从批判的角度出发,例如乔姆斯基和赫尔曼归纳的包含五个"过滤器"的宣传模型的提出。这些过滤器是用来保证那些"实力雄厚的公司和政府实体或共同体在多层面上的能力,并对信息流施加影响"①,后文将详细阐释。

(三)新闻传播与宣传中的控制和权力

同样作为权力的生产者,新闻和宣传中权力的表现方式是不同的。前章已经讲到新闻具有权力的特性,是对客观事实的建构,是意义的赋予和生产,是意识形态的抗争领域,但不难看出,新闻中蕴含的意识形态显得较为平和与低调,一般要考虑与受众所持的固有的意识形态相协调,不至于引起很大的冲突。而宣传则不然,它带有鲜明的政治意识形态、商业意识形态等,教化和引导的目的性较强,它所带有的意识形态,尤其是政治意识形态,并不温和,还可能带有强制性、不协调性,与受众所持的价值观念和思维方式存在冲突和矛盾,容易引发对立。受众的意识形态往往是现实存在的一种反映,而宣传中的意识形态与现实存在可能是不协调的。这就导致宣传所带有的意识形态特别地"突兀",故而容易"引人注目"。

借助新闻传播进行的宣传,常以两种面貌出现,第一种全无新闻的特性,内容没有新闻价值,同时又带有强烈的意识形态特性,这是赤裸裸的缺乏事实依据的宣传;第二种具有新闻的特性,但又带有特定的意识形态,目前的宣传大多属于第二种情况,即以新闻形式呈现的所谓"隐形宣传"。第一种宣传,跟新闻毫无关系,是纯粹的宣传,随着人们对新闻传播认识程度的深入和传播技术的进步,现在的新闻媒体上这样的宣传很少见了,即使出现这样的宣传,也

---

① [美]斯坦利·巴兰、丹尼斯·戴维斯著:《大众传播理论:基础、争鸣与未来》,曹书乐译,清华大学出版社2004年版,第81页。

常常招致厌恶和抵触，无法达到宣传的目的。我们要讨论的是第二种宣传，即既带有新闻的一些特性，又带有特定意识形态特性的宣传。这种"新闻"虽然也具有新闻的一些特性，但不管是性质上还是操作上都与新闻有所区别。这样的宣传，如果政治意识形态较好地隐藏于新闻自身特性背后的话，会是比较成功的宣传。如 BBC、VOA 等西方媒体，他们将资本主义意识形态隐藏在新闻报道的外衣之下，着力向全世界输出资本主义意识形态，以争夺文化霸权，但是由于它们以准确、客观、全面的姿态出现，受众往往注意不到这种藏匿在新闻报道背后的宣传。

另外，不论新闻还是宣传，它们的最终接收端都是受众。因此还得考虑到受众自身头脑中的关于世界和社会的图像以及受众的立场和利益。如果宣传者所传播的意识形态与受众的思想观念形成比较大的冲突的话，那么自然会招致理解和认同上的抵触。

在某种程度上，新闻也有可能成为宣传。拉斯韦尔把宣传看作是媒体的功能之一，但在某些时期、某种程度上甚至会成为新闻媒体最重要的功能。乔姆斯基认为媒体和工商界的联合让第一次世界大战中的政府宣传机构"克里尔委员会"，把"爱好和平的人"变成了歇斯底里的战争狂人。[1] 国家的宣传产生了巨大的效果，使得不愿卷入战争的民众因为恐吓而参战，并激发了他们参军报国的狂热情绪。[2] 这时的新闻媒体是控制大众思想的宣传工具。可以说，从 18 世纪的美国南北战争、白人西进的殖民史到当今的海湾战争、伊拉克战争，新闻媒体不仅是历史的记录者，还成为战争的参与者、推动者，甚至是制造者。

不仅仅是在战时，即使是在平日，新闻也被"过滤着"变成隐蔽的宣传，正因为目的性隐藏得很深，反而更容易被受众所接受。

关于新闻成为宣传的模型，乔姆斯基和赫尔曼是这样描绘的，

---

[1] 刘建明等著：《西方媒介批评史》，福建人民出版社 2007 年版，第 371 页。

[2] 参见［美］诺姆·乔姆斯基著：《新自由主义与全球秩序》，徐海铭、季海宏译，江苏人民出版社 2001 年版，第 168 页。

它包含着五层过滤网①，如下图：

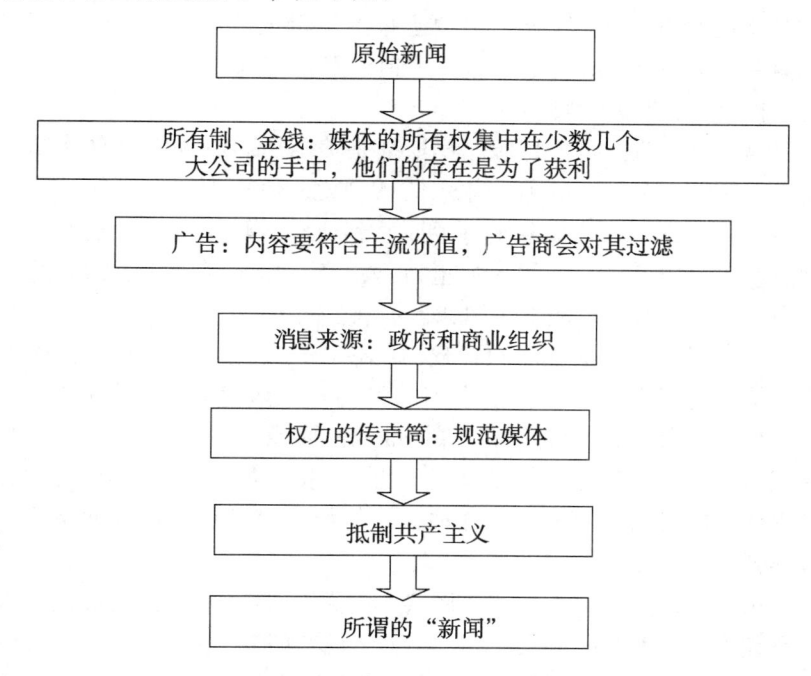

```
原始新闻
  ↓
所有制、金钱：媒体的所有权集中在少数几个
大公司的手中，他们的存在是为了获利
  ↓
广告：内容要符合主流价值，广告商会对其过滤
  ↓
消息来源：政府和商业组织
  ↓
权力的传声筒：规范媒体
  ↓
抵制共产主义
  ↓
所谓的"新闻"
```

图7.1　乔姆斯基和赫尔曼的五层过滤网模型

在这个模型中，第一层过滤网是关于所有制和金钱的，试图告诉我们，新闻媒体仅仅是富人的产业。在当今社会，如果想要投资一家稍具规模的媒体，巨额的资金都会令人望而却步，更不要说类似于辛迪加模式的媒介集团了。占据统治地位的这些公司其目的也一样是盈利，在他们看来，利益比真相更重要。媒体对新闻的选择，自然是处于利益考量。

第二层过滤网是广告商。广告的存在使得新闻发生了变化，"它

---

① 参见［美］诺姆·乔姆斯基著：《新自由主义与全球秩序》，徐海铭、季海宏译，江苏人民出版社2001年版。

使出版物与其说对它的读者负责不如说对广告客户负责"。① 阿特休尔在《权力的媒介》中讲："便士报的编辑记者中，不乏改革家和行骗手，每一个人的动机都是为了追求财富和权力以求威名。"② 可见广告商对新闻的影响。

　　第三层过滤网是消息源。罗斯福是美国历届总统中最喜欢和新闻界交往的一个，按照阿特休尔的话来说，他喜欢新闻媒体为他自己的利益服务，对其服务于对手而感到恼怒。媒体每天从政府和各种商业组织的发布会、线人那里得到消息。如果媒体报道的新闻与发布者意图不符，可能下一回就得不到新闻了。

　　第四层过滤网是所谓的"权力的传声筒"（指利用权势如政治或金钱来达到干涉新闻传播内容的目的）。这些传声筒可以是基金会、行业协会、媒体研究所、媒体准入机构等。在"水门事件"中，尼克松为了让《华盛顿邮报》停止调查，威胁吊销该报的电视执照，使得该报的股票大幅下跌。这种权力的传声筒存在的目的就是要让媒体就范，按照他们的意图行事。

　　第五层过滤网被称为"抵制共产主义"。应该加以说明的是，这个研究模型的背景是在美国，而在美国没有共产主义的传统，媒体将共产主义刻画成了"压抑人性的思潮"。其实，这一层强调的就是媒体的意识形态倾向。

　　无论哪一层过滤网都是把新闻媒体看作是宣传的机器，扮演的是一种工具角色。根据对宣传蛊惑的传统解释，宣传的目的让民众产生恐惧感，麻痹受众。从根本上说，这类宣传活动的本质在于给受众的所有抵抗行为挂上否定的标签，生产出否定的意义。也正因为如此，一旦这类宣传活动终获成功，那就意味着受众不会采取抵抗措施。而宣传的载体往往就是各种媒介，通过这些媒介潜移默化地渗透到社会生活的每一个角落。

---

① 刘建明等著：《西方媒介批评史》，福建人民出版社2007年版，第376页。
② [美] J. 赫伯特·阿特休尔著：《权力的媒介》，黄煜、裘志康译，华夏出版社1989年版，第58页。

宣传还有一种常见的方式是重复。现代认知心理学关于记忆系统的研究表明，外界信息要进入人的长时记忆系统之中，其最重要的条件就是重复。而很多外在观念的植入也是通过"重复"完成的。蛊惑者不断重复自己的意见，向受众不断灌输这种思想，而往往隐瞒构成"真实"情景的"客体"。受众无法得到这些"遗漏的信息"，也就无法根据真实情况来形成自己的思考。

在奥威尔的《一九八四》的世界中，电幕是无处不在的。电幕是英社这一集权组织对全体国民的监视设备，同时英社也通过这一设备对全体国民发号施令。因为电幕的存在，整个大洋国都处于英社的严密监视下。在这种监控下，一丝一毫的埋藏于心底的反抗意识都会被搜刮出来再被打碎。所有的反抗活动都被赋予否定的意义，不仅监控你的意识，还监控你的无意识。派逊斯的入狱就是因为一句"打倒老大哥"的梦话。

"谁控制了现在，谁就控制了过去；谁控制了过去，谁就控制了未来"，温斯顿在"真理部"工作，对历史进行篡改是"真理部"的主要工作。为什么修改历史是专制者必不可少的工作呢？原因在于被压迫者的服从是专制的要求。而服从，尤其是内心的服从，需要被压迫者对专制者正确性的认同和对现状的满足。越高度的专制，对正确性的认同度的要求越高。然而没有人能够保证不犯错误。过去、现在和将来无疑是客观存在的。然而对于人来说，只有记忆中的过去，可感知的现在和不可知的未来。其中未来只有转变成现在时才有意义。"错误"源于事实与观点的背离，然而一旦专制者控制了对过去的解释权，不断重复，这种错误发生的可能就被根除了。人的不满很大程度上来自于过去与现在的比较，一旦过去可以被随意修改，这种不满也就被消除了。在这场巨大的宣传运动中，一切都来自于对意义的建构，包括对身份、规范、关系甚至位置的控制。

第二节 新闻传播与宣传：
价值理性与工具理性的迷思

一、宣传研究中的"工具理性"

《庄子·天地》中有一则寓言，说子贡经过汉水南岸时，看到一个老人在菜园里劳作，抱着瓮去装井水来灌溉，花了许多力气而效果不彰。子贡好心建议他使用桔槔这种抽水的机器。老人居然怒目相向，说："我听我的老师说过，'使用机械的人，一定会进行机巧之事；进行机巧之事的人，一定会生出机巧之心。机巧之心存在于胸中，就无法保存纯净状态；无法保持纯净状态，心神就不安定；心神不安定的人，是无法体验大道的'。"

世间所谓的才智，无不出于"机心"，这里的"机心"类似于现代人所谓的"工具理性"，就是计算如何以最少的力气得到最大的收益。工具理性这个概念常常和手段相联系，和价值相对立，那么什么是工具理性呢？

理性是人认识把握世界、创造人类生活的主体能动力量，是人独有的自觉意识和能力。一切理性都是人的理性。在哲学史上，探讨理性范畴的历史可以说源远流长。自希腊时代以来，理性崇拜就是西方文化的一个重要组成部分，但被提升为一种主导性的价值规范，其重要肇始点则首推启蒙运动。马克思说："诚然，动物也生产。它也为自己营造巢穴或住所，如蜜蜂、海狸、蚂蚁等。但是动物只生产它自己或它的幼仔所直接需要的东西；动物的生产是片面的，而人的生产是全面的；动物只是在直接的肉体需要的支配下生产，而人甚至不受肉体需要的影响也进行生产，并且只有不受这种需要的影响进行真正的生产；动物只生产自身，而人在生产整个自然界；动物的产品直接属于它的肉体，而人则自由地面对自己的产品。动物只是按照它所属的那个种的尺度和需要来建造，而人懂得按照任何一个种的尺度来进行生产，并且懂得处处都把内在的尺度运用于对象；因此，人也按照美的规律来构造。"① 理性作为人类精神成果的重要组成部分，长期以来在人类认识世界与自我实现的过程中得以展示，不仅作为人的内在本质为人提供了一种有别于动物的文明精神，而且发挥其工具功能和价值功能而代表着人类精神发展的趋势。

理性这一概念具有多义性，人们可以从不同的角度去理解。德国思想家马克斯·韦伯将人类理性区分为工具理性和价值理性。韦伯提出的"合理性"（rationality）概念，是工具理性和价值理性最直接、最重要的渊源，也是法兰克福学派批判理论中的一个重要概念。韦伯将合理性分为两种，即价值（合）理性和工具（合）理性。韦伯认为，工具理性，即"通过对外界事物的情况和其他人的举止的期待，并利用这种期待作为'条件'或者作为'手段'，以期实现自己合乎理性所争取和考虑的作为成果的目的"。② 也就是说，人们为达到精心选择的目的，会考虑各种可能的手段及其附带的后果，以选择最有效的手段行动。看重工具理性的人的行动往往只由追求功利的动机所驱使，借助理性达到自己需要的预期目的，行动者纯粹从效果最大化的角度考虑，而漠视人的情感和精神价值。工具理性信奉者也常常利用外在的他人或事物，把他们或它们当作实现自己目的的工具或障碍。

相对照，韦伯认为价值理性是"通过有意识地对一个特定的行为——伦理的、美学的、宗教的或作任何其他阐释的——无条件的固有价值的纯粹信仰，不管是否取得成就"。③ 也就是说，人们只赋

---

① 《马克思恩格斯选集》第一卷，人民出版社1995年版，第180页。
② ［德］马克斯·韦伯著：《经济与社会》上卷，林荣远译，商务印书馆1997年版，第56页。
③ ［德］马克斯·韦伯著：《经济与社会》上卷，林荣远译，商务印书馆1997年版，第56页。

予选定的行为以"绝对价值",而不管它们是为了伦理的、美学的、宗教的,或者出于责任感、荣誉和忠诚等方面之目的。具体地讲,价值理性仅看重行为本身的价值,而不计较手段和后果。价值理性主义者相信的是一定行为的无条件的价值,强调的是动机的纯正和选择正确的手段去实现自己意欲达到的目的,而不管其结果如何。

从本质上讲,理性就是人们为了满足自己的需要,追求自己的价值和目标,在对客观世界进行探索和改造中展现出来的思维和行为特征。理性始终是人的理性,人是理性的人。人也是一种双重性的存在,一方面人从自然界进化而来,与其他生物一样会生老病死,人是现实世界的一部分,是一种自在的存在;另一方面人又不满足于自身的"有限性"和生存境遇的不完整性,力求超出生命的界限,试图通过人的能动性,实现人生命的价值,这又体现出人是自我创生的自为的存在。因此,人存在的双重性必然会导致理性的双重性:理性既是外在技术层面,人类征服自然并实现自我的工具——工具理性,又是内在精神层面维系人类生命存在的目的,也是安身立命的根据——价值理性。人类发展的历史表明,理性归根到底都在实现人的两个宗旨:求真与求善。无论是理性本身的发展,还是思想家们对理性概念的反思,都表明以求真为宗旨的工具理性和以求善为宗旨的价值理性构成了理性存在的两个维度。人的双重性存在以及理性对象的双重性为价值理性与工具理性的存在提供了合理性依据,人类也正是通过价值理性和工具理性创造了悠久而灿烂的文明。

当今社会,工具理性已渗透到社会的各个方面,导致人的思维程序化和大众文化的功利性,而传媒本身的工具化也愈明显。2010年12月6日一则武侠小说宗师金庸(查良镛)先生去世的消息在某著名网站上流传,"金庸,1924年3月22日出生,因中脑炎合并肝脉体积水于2010年12月6日19点07分,在香港尖沙咀圣玛利亚医院去世"。《香港明报》发言人在接受香港中通社采访时表示,该传闻为"假消息"。后有网民指斥是"胡扯"、"假的"。在谣言传布的过程中,深信自己身处事件中心的记者,事实上成为新闻冲动的俘房,他不愿意进行必要的验证,在不知不觉中便陷入了追求轰动和点击率的陷阱，参与了谣言和虚假新闻的散布。这些假消息传播速度有多快，人们听信及轻信它们的速度就有多快。正如历史学家马克·布劳什写到的那样："一条假消息往往诞生于集体再现方式，这种方式先于诞生而存在；表面上它是偶然的，或更准确地说，所有那些偶然性绝对只是随机的初始事件，它们带动了想象力，但这种带动只有在想象力做好了准备，并在暗中发酵的情况下，才会发生。"① 他还这样形容假消息："假消息是面镜子，'集体意识'从中凝视自己的相貌。"这起在网络上流传甚广的假消息，不仅在受众的脑海里留下了深刻的印象，也为媒体敲响了警钟：传媒本身也被市场法则和技术理念工具化了，从而被迫卷入到恶性竞争之中。

菲利普·布雷东在其《被操纵的话语》一书中曾这样指出，操控的基础是三个互相密切联系的原则。首先，操控表现为激烈行为的限制，剥夺属于个人的自由权利；其次，操控启蒙于精心制定的策略，以让人相信名不副实的事情，因为发送的信息往往都是谎言；最后，操控的过程会遭遇抵制，至少是遭遇不立即接受其信息的情况，因为它是精心编织的谎言、对听者自由的剥夺、击败抵御的工具。通过传媒来控制公众，显然需要一些特殊的技巧，或者影响情感和意识，或者利用推论和信息的组合方式来影响公众的认知。

如今，宣传作为一种运用各种符号，传播一定的观念，影响人们的思想和行动的社会行为，早已成为新闻传播学研究中不可绕开的一个核心概念。而对宣传这一概念的研究，也受到了工具理性方法论的影响。学者们往往采用"工具理性"的方法论，注重研究宣传的手段和后果，而往往忽略其本身的价值。

工具理性在宣传研究中表现为研究的"目的——手段"模式，即泰勒的"目标——行为"模式。这种通过确定目标来寻找 P 与 P'（行为结果）相关度的线性模式是理性中心主义在宣传研究方面的表现。它其实并未体现宣传研究的真正价值，难以使我们以开放的眼

---

① ［德］马克·布劳什著：《一个历史学家对战争中假新闻的思考》，Allia 出版社 1999 年版，第 49 页。

光看待宣传实践的历史必然性和现实合理性。这种研究是一种预先设定的静态研究，其研究过程在本质上是孤立的。

国内学者普遍认为，宣传往往是一种由各种阶级、各种势力所参与的社会活动，它带有强烈的阶级烙印，不同阶级的宣传，对社会历史的发展有不同的影响和作用。一般来说，革命阶级的发展壮大，总是伴随着积极的宣传活动。革命阶级代表着社会发展方向，因而总能有效地利用宣传而达到推动社会历史前进的目的。无论是资产阶级的革命历史，还是无产阶级解放全人类的奋斗历程，都雄辩地证明了宣传手段这一积极的历史作用。宣传同样也是没落阶级用以阻挡社会历史前进的手段，从中世纪的封建僧侣神权制到20世纪垄断资产阶级的法西斯统治，都曾运用宣传手段积极维护腐朽的反动统治。因此，宣传往往是被当作一种阶级斗争的传播手段进行研究。

在对宣传进行研究的历史长河中，由于对宣传的工具理性的过分注重导致价值研究的缺失，认为宣传只是一种控制工具而忽视其背后隐含的权力关系和社会机制，本身就是非理性的表现。宣传仅仅被理解为控制思想的一种手段，强调控制的效率，而事实上，工具的进步只是衡量人类社会发展的维度之一，而非社会变革的根本动因。

二、新闻传播研究中的"价值理性"

人的活动与动物本能行为最重要的一个区别，就是人不仅仅满足于吃、穿、住、行等基本生存需要的物质满足，还要自觉地探求这种满足的物质（或非物质的）对象对人所具有的价值和意义，进而萌发新的需要和追求。因此，价值理性是人类对价值和价值追求的一种自觉意识，是在理性认知基础上对价值及价值追求的自觉理解和把握。价值理性在人的活动中表现为价值主体合规律性与合目的性相统一的行为取向，在新闻传播学研究中表现为以下几个方面：

首先，价值理性是一种合规律性、合目的性的理性。价值理性认为人是世界的唯一主体，主客分立是自然发展的规律，真正意义上的人来自于主客体的分野。价值理性与工具理性不同，它不在于求得对客体本质、属性的完全把握，尽管它不能脱离这种把握，但它的旨趣在于为主体而忧虑、呐喊、运思、谋划、服务，它恪守"人是万物的尺度"，它关注世界对于人的意义，客体对于主体的意义，执著于人的幸福。新闻本身就是一种以人为主体的传播现象，传播者和受众的主体性是新闻传播研究中亘古不变的主题之一。

其次，新闻生产不回避功利目的，但它并非以功利为最高目的，而是肯定功利又超越功利。它并不反对满足人的当前需要，但它强调当下需要的合宜性，并兼顾人的长远需要。它强调，"人本质上是目的而不是手段"①，人作为手段，只有在以人为目的、以人为出发点和归宿的前提下才是合理的。价值理性所诉求的合规律性、合目的性，在新闻研究中也应有所体现。新闻传播本身就是为了维护、发展、实现人的经济、政治、文化利益，为了维护人的尊严，提升人的价值，使人趋近自由而全面发展的一种手段。

再次，价值理性是一种批判的理性。处于任何发展阶段的社会都不可能是完美无缺的，而人又总是生活在一定的社会历史环境之中，因此，在任何特定的时空中，人总是有缺憾的，人的生存、发展状况都是不完满的。新闻传播研究对此有深刻的领悟，因此它总要不失深沉地告诫人们：新闻传播研究总是不完善的，是需要改变的。面对新闻传播研究现状，价值理性所扮演的不是辩护者、守护神的角色，而是批判者、超越者的角色。价值理性作为批判理性，既为新闻业的生存发展状况的每一点进步而欢呼，同时也要针砭时弊，正视现实研究中的缺失，并致力于改造、完善现有的研究成果和研究方法。

当然，被异化的价值理性往往会导致价值中心论和价值理想主义的错误取向，这种取向在中国新闻传播业中也有所表现。一个典型的例子是重庆卫视的改版。重庆卫视于2011年1月3日和3月1

---

① 杨国荣著：《理性与价值》，上海三联书店1998年版。

日两次宣布改版，实施"一不二减三增"方案：不播商业广告；减少电视剧和外包节目播出量，且将电视剧清出黄金档；增加公益广告片、城市宣传片和一系列自办新闻、红色文化节目，如《天天红歌会》、《民生》、《品读》、《百家故事台》、《原版电影》等。改版后，重庆广电集团因此减少了约3亿的收入，由财政补贴二分之一，再由其他地面频道业务增长补充另一半。重庆卫视无广告虽然获得观众的赞赏，赢得民心，但其不尊重市场规律的做法，却给重庆卫视带来诸多问题。没有了广告收入，重庆卫视只能靠财政补贴和其他频道的业务来支撑，而且在取消商业广告之后，职员的薪资也有下降。重庆卫视取消广告这种做法，为重庆卫视日常运营带来了资金来源减少的问题，却为临近的四川和贵州卫视带来了实实在在的好处。少了重庆卫视这个竞争对手，四川和贵州卫视的广告收入猛增。此外，重庆卫视禁播广告也没能带来收视率的增长。四川大学文化产业研究中心的报告显示，自2011年3月启动大改版后，定位于"红色频道"的重庆卫视，其2011年全国收视率仅位于省级卫视第23名。央视索福瑞每日收视率统计也显示，2012年重庆卫视在上海等国内一线城市的收视率极为惨淡。重庆卫视的传播实践也为新闻传播研究提出了方法论上的启示：理论研究也应坚持工具理性和价值理性的有机统一。

第三节　新闻传播与宣传中的权力生产

一、宣传：权力和权力的生产

按宣传内容分，宣传有政治宣传、宗教宣传、军事宣传、商业宣传、科技宣传等。宣传的传播媒介（手段）也很多，如人际宣传要通过语言、姿势、表情；面向大众的宣传要通过大众传播媒介，如报纸、杂志、书籍等印刷媒介和广播、电视、电影等电子媒介；

此外，理论文章、文艺演出、一面旗帜、一枚徽章、一套制服、一座博物馆等，也可作为宣传手段。不过，被运用得最广泛、最为人们熟知的还是政治宣传。政治宣传是所有宣传手段中最为古老也是最为成熟的一种传播手段。作为一种传播手段，笔者更倾向于以政治传播代替人们常说的政治宣传，只是因为行文的方便，仍使用政治宣传或宣传的称谓。

政治传播（political communication）是重要的政治行为，已经引起学界的广泛关注。在西方，政治传播研究开始于20世纪50年代。1956年，美国政治学者海因茨·尤劳（Heinz Eulau）等主编的《政治行为》一书，第一次提出政治传播的概念，并把政治传播当作一种政治行为进行研究，认为政治传播是政治领导者（political leadership）与团体结构（group structures）之间的互动中介，目的是在政府机构与公民投票行为之间动员与传输政治影响力。1963年，美国学者卡尔·多伊奇出版了《政府的神经：政治传播与控制的模式》一书，第一次对政治传播进行系统研究。随后，政治传播分析成为西方学者研究政治的重要方法之一。在中国，陈振明主编的《政治学——概念、理论与方法》用专门一章来说明政治传播的相关内容。李元书先生主编的《政治体系中的信息沟通——政治传播学的分析视角》则是政治传播研究的专门著作。另外，针对中国的政治传播研究也出现了专门的著作，谢岳的《当代中国政治沟通》是政治学者对当代中国政治沟通进行的专门研究。在西方，政治传播研究主要集中于说服性政治传播及其途径和手段的研究；在中国，研究政治传播的学者都认识到了说服是政治传播的功能之一。虽然学者们没有得出政治传播的最大目的就是说服的结论，但从政治修辞的角度而言，政治传播的最大目的就是为了实现政治说服，获得政治行为的合法性。因此，我们这里可以认为，政治传播的最大目的就是说服。需要提及的是，西方的"political communication"，在中国有"政治交流"、"政治沟通"和"政治传播"等多种译法。针对这些概念的区别与联系，国内还没有定论，仍有待学者们进一步研究，但可以明确的是，政治传播实际上是借助大众传媒进行的宣传的一种，和新闻传播的关系更加密切。

要维持和运行政治权力，政治主体必须使人们自愿服从其政治统治和政治管理，要让人们觉得其政治统治和政治管理是值得服从的，而不是因暴力产生的恐惧或物理力量的强大迫使人们不得不服从。这样，政治主体就要借助合法性获得人们自愿的内心的服从。正如马克斯·韦伯所揭示的那样："任何统治都企图唤起并维持对它的'合法性'的信仰。"①

合法性是指，一种政治统治或政治权力能够让被统治的客体认为是正当的、合乎道义的，从而自愿服从或认可的能力与属性。也就是说，获得并维持政治权力需要全体或至少是大部分社会成员的认同，并自觉自愿地服从这种政治权力。于是，获得、维持和运行政治权力的问题就成了获得并维持合法性的问题。那么如何获得并维持合法性呢？

要想让社会成员承认政治权力的合法性，其途径和方法固然有多种，但其中一个重要的途径就是说服他们相信政治权力的获得是正当的，自然也应该正当地继续拥有和运用。毕竟，在政治社会里，人与人之间、集团与集团之间存在着不同的政治利益、政治体验、政治价值、政治信仰和政治态度。在政治权力合法化过程中，这些政治利益、政治体验、政治价值、政治信仰和政治态度的多元化存在，要求那些获得政治权力的人说服那些持有不同政治价值和经历不同政治体验的社会成员相信其权力的合法性。而要说服其他社会成员相信政治权力的合法性，并最终按政治主体的意愿形成社会成员对其合法性的信仰，就必须采取特定的修辞方式进行政治传播。

那么，这种采取特定修辞方式表达政治主张，以获得行为正当性的过程就是政治修辞过程，即政治主体运用政治语言所构成的恰当的措辞、神话、隐喻、传统、意识形态等，或采用各种修辞格、修辞手段等进行政治说服的过程。在日常生活中，人们总要赋予自

---

① ［德］马克斯·韦伯：《经济与社会》（上），林荣远译，商务印书馆1997年版，第239页。

身的行动以正当性。而在政治过程中，政治主体则需要赋予其政治行为以意义和正当理由；并且，任何国家的任何执政者都要根据政治情势的需要提出新的措辞、新的纲领和新的理论，从而获得其政治权力和政治行为的合法性。比如，"奉天承运，皇帝诏曰"是说明封建皇权的合法性以及在皇权合法性基础上产生的某种政治行为的合法性，使普通民众服从封建统治者的政治统治和政治管理。陈胜、吴广起义时喊出的"王侯将相宁有种乎？"的口号，一方面表达了一种理念，一方面也包含了巧妙的修辞，从而使秦末农民起义具备了正义性，获得了民众的广泛支持，最终推翻了秦朝的统治。而美国前总统乔治·W. 布什（George Walker Bush）以"反恐"为理由发动了针对阿富汗和伊拉克的战争，并把阿富汗战争和伊拉克战争说成是"反恐战争"，也是为了证明其行为的正当性。二战期间，就连日本也把对中国和其他亚洲国家的侵略说成是"进入"中国和其他亚洲国家，或者说是进行"大东亚圣战"，建立"大东亚共荣圈"，使日本人民相信日本政府的行动是正义之举，而非侵略活动。可见，政治行动无论是正义的还是非正义的，政治行动者都要以"正义的理由"来获得其合法性。因此，获得并维持政治权力合法性的政治过程，在一定意义上就是一个政治修辞的过程。政治修辞是政治过程的基本环节之一，是政治权力合法化过程中必不可少的重要途径。缺少了这一基本环节和重要途径，合法性就不可能获得或维持，就会影响政治权力的存在与运行。

笔者在第一章中提到，新闻文本生产更多的是潜在的象征性权力，而作为组织的新闻机构则是一种结构性的、制度性的现实权力存在。象征性权力与实际权力互为表里，互为依傍，而实际权力决定了文本具体的意义和价值生产方式。因而，为了实现面向大众的宣传，为了通过新闻文本生产更多符合自己意志的文本与价值（取得象征性权力），宣传者必须首先能够控制大众传媒机构，将它们变成自己的"宣传机构"（获得现实的控制权）。

在 2004 年的总统大选中，美国有线新闻网 CNN 和传统大报《纽约时报》、《华盛顿邮报》等为民主党摇旗呐喊，而福克斯新闻网 FOX、《华盛顿时报》及众多广播电台等极力拥护共和党。福克斯新闻频道（Fox News Channel）从不掩饰其右翼立场和亲共和党的态度。有人说，如果连续看 FOX 新闻，只需 48 秒就能感到该台的政治氛围。FOX 的特约评论员把 FOX 戏称为"共和党的官方电视台"。[①]

前后历时六年的李文和案[②]，也是一个由政府主导，主流媒体齐声附和、推波助澜的经典案例。最新的案例发生在 2013 年 6 月，斯诺登曝光了美国秘密监控项目"棱镜"后，美国国内多数媒体要么群情激奋地称斯诺登是"叛徒"、"间谍"、"卖国贼"，要么隐晦地支持美国政府。《纽约时报》甚至揭秘斯诺登过去的私人生活，称其连高中学位都没有，便被政府、公司委以重任，并曾在网络上表示"可以考虑为中国政府工作"，而他选择以告密的形式来宣扬自己的价值取向，实乃违背了社会道义。从"棱镜门"事件中，我们能看到，"虽然美国媒体在一些可有可无的问题上骂骂美国政府，但涉及国家利益，媒体实际上与政府就走到一起了，美国政府总是张口闭口地说美国媒体是'自由媒体'，在我看来这是很虚伪的。这给它们'自由媒体'的形象带来很大的负面影响"。[③]

对新闻媒介的控制权，一方面是源于国家机器对媒介机构的政治管理（所有制形式、各种法规和行政管理、限制某些内容传播、

---

① 王润泽著：《大选报道与美国媒体的党派色彩》，载《中国记者》2004 年 12 月 14 日。

② 李文和是华裔科学家，于 1974 年成为美国公民，曾在美国洛斯阿拉莫斯国家实验室为加州大学工作。1999 年被指控为中华人民共和国窃取了关于美国核武库的机密。在调查员收回这些最初的指控之后，政府进行了一轮新的调查并以不正当处理内部资料的罪名控告李文和。2000 年，李与美国联邦政府达成诉讼协议：他对一项罪名认罪，政府收回其他 58 项指控并将其释放。人们将李文和案与德雷福斯事件相比较。一些人认为李案是个教科书式的样例，反映了当政府和媒体联合起来对付一个人时能造成的巨大伤害。2006 年 6 月 3 日，美国联邦政府和五家媒体组织（《华盛顿邮报》、《洛杉矶时报》、《纽约时报》、美国广播公司和美联社）宣布他们会一起向李文和支付 160 万美元，以解决李对政府侵犯其隐私的指控。

③ 匿名（作者系中国传媒大学电视与新闻学院学生）：《从斯诺登事件看美国媒体》，载《云南法制报》2013 年 6 月 25 日，转载自泛亚法商网，http：//www.ynfzb.cn/Lawyer/FaWen/201306184514.shtml。

第七章 新闻传播与宣传中的权力运作 | 227

对传播事业进行总体规划和援助、对印刷媒介的间接控制、电子广播媒介的特许制度等），一方面源于工商业资本对媒介组织所有权的占有；此外，政府机构、利益集团对信息资源的实际垄断，造成媒介组织为了获得长期稳定的信息资源供应，不得不妥协让步。基于政府、政党以及媒体巨头对传媒组织的政治控制、经济控制以及对信息资源的垄断，国家机构与政治团体才获得了面向大众进行传播的话语权，以及对大众传媒这种传播渠道的垄断权。

权力也通过支配知识生产权，将宣传巧妙地隐藏在知识背后，生产现实性权力。大多数人以为，知识是浑然天成、客观中立的，如真理一般，从不怀疑知识的合理性。然而，事实上，任何知识都是人的言说，而任何言说都体现着特定的权力意向和权力关系。米歇尔·福柯在其《知识考古学》中有一精辟论断：疯癫并非自然而永恒的现象……没有把这种现象说成是疯癫并加以迫害的各种文化的历史，就不会有疯癫的历史。换言之，疯癫是被"说"出来的，一如所谓基督教的原罪说，异教徒、同性恋、堕胎者的罪恶等都是被"说"出来的一样。①

福柯还认为，能够表现出来有知识是权力的一种来源，因为这样的话你可以有权威地说出别人是什么样的和他们为什么是这样的；所谓"真理"（其实是在某一历史环境中被当作真理的事物）是运用权力的结果。② 因此，知识的意志，其实就是权力的意志。大众传媒发表的对重大事件的态度，其实就是媒介所代言的政治势力和经济势力的态度。

与大众传媒被操纵的真相相反的是，大众传播媒介头上笼罩着"社会公器"和"客观中立"的光环，这就容易形成"意见气候"和"沉默的螺旋"：人们误认为媒介所传播的就是主流或权威的观点，不得不放弃独立思考，沿着媒介宣传的方向思考。《洛杉矶时

---

① 参见曾庆香著：《新闻叙事学》，中国广播电视出版社2005年版，第82页。
② 宾子：《福柯的爱欲权利生活》，新浪博客 2010 年 4 月 23 日，http：//blog.sina.com.cn/s/blog_48db3d1e0100htqg.html。

报》的记者罗伯特·希尔可谓一针见血:"《纽约时报》挑头,共和党主演,为了扩大销售量、赢选票,他们(通过炒作李文和案)给新闻界带来了耻辱。"① 实际上,李文和只是美国两党政治的一个替罪羊。该案之所以在将近两年的时间里被《纽约时报》反复炒作,成为长年不衰的话题,最重要的原因是以考克斯为代表的共和党右派人士希望以此案作为突破口打击克林顿民主党内阁的中国政策。1998 年底考克斯报告出台前,克林顿刚刚完成他的中国之行,并且在北京宣布了中美"战略伙伴关系",至少在外交辞令上把两国之间的合作提升到了空前的高度。这样的中国政策立刻招来共和党方面的批评。于是先有考克斯报告指责中国通过军火买卖损害美国利益,后有李文和"间谍案"声称共和党人组织的调查终于抓到了间谍,这一方面是在往克林顿的中美战略伙伴关系上泼冷水,另一方面也是向美国民众显示共和党人的判断力和办事效率——只可惜最终的效果与案件始作俑者的预谋恰好背道而驰。②

二、新闻传播图式中隐含的宣传

媒体从本质上说就不是一种中立的、懂常识的或者理性的社会事件协调者,而是帮助重构预先制定的意识形态。梵·迪克在《作为话语的新闻》书中这样认为。

众所周知,作为一种常用文体,新闻有着自己固定的、程式化的组织结构形式,其基本成分包括标题、导语、正文、背景和结尾,比较常见的有倒金字塔型、华尔街日报体、金字塔型、章回型等结构形式。这些报道结构对新闻事实的表现次序进行了逻辑排序,有的是按照重要性,有的是按照时间顺序,有的则是二者兼有之,或者对这二者的变体。不同的排列方式都表现了新闻报道对新闻事实

---

① 曾庆香著:《新闻叙事学》,中国广播电视出版社 2005 年版,第 82 页。
② 参见邱林川著:《多重现实:美国三大报对李文和的定型与争辩》,载《新闻与传播研究》2012 年第 1 期。

第七章 新闻传播与宣传中的权力运作 | 229

进行的既符合事实发展，又方便受众理解的逻辑处理。这是人们对于新闻报道结构的一般性理解。

然而，新闻报道既然是一种叙事文本，那么就是一种话语建构的产物。因此，与构成新闻文本的符号一样，新闻的文本组织结构也是文本所反映的文化与意识形态的一个载体。无论是何种报道结构，无论这种结构形式表面看来是多么客观、严谨与庄重，其功能与目的仍然在于——"修辞"，也就是"宣传"：更好地讲述故事，更流畅地传播观点、更有力地劝服受众。从功能上讲，新闻结构也是新闻文本的意义与价值再生产的重要一环。文本生产与意义生产是新闻传播者权力的重要来源，因而，作为新闻话语的组织手段，文本的结构形式也是服务于新闻传播者权力的生产。

为了说明不同的新闻报道结构旨在表达观点，服务于意识形态再生产和权力生产，本书借用梵·迪克新闻话语分析中"新闻图式"和"语义宏观结构"概念与研究方法，对三篇美国总统遇刺的报道进行分析。[①] 这三篇报道使用了不同的文本结构形式：倒金字塔结构，金字塔结构，以及倒金字塔和金字塔的组合结构。

（一）新闻图示与语义宏观结构

梵·迪克对报纸新闻的结构与功能进行了深入研究。他用"新闻图式"来描述新闻文本的组织结构，用"语义宏观结构"来描述新闻文本的总体内容。文本的组织结构是形式，总体内容是填充，新闻图示可以被置换为分级构造的语义宏观结构。[②]

首先，梵·迪克认为，任何话语类型，包括日常会话与书面文

[①] 在话语分析理论中，话语（discourse）与文本（text，或译为语篇）两个概念往往不必严格加以区分，大致前者多着眼于话语行为本身，后者则多着眼于话语行为的预演表现形态，但两者都是指在语句集合体基础上所形成的超语言学意志综合体。——丁和根：《梵·迪克新闻话语结构理论述评》，载《江苏社会科学》2003 年第 6 期，第 199—203 页。

[②] 丁和根：《梵·迪克新闻话语结构理论述评》，载《江苏社会科学》2003 年第 6 期，第 201—202 页。

体等，都有如句子语法般的常规组织形式，他称之为话语的"图式"（schemata），或"超结构"（superstructure）。超结构是话语的全局性结构。新闻报道的超结构就是"新闻图式"（news schemata），如华尔街日报体、沙漏型、列举型、金字塔型、章回型、非线性型[①]等报道结构都可以视作不同的新闻图式。

新闻图式通常由五类"常规范畴"组成，包括概述（包括标题和导语）、情节（即新闻主要事件和背景）、后果、新闻事件所引发的口头反应（受访者言论，以直接引语或间接引语出现），以及评论（新闻作者对事件的直接评论）。

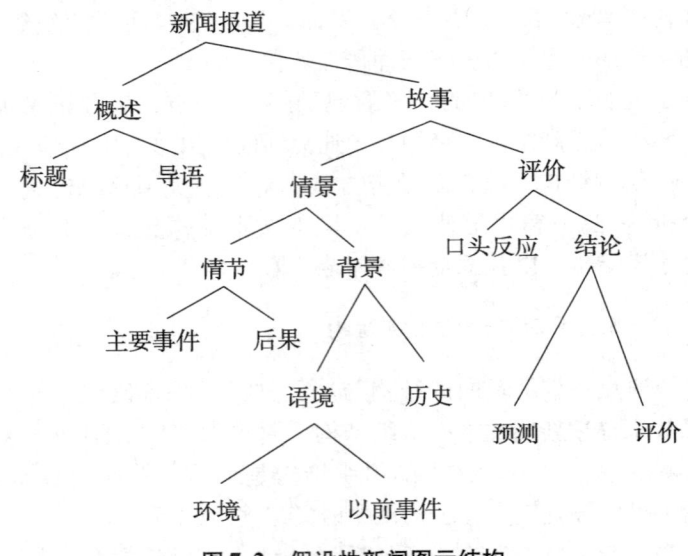

图 7.2 假设性新闻图示结构

这些范畴虽然是新闻图式的基本范畴，但是并非处于同一层级。梵·迪克在《作为话语的新闻》中提出倒金字塔结构的"假设性新

---

① [美] 卡罗尔·里奇著：《新闻写作与报道训练教程》，钟新主译，中国人民大学出版社2004年版，第201页。

闻图示结构"①（图7.2）。在倒金字塔结构的新闻图式中，概述属于第一层级；情节、背景、口头反应与结论属于第三层级，共同构成新闻故事。

需要说明的是，梵·迪克的这个新闻图式只是囊括所有要素的倒金字塔新闻结构图式，在实际操作中有很大的灵活度。处于倒金字塔结构图式最顶端的标题和导语是核心事实和必备成分，其他范畴与成分可以酌情调整，甚至缺省。有时，为快速播发消息，一篇报道只有标题和导语。

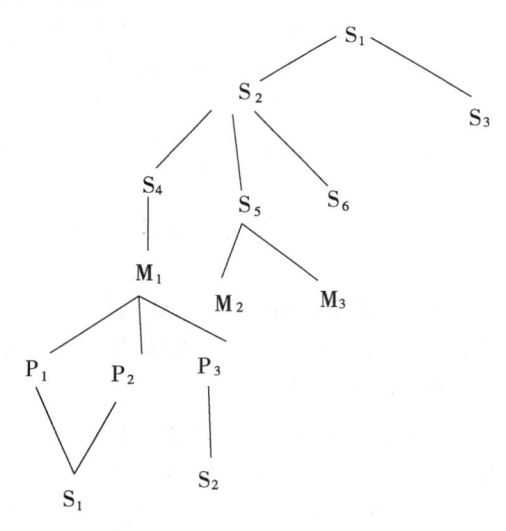

图7.3　图式超结构和其他文本结构联系示意图

其次，在新闻语义结构方面，他将新闻文本分为微观和宏观两个层次。微观结构的基本构成单位是命题（proposition），宏观结构则为话题或主题。所谓宏观语义，是指书面文本"整个段落、整个

---

① ［荷］梵·迪克著：《作为话语的新闻》，曾庆香译，华夏出版社2003年版，第57页。

部分甚至整个章节的宏观意义"。① 按等级排列，命题可以归属于更高层次的宏观命题（micro - proposition），最终形成具有等级关系的宏观结构组织。② 下图是梵·迪克绘制的"图式超结构和其他文本结构联系示意图"③。S_1、S_2……代表超结构范畴，M_1、M_2……代表宏观结构范畴，P_1、P_2……代表命题。

（二）倒金字塔结构，金字塔结构，倒金字塔与金字塔的组合结构

倒金字塔结构是消息写作中最常用的一种结构方式。它以事实的重要性程度或受众关心程度依次递减的次序，先主后次地安排消息中各项事实内容，犹如倒置的金字塔或倒置的三角形，因而得名。它适用于时效性强的新闻，而对某些非事件性或人情味的新闻不太适宜。

它的主要好处在于方便记者确定报道重点，也方便编辑根据版面和时间容量删改稿件，即一句话一段，一段一个事实，从最重要的写起④，"这种报道结构允许删去最后两段，而不丧失关键信息"。⑤ 因为具有以上优点，倒金字塔结构在现时的消息写作中，尤其是动态消息中一直占据主导地位。

不过，倒金字塔结构的优点同时也是它的缺点：按照事实重要性进行排序，看似很客观中立，是为了突出重点、方便读者阅读，但是事实的重要性顺序是新闻记者人为决定的。受众其实是依照新闻记者想要引起他们注意的顺序在进行阅读。就算是再不感兴趣的

---

① ［荷］梵·迪克著：《作为话语的新闻》，曾庆香译，华夏出版社2003年版，第29页。

② 刘欣：《中外网站关于"胡锦涛访美"报道的新闻框架探析——以人民网、纽约时报网、卫报网为例》，人民网传媒频道，2012年2月23日。

③ ［荷］梵·迪克著：《作为话语的新闻》，曾庆香译，华夏出版社2003年版，第53页。

④ 林辉著：《新闻报道新教程视角·范式与案例解析》，复旦大学出版社2005年版，第276—277页。

⑤ ［美］梅尔文·门彻著：《新闻报道与写作》，华夏出版社2003年版，第161页。

内容，只要看一眼开头的标题和导语，都不用看完剩下的内容，受众就已经完全接收到了核心事实与观点，作者使用倒金字塔结构的目的已经达到。下面这则消息就是典型的倒金字塔结构。

例文 1：

肯尼迪遇刺丧命（标题）①（概述）

【路透社达拉斯 1963 年 11 月 22 日电】急电：肯尼迪总统今天在这里遭到刺客枪击身死。（概述：交代时间、地点、人物、事件）

总统与夫人同乘一辆车中，刺客发三弹，命中总统头部。（情节1：总统遇刺时的情况）

总统被紧急送入医院，并经输血，但不久身亡。（情节2：总统不治身亡）

官方消息说，总统下午 1∶00 时逝世。（情节 3：死亡消息正式宣布）

副总统约翰逊将继任新总统。（后果：新的总统继任）

这篇报道按照新闻事实的重要性和受众的关心程度，陈述了新闻的主要事实以及后果，并没有进行多余描写。全文仅有 5 句话，标题和导语首先突出总统遇刺身亡这一最重要的事实，中间的新闻故事部分包含三段情节，最后一段是后果，交代了"副总统约翰逊将继任新总统"，解决人们对政局的担心。由此可见，这则消息的目的与功能在于——以最快的速度播发消息。

同样是总统遇刺的消息，例文 2 的报道采用的却是典型的金字塔结构。

金字塔结构是按照时间顺序来安排事实，事件的开头就是消息的开头，事件的结尾就是消息的结尾。它的优点是符合受众阅听习惯。金字塔结构适用于报道故事性强、人情味浓的事件性新闻。在

---

① 林晖著：《新闻报道新教程视角·范式与案例解析》，复旦大学出版社 2005 年版，第 277—281 页。本章节的三篇例文《肯尼迪遇刺丧命》、《福特总统遇刺幸而无恙》、《里根遇刺》都转引自该书，笔者的分析也结合该书的部分点评。

《福特总统遇刺幸而无恙》中，新闻作者就是按照时间顺序从事件的开头写到事件的结束，将一则事件性动态消息写成了一部跌宕起伏、紧张刺激的惊险小说。

例文2：

福特总统遇刺幸而无恙

【合众国际社加利福尼亚州萨克拉门托1975年9月6日电】

1. 今天晴空万里，阳光明媚，那个娇小玲珑的红衣女郎同群众一道等待着福特总统从他们面前走过。（情节）

2. 大多数前来欢迎总统的人都希望同他握手。（情节）

3. 这个红衣女郎携带着一支枪。（情节）

4. 勒奈特·阿丽丝·弗洛姆27岁，属于查尔斯·曼森那个恐怖主义团体。在这个团体中她的代号是"雏鸽"。据目击者说，她一声不响地站在人群的后排，站在州议会大厦前等待总统光临。（背景，口头反应）

5. 她对人群中一位名叫凯伦·斯凯尔顿的14岁姑娘说："啊，今天天气太好了！"（情节）

6. 事件发生后，凯伦说："她看上去像吉普赛人。"（口头反应：受访者对杀手的回忆）

7. "雏鸽"身穿红色长袍，头戴红色无檐帽，同她的红头发很相配。（情节：描写杀手形象，加深她在读者心中的印象）

8. 她的前额上有一个红色的"X"记号，这是1971年曼松及其3名女追随者因谋杀罪名成立在洛杉矶受审时她自己刻上的。（情节：继续加深外貌印象，背景）

9. "雏鸽"特地从北加利福尼亚赶到萨克拉门托，从而步正在服刑的41岁的曼松的后尘。现在，她正耐心地等待总统的到来。（背景：介绍她此行的目的）

10. 她的手提袋里藏着一支0.45厘米口径的自动手枪。（情节）

11. 太阳热辣辣地直晒下来，气温是华氏90多度，人们热得不耐烦，不由得走来走去。（情节）

12. 突然，欢迎人群振作起来了，原来福特总统出现在参议员大饭店门口，接着走上一条人行道，穿过州议会大厦前的停车场朝着人群走了过来。他的前后左右都是特工人员。（情节）

13. 福特止步，向欢迎的人群挥手致意。（情节）

14. 欢迎的群众被绳子拦在后面，他们纷纷向前涌去，同总统打招呼。（情节）

15. 总统向左转过身去，他伸出双臂，去握欢迎群众伸出来的手。（情节）

16. 每同一个人握手，他就说一句："早晨好！"（情节）

17. "雏鸽"仍没有采取行动。（情节）

18. 突然，她从人群后面挤到前面来，边挤边用双臂拨开周围的人。（情节：情况有了进展）

19. 警察说，她挤到离总统只有两英尺的地方时，突然拔枪瞄准总统。（口头反应）

20. 凯伦·斯凯尔顿说，总统见到这支左轮手枪时，"脸刷地白了"。（口头反应）

21. 另一位欢迎群众50岁的罗伊·米顿说，福特"大吃一惊，吓坏了，把脖子缩了起来"。（口头反应）

22. 说时迟，那时快，特工人员莱瑞·布恩道夫立即采取措施保卫总统生命安全。他冒着生命危险，冲到"雏鸽"和福特中间。（情节：进入高潮）

23. 接着他把"雏鸽"摔在地上，同警察一道缴了她的枪。（情节）

24. "雏鸽"尖声叫道："他不是你们的公仆！"（情节）

25. 她还对警察说："别激动，伙计们，别打我，枪不是没响吗？"（情节）

26. 四五名特工人员同时围了上来，把福特与群众隔开，旋即簇拥着他离开。（情节）

27. 福特的膝部一向有毛病，这次在惊吓中几乎支持不住自己，但他很快就站稳了。（情节）

28. 当警察给"雏鸽"戴手铐时,她喊道:"美国乱透了!那家伙不是你们的总统!"(情节)

29. 过了一小会儿,警车把她送走,这时,她的脸上浮现出一丝微笑,神情似乎很镇定。(情节:故事结尾)

全文从开头到第 17 段一直在描写等候总统到来的人群,中间穿插了对带枪红衣女郎的外貌描写以及她不同寻常的身份背景介绍,勾起读者兴趣,留下悬念。

在第 18—21 段,故事有了进展:红衣女郎拔枪相向,总统与在场人群表现惊慌失措。

在 22—28 段,故事进入高潮:特工冒险制服"雏鸽",读者才明白是有惊无险,总统无恙。

在 29 段,新闻记者似乎感觉意犹未尽,为这则故事式的消息加上了一个耐人寻味的结尾——"警车把她送走,这时,她的脸上浮现出一丝微笑,神情似乎很镇定。"

	段落	图式范畴	语义结构
开始	1—3	情节	• 描写等待的人群中的红衣女郎藏枪,引起读者悬念。
	4—10	情节,背景,口头反应	• 穿插介绍红衣女郎"雏鸽"的背景、外形、此行目的,加深读者对她的印象。
	11—17	情节	• 描写等待的人群和总统终于到来。在祥和与宁静中,等待高潮。
发展	18—21	情节 口头反应	• "雏鸽"突然采取行动。 • 总统表现惊慌失措。
高潮	22—28	情节	• 特工制服"雏鸽"后,总统"很快站稳"。 • "雏鸽"喊"美国乱透了!那家伙不是你们的总统!"
结尾	29	情节	• "警车把她送走,这时,她的脸上浮现出一丝微笑,神情似乎很镇定。"

表 7.1 消息《福特总统遇刺幸而无恙》的宏观语义结构和新闻图式

在整篇报道中，主人公"雏鸽"不像是一个恐怖分子，反倒是被描写成一位报仇失败、从容就义、美丽的吉卜赛女英雄。除了总统福特外，她对其他人并没有表示出敌意，"她对人群中一位名叫凯伦·斯凯尔顿的14岁姑娘说：'啊，今天天气太好了！'""她还对警察说：'别激动，伙计们，别打我，枪不是没响吗？'"

她还喊道："他不是你们的公仆！美国乱透了！那家伙不是你们的总统！"这话是对着当时在场的每一个人喊的，也是对着所有受众喊的。

而通过三处情节描写，总统福特却有被隐喻成为一位胆小如鼠总统的危险。

第20段：凯伦·斯凯尔顿说，总统见到这支左轮手枪时，"脸刷地白了"。

第21段：另一位欢迎群众50岁的罗伊·米顿说，福特"大吃一惊，吓坏了，把脖子缩了起来"。

第27段：福特的膝部一向有毛病，这次在惊吓中几乎支持不住自己，但他很快就站稳了。

这篇报道的作者完全可以像"肯尼迪遇刺丧命"那样，使用倒金字塔结构向全国公众通报"福特总统遇刺，幸而无恙"的情况。但是他没有这样做，却选择通过金字塔结构，描写了一场惊心动魄的刺杀总统的场面，而且这场斗争中的刺杀者还表现得从容和英勇。作者选择这样的结构和写法只能让我们推测出以下几点：

1. 作者的目的不是快速发稿，在这篇稿件之前，已经有快讯报道了福特遇刺一事。因此，作者想通过讲述故事的方式来吸引受众。

2. 作者认为跌宕起伏并带有英雄主义色彩的故事本身远比简单的消息更能吸引人的注意力。

3. 作者同情"雏鸽"的遭遇，希望受众也能同情她，对她的命运继续保持关注；作者甚至可能支持"雏鸽"的观点，希望能借"雏鸽"的话来表达自己的观点。

4. 作者以及作者所在的媒介机构并不支持福特总统的政治派别。这种对事实的建构方式是个人和媒介组织以及他们所属的经济、政治力量的选择结果。

此外，关于美国总统遇刺，有的新闻文本采用的是金字塔与倒金字塔的组合结构。金字塔与倒金字塔的组合结构就是采用倒金字塔结构的导语，落笔就写最重要的事实，但消息主题又按照时间顺序叙述事件的经过。这样既保证受众在第一时间了解事件的梗概，又有情节性，事情脉络清晰。

例文3：

里根遇刺

【合众社华盛顿1981年3月30日电】

1. 今天里根总统在华盛顿希尔顿饭店召开的一次劳工集会上发表演讲，在他返回自己的轿车时遭到枪击，胸部受伤，他的新闻秘书詹姆斯·布雷迪和两名随行军官也受了伤。（概述：事实1，总统被袭）

2. 据报道，总统在乔治·华盛顿大学医院经过两个多小时的手术之后，今晚的情况"很好"，"很稳定"。（概述：事实2，总统伤情已稳定）

3. 丹尼斯·奥利里博士说："这次的手术极为良好，他头脑清醒，明天就可以处理国事了。"（情节：事实2，总统明天可处理国事）

4. 当局已逮捕了25岁的科罗拉多里人约翰·W.欣克利。联邦法院将指控他谋杀总统未遂罪。他已经被监禁并不准保释。（概述：事实3，刺客被捕）

5. 当里根走向他的轿车时，从大约10英尺远的地方，一连串射过来五六发子弹，总统中弹时，刚刚举起左臂向人群挥手致意。总统的脸上露出一种迷惑和不肯相信的表情，他被一位秘密警察硬推进了轿车。总统在后排座位上坐好之后，轿车迅速驶向医院。（情节：事实1，从头开始交代细节）

6. 在出事现场，里根的新闻秘书吉姆·布雷迪负了重伤倒在人行道上，鲜血从他脑部的一个伤口滴到钢铁格栅上。在他身旁，一个便衣警察倒在淌着雨水的人行道上，身体痛苦地蜷缩成一团。（情

节：事实1，其他人受伤）

段落	图式范畴	新闻事实	宏观语义结构
倒金字塔 { 1	概述（导语）	事实1	• 总统被袭
2—3	概述（次导语）	事实2	• 总统伤情已稳定 • 明天可处理国事
4	概述（次导语）	事实3	• 刺客被捕
金字塔 { 5	情节	事实1	• 总统被袭露出难以置信的表情 • 被迅速送往医院
6	情节		• 其他人也受伤
7	情节	事实3	• 刺客被当场捉住
8	情节	事实2	• 总统很坚强，安慰大家
9	情节，口头反应		• 总统很幽默，逗妻子
10	情节，口头反应		• 总统安慰大家 • 心系工作
11	情节，口头反应		• 总统开玩笑表示更信任共和党

表 7.2　消息《里根遇刺》的宏观语义结构和新闻图式

7. 总统出现的时候，欣克利和在饭店一大群电视台工作人员、记者站在一起，在最后一颗子弹射出之后，便衣警察和军官们向他扑去，把他当场擒获。（情节：事实1，捕捉刺客的过程）

8. 在医院里，70岁的总统似乎非要像他的妻子和朋友们证明他很好不可。（事实2：就医时的总统很坚强）

9. "亲爱的，我忘了躲避了。"他告诉他的妻子南希。（事实2：总统很幽默）

10. 总统向他的秘书詹姆斯·A.贝克眨眼睛又使眼色。当他发

现白宫总管埃德文·米斯也在场时，他用嘲弄的口气说道："谁在看家呀？"（事实2：总统受伤后仍心系工作）

  11. 后来在手术室里，总统看看外科医生们，开玩笑地说："请你们对我说，你们都是共和党人。"（口头反应：对共和党的烘托）

  在《里根遇刺》的报道中，前面四段话使用的是倒金字塔结构，依照重要性概述了三个主要的新闻事实。第一段作为导语，首先交代最重要的事实即总统遇刺受伤（事实1），后面三段次导语交代了总统术后伤情稳定（事实2）、刺客被捕（事实3）。这一部分清晰地交代了三个主要新闻事实。

  从第五段到结尾段使用金字塔结构，按时间顺序，从头开始交代了三个事实的具体经过。再观看这部分的宏观语义结构（如表），通过情节与口头反应（对里根原话的引述），这段新闻塑造了一个勇敢、善良、幽默的总统，他举重若轻，关爱家人与下属，心系国家。

  对于相似的事件，为什么采用了不同的文本结构？记者的依据是什么？

  首先，事分轻重缓急，由于新闻事件的新闻价值不同，新闻记者可能会采用不同的新闻图式，以求更好地传播事实与观点。

  肯尼迪遇刺身亡震动世界，记者用倒金字塔结构在第一时间向受众传达这一消息，时效性不能允许记者娓娓道来；福特遇刺纯属有惊无险的花絮，如果用倒金字塔结构开头，读者可能早就失去阅读兴趣了，而用编年体的金字塔结构，悬念重重，不断制造紧张气氛，读者才会急不可耐地阅读下去。里根遇刺则居中，比福特遇刺严重得多，但毕竟没有生命危险，所以采用倒金字塔和金字塔相结合的结构。

  其次，新闻记者个人的价值理念与感情，以及传媒组织所持的政治立场与经济利益，都会影响对同类事实的建构方式。相应地，新闻记者会选用更适合自己报道意图的新闻图式。

  总而言之，由于报道目的不同，新闻记者会相应地采用不同的文本结构以获得最佳的传播效果。反过来说，文本结构形式的"择定"本身是因新闻报道目的而异的。不论采取何种文本结构，都是新闻文本生产与意义生产的一部分。

三、以新闻面目呈现的宣传

通过大众传媒进行的政治传播是现代社会宣传活动的主要手段。因此,关于"以新闻面目呈现的宣传",笔者主要讲的是"以新闻面目呈现的政治宣传",追问的也是"以新闻面目呈现的政治宣传"的特点,以及这类政治宣传是如何成为新闻的。

政治宣传是如何借新闻报道而进行的呢?

政府是新闻媒介的固定新闻源,为新闻报道提供信息,设定报道框架。信息是新闻事业的生命线。信息是具有稀缺性的,由于政府机构和政治团体垄断了大部分社会信息,因此,为获得信息资源的长期供应,不至于遭到信息封锁,新闻组织不得不选择向政府和政治团体妥协,使用他们提供的新闻事实,按照他们设计好的报道框架进行报道。新闻记者长期存在依赖固定消息来源的现象。新闻记者通常都会选择官方消息或者官方提供的新闻稿。政府提供的信息和稿件不仅量多,而且可信度高,需要花费查证的时间较少。此外,政府经常举行新闻发布会,各机构也常设专门向记者透露消息、接受采访的新闻发言人和新闻联络人,这些也都给新闻记者打开获取信息的方便之门。与此同时,新闻的报道内容和报道框架都受到了作为固定新闻来源的影响,新闻媒介自然而然便成为政府机构的代言人和传声筒。

美国学者 W. 兰斯·班尼特在研究中发现,美国新闻的内容主要是官方准备好的信息,美国的新闻"是由两个我们熟悉的官方观点所构成——共和党和民主党"。[1] 人们一般认为,有声望的权威大报采写的新闻可能受官方的影响较小,它们报道的内容广泛,涵盖国内、国际事件。它们拥有庞大的新闻采编力量,无需依赖官方或

---

[1] [美] W. 兰斯·班尼特著:《新闻:政治的幻象》,杨晓红、王家全译,当代中国出版社 2005 年版,第 153 页。

者通讯社的稿件。然而，利昂．西格纳对美国最著名的两家报纸——《纽约时代》和《华盛顿邮报》的新闻内容进行研究时发现，这两家报纸也是记录政府官员言行的主要报纸。作为领军报纸，它们在抵抗政界压力，拒绝发表那些已经准备好的政治新闻方面，它们做得非常糟糕。以下是西格纳的发现[1]：

政府官员（包括国内或国外）是近 3/4 重要新闻的来源，而只有 1/6 的新闻源自政府之外。新闻来源的细目分类如下：

来源	百分比（％）
美国官员，机构	46.5
国外或国际的官员、机构	27.5
美国国家或地方政府的官员	4.1
其他新闻机构	3.2
非政府性美国人	14.4
非政府性外国人	2.1
不可确定	2.4

·只有少于 1％ 的新闻是基于记者们自己的分析，而超过 90％ 的新闻都建立在当事人经过一定考虑后提供的信息的基础上。

·绝大部分新闻内容（70％—90％，这要看如何分类）都来源于新闻制造者们完全或基本控制的形式。以下是《纽约时报》和《华盛顿邮报》消息来源背景的细目分类：

来源	百分比（％）
访谈	24.7
记者招待会	24.5

---

[1] [美] W. 兰斯·班尼特著：《新闻：政治的幻象》，杨晓红、王家全译，当代中国出版社 2005 年版，第 153—154 页。

第七章 新闻传播与宣传中的权力运作 | 243

续表

来源	百分比（%）
通稿	17.5
官方公报	13.0
背景材料	7.9
其他非自然发生的事件	4.5
新闻评论和社论	4.0
走漏的消息	2.3
非官方材料	1.5
自发事件	1.2
记者自己的分析	0.9

不管怎么说，即便是标榜客观、独立最有力量的《纽约时报》和《华盛顿邮报》也非常依赖于官方这一狭隘的新闻来源所提供的政治消息。"在很大程度上，政府的任务已经转变为利用日益复杂的技术，通过民意调查、形象设计以及制造新闻来吸引公众的注意。"①

2003年3月，伊拉克战争打响了，不间断的电视直播使所有人的视线都投向了战火纷飞的海湾。对北京人甚至是大多数中国人来说，那一场遥远的战争，却远比"非典"要距离自己近得多。2003年2月11日，广州市召开新闻发布会，这是人们第一次通过官方渠道了解非典疫情。新华社当天也播发了这一消息，消息说疫情已经得到有效控制，发病情况已基本稳定；非典具有一定的传染性，可近距离通过密切接触传播，但只要预防得当，不必恐慌。消息还引用中国疾病预防控制中心主任李立明的话说，春季是呼吸道感染疾病多发季节，受气候影响容易引发某些呼吸道传染病的局部流行。根据专家预测，全国近期内不会发生大范围呼吸道传染病的流行。3

---

① ［美］W. 兰斯·班尼特著：《新闻：政治的幻象》，杨晓红、王家全译，当代中国出版社2005年版，第155页。

月下旬，广东和北京被世界卫生组织确定为疫区，不过这一消息并没有见诸中国的媒体。4月5日，WHO宣布取消了北京的疫区身份，卫生部公布了这一消息，同时这一消息见诸各大媒体和网站。4月10日，世界卫生组织公开批评了北京的疫情报告系统，认为北京只有少数医院每日汇报SARS病例，并派出专家组赴京考察。4月11日，北京重新被世界卫生组织定为疫区。但是卫生部并没有宣布这一消息，国内所有的媒体对此又一次保持了沉默。①

"非典"在北京大范围流行之前，先发地广东已经总结出"非典"的防治经验。担任广东省防治非典型性肺炎医疗专家组组长的钟南山在接受新闻记者采访时曾经强调医院是一个主要的感染源。但是，4月5日《北京青年报》刊登的卫生部的"非典型性肺炎社区综合预防措施"中，却没有提醒大家少去或不去医院。各报发表的关于非典问题的专家解答中，也只是简单提到"探视和照顾病人的人应戴上口罩"，而没有特别强调这种疾病的强传染性以及医患之间交叉感染的可能性。而且，在尚未查明"非典"病因、病原体来源，没有找到对应性诊治方法的情况下，媒体报道过分渲染疗效和控制手段的有效性，给人一种错觉，仿佛"非典"难关已被攻克。如4月3日《北京晚报》、《北京青年报》同时刊登的新华社记者对时任卫生部部长的专访中提到："中国在非典型性肺炎防治工作中积累了大量宝贵经验，已摸索出疾病传播的基本规律，制定了一套控制疫情和救治病人的有效方法，这将对其他国家控制疫情具有重要的参考价值。"4月11日《北京青年报》刊登"控制'非典'有办法"一文，提到卫生部有关官员的话："世界卫生组织专家充分肯定我国非典型性肺炎病人救治和疫情控制工作，对我国制定的非典型性肺炎诊断标准和处理措施给予很高的评价，并建议世界卫生组织根据我国的诊断标准进一步修改和完善世界卫生组织公布的诊断标准。"这些情况也许更多的是就广东省而言，可是对于那些处在"非典"疫情威胁中的北京市民来说，这些报

---

① 文钊：《抗非备忘录：中央政府非常磨合70天》，载《中华工商时报》2003年5月29日，http://www.people.com.cn/BIG5/news/8410/20030529/1003196.html。

道无异于释放了一枚烟幕弹。

以虚构代替真实，策划特殊的媒介事件进行宣传（Pseudo - events）被称之为"制造新闻事件"，或者"策划新闻"。在美国，Pseudo - events 运用得非常广泛，不仅限于政府机构或新闻界，企业界为了宣传公司形象，广告界为了推销产品，都在不断地运用制造出来的事件，借由媒体的报道，达到自我设定的宣传目的。"Pseudo - events"是"刻意安排产生的"，它对应的是"自然发生的新闻事件"，英文表达为"Spontaneous - events"。[1] 媒介事件是人为制造出来的新闻，制造这类新闻的直接目的主要是（并不总是专一的）为了被报道或是传播。因此，媒介事件的发生是为了方便媒体的报道和传播而安排来的。媒介事件的成功以它的报道广泛性来衡量，具有人为策划、适合传媒报道等特征。"媒介事件"具有"不真不假"的特点，用以表述的语言是"超越真伪"的，它们往往比真事件更加吸引人，诸如各类记者招待会、游行示威、候选人电视辩论[2]等事件都归为"媒介事件"之列。

班尼特认为，官方控制新闻媒介内容供应的一个长期结果就是限制了美国人民的视野和思想。政治世界成为一个完全可预知的世界，其中全是固定不变的形式、可预测的政治姿态以及肤浅的形象。这种现象带来的影响是，人们逐渐接受了贫穷、犯罪、战争等，视之为生活中的现实，而并不把他们看作是政治权力集中、经济关系中的剥削本质。"新闻媒体站在官方的立场上，对官方论调进行宣传，这种做法更是剥夺了公众理解的机会，而这种理解正是有效的政治行动和真正的政治变革所需要的。新闻受众对他们在新闻中所见到的内容进行解释时能够做到相对独立，但对于他们所看不见的东西，他们却难以理解。而他们在新闻中看不到或听不到的内容，则通常是有效进行媒体管理的结果。"[3]

---

[1] 王迎春：《对"新闻策划"研究的几点思考》，载《新闻战线》2008 年第 5 期。
[2] 黄顺铭：《新闻策划：多维的视野》，载《中国广播电视学刊》2001 年第 11 期。
[3] ［美］W. 兰斯·班尼特著：《新闻：政治的幻象》，杨晓红、王家全译，当代中国出版社 2005 年版，第 157 页。

第八章 反映—引导舆论：
新闻传播的权力隐喻

第一节 关于舆论的思考

"舆"这个词出现在春秋末期，取"车"的意思，后推而广之指拉车的车夫或抬轿的轿夫，也就是泛指一般的百姓。在《三国志·王朗传》中，就出现了作为"人们的意见"的"舆论"一词，在这之后长久的时间里，"舆论"作为"群臣和老百姓的议政主张"、"民心"、"民意"来使用着。在西方，英国自由主义代表人物约翰·洛克首先敲响了舆论研究的钟声，提出"民主—民众一致意见"论。而卢梭则是西方近代系统研究舆论的第一人，在1762年，卢梭首先将拉丁文字体系中的"公众"（publicus）和"意见"（opinio）两个词汇联系在一起，提出了"舆论"l'opinion publique（法语）的概念。

台湾的学者多把这个词翻译成"民意"。例如，台湾学者王石番在《民意理论与实务》中所提到的 W. A. Mackinon 给出的定义，"民意是社区里针对任何主题最有见识、最精明、最道德的人所持的态度"；他也同时提到美国的韩念西的看法，认为民意是"由显著多数的人，对一般重要性问题所表达好恶的综合体"。①

---

① 参见王石番著：《民意理论与实务》，黎明文化事业公司1995年版，第8—9页。

第八章 反映—引导舆论：新闻传播的权力隐喻

虽然舆论一词广为人知，但舆论的定义众说纷纭，至今没有统一的界定。有人认为，舆论指单纯一种意见，其中包括共同意见、一致意见、公共意见。甘惜分在《新闻理论基础》中提出："舆论是社会生活中经济政治地位基本相近的人们或社会集团对某一事态的大体相近的看法。"① 李良荣在《宣传学导论》中提出："舆论是在特定的时间空间里人们对于特定问题公开表达的基本一致的意见。"② 也有人认为，舆论不仅是一种意见，它还是信念、态度、情绪的总和或汇聚。陈力丹在《舆论学——舆论导向研究》中定义"舆论是公众关于现实社会以及社会中的各种现象、问题所表达的信念、态度、意见和情绪表现的总和，具有相对的一致性、强烈程度和持续性，会对社会发展及有关事态的进程产生影响，其中混杂着理智和非理智成分"。③ 同时，刘建明在《舆论传播》中也强调"舆论是一定范围内多数人的集合意识及共同意见"。④ 还有人认为，舆论是信念、态度。李普曼认为："他人脑海中的图像——关于自身、关于别人、关于他们的需求、意图和人际关系的图像，就是他们的舆论。这些对人类群体或以群体名义行事的个人产生着影响的图像，就是大写的舆论。"⑤

马克思认为舆论是一般关系的实际体现和明显表露，也就是说舆论也是世界历史的一种再现。马克思和恩格斯将舆论的形成过程概括为以下几点：

第一，共同的利益成为舆论形成的基础。在古代社会和中世纪，舆论是在小团体内形成，稳定少变，作用有限。而在工业革命后，依靠传播技术的进步，舆论因共同的利益而聚集起来，若不解决问

---

① 罗坤瑾著：《虚拟幻想到现实图景》，中国社会科学院出版社2012年版，第16页。
② 罗坤瑾著：《虚拟幻想到现实图景》，中国社会科学院出版社2012年版，第16页。
③ 陈力丹著：《舆论学——舆论导向研究》，中国广播电视出版社2005年版，第7页。
④ 刘建明著：《舆论传播》，中国传媒大学出版社2009年版，第4页。
⑤ [美]沃尔特·李普曼著：《公众舆论》，上海人民出版社2002年版，第23页。

题是很难消退的。

　　第二，先进的阶层和发达地区成为舆论的晴雨表。随着政治、经济交往程度地加深，各地区之间的差距被迅速拉开，于是在各地的舆论中，自然出现了"领袖"，这种舆论的"位差"成为现代舆论演进的动力之一。

　　第三，外部因素引起舆论的变化。交通、通信的发展，使得世界变得愈来愈小，随之信息传递的速度愈来愈快。因而舆论变得十分灵敏，遥远地方发生的事件也会影响到人们的切身利益。也就是说外界的微小变动在一定条件下都可能引起舆论，反过来影响整个社会的进程。

　　第四，政治自由成为舆论发展的必要条件。舆论与言论自由密切相关，种种限制人民发表意见的政策阻碍了舆论以及社会的发展，因而政治自由的各种要求被提上了日程。

　　第五，舆论的逆向反应强烈。因政治的自由而使得舆论的主体——公众成熟起来，公众的舆论独立意识得到加强。如果舆论的控制者们循着老办法强行压制舆论，就会使得舆论的反抗越来越强烈。

　　第六，舆论的自发性。舆论是一种很复杂的信息存在形态，是一种群体意见的自然状态，是一种无形的力量。舆论在分散、自然的状态下是无力的，但也是不可被忽视的。

　　舆论的历史也是社会史的一个组成部分，舆论与人类的社会实践相伴相生。舆论是一种"公论"而不是"私见"，是社会公众的普遍意见，不是分散的个人的个别性意见。舆论与社会的意识形态、政治、道德信仰密切相关，且充满着矛盾与变化。

　　新闻和舆论同是社会信息传播活动的产物。虽然作为事实集合的新闻和作为意见集合的舆论不同质，但在舆论的形成中，新闻传播的作用尤为突出。媒体是舆论的载体，新闻具有反映舆论、引导舆论的功能。因此，尽管新闻不是舆论，但新闻与舆论关系复杂。

一、舆论一律与舆论多元

毛泽东1966年5月24日在《人民日报》发表的《驳"舆论一律"》一文中提到了"舆论一律"。这篇文章中的"舆论一律"是将胡风的"舆论一律"做了重新的、完全不同的阐释,即"胡风所谓的'舆论一律',是指不许反革命分子发表反革命意见。这是确实的,我们的制度就是不许一切反革命分子有言论自由,而只许人民内部有这种自由……我们在人民内部,是允许舆论不一律的,这就是批评的自由,发表各种不同意见的自由,宣传有神论和宣传无神论(即唯物论)的自由……我们的舆论,是一律,又是不一律"。①在这里,毛泽东将舆论视为一个阶级问题,在人民民主专政下,人们有表达意见的自由,即舆论不一律,但反革命分子是没有这种自由的,即舆论一律。毛泽东从阶级分析角度对"舆论一律"的观点进行重新的论证,取代了胡风认为的妨碍文艺创作自由的"舆论一律"。因此,《驳"舆论一律"》一文中这个质的转变结果就是我们现在熟知的"舆论一律"。从中可以得出,毛泽东的"舆论一律"所针对的主体是反革命分子,即"不许反革命分子发表反革命意见",而在人民内部是允许舆论不一律的。这是对"舆论一律"历史来源的探讨。

对于舆论一律和舆论不一律也就是舆论多元的论断,学者们旗帜鲜明地分为两方。一方主张"舆论一律",包括舆论基本一致、大体一致、趋向一致、共同意见等。德国莱比锡大学教授比法特主张舆论是普遍性的根本意见;俄国乌列多夫的舆论一律论认为舆论同质,不具有对抗性,强调舆论对群众的教育引导和熏陶作用;在国内,李良荣主张:"舆论是在特定的时间里人们对特定问题所公开表

---

① 毛泽东著:《驳"舆论一律"》,选自《毛泽东选集》第一版第五卷,人民出版社1977年版,第157页。

达的基本一致的意见。"① 以上观点认为舆论所要传达的意见是一致的，或趋向统一的一种意见，即舆论是一律的。另一方则提出"舆论多元"的主张，法国的 A. 吉拉尔在《公共舆论》中提出："公共舆论不是其总数，而是个人意见的混合物。它从来就不是一致的，更不是同质的。"② 苏联社会学家格鲁申认为舆论具有多元性，强调舆论是广大公众决策的一种形式。这些学者们将舆论看作是多种意见的集合或总称，其中囊括不同、相近或相斥的观点意见，因而从其内部构成来说，舆论是意见的多元。

从学者们的讨论中难以得出一个统一的结论。笔者认为，舆论是自然存在的意见形态，社会的意见是多元的，舆论也是多元的。退一步讲，若硬要将各方舆论按照某种指标分门别类，其最终结果仍能说明，舆论难以一律。卢梭认为，哪种意见成为舆论，并不取决于该意见是否是真理，而是取决于他是否代表了公共利益，也就是众意表达诉求中利益的最大公约数，即绝大多数人的利益。因此，舆论的主体是社会上的大多数人，但并不意味着这大多数人的意见和态度是恒定的，也不意味着其他人的意见和态度就可以看作没有代表性。

一般说来，舆论还具有以下特点：

第一，舆论是多数人的显性传播。没有公开传播的意见、态度或情绪不属于舆论的范畴。独自一人的意见陈述、朋友之间的交谈、自我阅读的日记、面对神像的忏悔等，内容不为大众所知，更不会引起公众的讨论、评价，因此类似隐性的内向传播不构成舆论。舆论是多数人参与的显性的传播过程，没有信息和意见的传递就没有舆论。舆论的显性传播是一种持续的、连贯的信息互动的过程。

第二，舆论是公众有积极意义的议论。"公众（the public）是指那些以某种公共事务为共同话题、参与社会议论过程的个人、群体

---

① 邵培仁等著：《媒介舆论学》，中国传媒大学出版社2009年版，第3页。
② 邵培仁等著：《媒介舆论学》，中国传媒大学出版社2009年版，第3页。

和组织。"① "没有公众,就没有社会舆论,公众一旦形成,社会舆论也就同时出现"。② 公众是多数人的整体,是一定数量的集合,这一多数人的整体或数量的集合不以性别、肤色、种族、地域、国界为界限,而是以相同或相近的话题或某种共同的利益互相吸引而影响其他人。公众之所以参与其中或积极地发表意见,是因为某些行为或意见对他们而言是有意义的,意义促使行动的发生而形成强大的舆论影响力。

第三,社会诉求的多样性和利益主体的多元性。社会事务是汇聚公众舆论形成的纽带,舆论因社会事务而起并一直围绕其发展变化。舆论是在同一个情境中,个体根据不同的视角、立场随时表达自己的意见,来赞成或反对具有普遍重要性的社会事务的状态,从而突出了个人表达自由在舆论形成中的重要作用。同时,不同利益主体的诉求的汇集可以形成"共同的行为",其结果会对特定的社会事务产生影响力。

新媒体的出现使得舆论多元性无限放大。UGC(User Generated Content)赋予了公众重新诠释文本意义的可能,给舆论多元开辟了新的表达渠道。UGC 大潮大致在 2004 年到来,最标志性的应用就是博客,即大规模的可写媒介的出现。与传统媒体的专业性把关不同,UGC 给予了公众解构化文本内容的权利。在这种先发后审的机制下,把关人成为自己,每个人都是意见的主体。因此,当受众变成传者的时候,他们所生产的信息融入了个人的喜好,用一种解构的方式发表意见,更加凸显了舆论的多元性。

综上分析,多元意见的存在才是舆论的本质特点。究其根本,舆论都是公众的意见,公众本身不是整齐划一的统一体,那么公众的意见又因人而异,自然也不会完全一致。

---

① 徐向红著:《现代舆论学》,中国国际广播出版社 1991 年版,第 199 页。
② 刘建明著:《当代舆论学》,陕西人民教育出版社 1990 年版,第 43 页。

二、三个舆论场：真命题还是伪命题

（一）何为舆论场

"场"本是物理学概念，由英国物理学家迈克尔·法拉第提出。他提出的电磁感应定律为人们提供了一种不通过直接接触而产生相互作用的模型。之后对于"场"的概念运用逐渐超出了物理学范畴，向其他学科渗透，在新闻传播学领域中，布尔迪厄的"场域"理论，对舆论现象的研究具有启发意义。

布尔迪厄的"场域"，是"在各种位置之间存在的客观关系的一个网络（network）或一个构型（configuration）。正是在这些位置的存在和它们强加于占据特定位置的行动者或机构之上的决定性因素之中，这些位置得到了客观的界定，其根据是这些位置在不同类型的权力（或资本）——占有这些权力就意味着把持了在这一场域中利害攸关的专门利润的收益权的分配结构中实际的和潜在的处境，以及它们与其他位置之间的客观关系（支配关系、屈从关系、结构上的同源关系等等）"[①]。由此，场域不仅是现实的，而且是历史的；不仅是静止的，而且是动态的；不仅是固定的，而且是进行中的；不仅是有形的，而且是无形的。场域内的一切运作都有资本和权力的影子。布尔迪厄的"场域"理论能消解宏观研究与微观研究之间的疏离局面，将两者很好地融合在一起。

所谓"舆论场"，是指包括若干相互刺激的因素，使许多人形成共同意见的时空环境，在这个时空环境中充满了权力和资本的争夺。

---

① ［法］皮埃尔·布尔迪厄、华康德著：《实践与反思——反思社会学导引》，李猛、李康译，中央编译出版社1998年版，第133页。

第八章 反映—引导舆论：新闻传播的权力隐喻 | 253

(二) 三个舆论场——主流舆论场、公众舆论场、网络舆论场

在当下的舆论生态中，随着新媒体的发展、公众话语意识增强、表达方式的多元，社会舆论开始呈现百家争鸣的活跃状态，逐渐形成了不同的"舆论场"。从媒介形式的不同对舆论场进行划分，多数研究者将舆论场归为三类，即"三个舆论场"，分别指主流舆论场、网络舆论场、公众舆论场。

主流舆论场指通过国家管理的报刊、电视台、通讯社及政府网站等主流媒体和新闻发布机制构建的，旨在宣传和解释党和政府的大政方针以及社会主义核心价值观的舆论场。主流舆论场传播社会主义核心价值观，常常以公众代言人的面目呈现，是权威性意见的表达。公众舆论场则是依托民众口耳相传，从自身利益、情感和意愿出发，参与公共事务讨论而在民间形成的舆论场。网络舆论场则是近年来，随着移动互联技术的发展，网民利用微博、人人网、BBS、QQ、微信等社会化媒体，在互联网空间环境中议论时事、表达民意而形成的舆论场。

主流舆论场的发布者是主流媒体，这里的舆论是党和政府自上而下通过整合意见形成的舆论；而公众舆论场和网络舆论场是以社会中特定群体为主体，通过不同的媒介形式，借由特定的事件，议论时事、针砭社会问题、品评政府的公共管理等，进而整合形成的舆论。

在新媒体环境下，网络舆论场依托互联网技术和网络文化，以其草根、开放、便捷、自由等特点，使得三个舆论场之间的互动更趋频繁和多样化。当下，主流舆论场亦开始主动采用微博等新媒体平台发布信息，以整合舆论。人民日报在 2012 年 7 月 22 日用账号"@人民日报"，在人民网、新浪网同步发出第一条微博，标志着人民日报官方微博在两大微博平台正式上线。其他主流媒体，也纷纷开通官方微博。

在重大舆情事件中，各舆论场之间的互动虽得到加强，但依然

泾渭分明。2011年7月23日晚，甬温铁路发生列车追尾事故。由北京南站开往福州站的D301次列车与杭州站开往福州南站的D3115次列车发生列车追尾事故，后车D301次四节车厢从桥上坠下，造成40人死亡、172人受伤，中断行车32小时35分，直接经济损失19371.65万元。国务院事故调查专家组调查结果指出，组织和管理不善是事故形成的主因。关于事故的消息，首先出现在微博上，20点27分，第一条微博发出，被转发24000次，评论7600条。另外，根据中国传媒大学网络舆情研究所的观察，事发5天内，主流媒体的报道数量是17595篇，但在UGC上的消息更多，相关的论坛帖子90000多篇，博客文章有53495篇，以"温州动车追尾"为关键词的微博有9616248条，传统媒体上的报道只是它的零头。在内容方面，微博上的文字主要是追问性质的，包括事发原因、责任等，而传统媒体主要报道党和政府对事故的高度重视、如何救援等。温州动车事故的第二天，占据主流党报头版头条位置的是六位上将晋升的新闻，在版面下方才有关于此次事故的报道，并且是以领导指示为主。值得注意的是，一些地方的、市场化的媒体并没有延续以往的主流媒体突发事故报道模式，比如上海的《东方早报》，用了十个版面报道此次事故，内容大多是追问相关部门的。另外，许多传统媒体也与网络媒体紧密互动，呼应报道。这种两个舆论场或是三个舆论场之间的互动，是对社会现实不同角度的折射，也反映了社会诉求的多样和利益主体的多元性。

（三）三个舆论场的博弈——本质上同属一个舆论场

主流舆论场、公众舆论场、网络舆论场虽然着眼点不同，但在三个舆论场之间的博弈互动中，隐含着一个统一问题，就是三个舆论场从本质上来说是同属一个舆论场，即公众舆论场。

从对舆论的界定中可知，舆论是意见、态度或情绪的总和，其主体是公众，而且是达到一定数量的公众，这就意指舆论是自发形成于公众之中的。主流舆论场的主导者是主流媒体，党和政府通过主流新闻媒体自上而下整合意见形成舆论，更具有引导舆论的特征。

第八章 反映—引导舆论：新闻传播的权力隐喻 | 255

网络舆论场的主体是由网民构成，其实质也是公众，只不过舆论通过新媒体这一媒介形式呈现，传播渠道和形成特点都具有革命性的意义，但本质上也是从属于公众舆论场。舆论本来就是公众的意见、情绪和态度表达，只不过是新技术、新媒介打破了原有的信息分布和舆论传播格局，重新建构了崭新的舆论传播格局。这种新的格局使得一个个社会微动力活跃起来，一个个沉默的声音被打捞出来，汇聚成一个无比广阔的公众舆论场。这种舆论场不再是一个封闭舆论空间，而是一个四面向社会开放的舆论"公海"。因此，三个舆论场从本质上来说是同属一个舆论场，即公众舆论场。因为，就其本质而言，舆论只能是公众的舆论。

公众舆论场既存在于现实世界又活跃于网络世界。近几年公众舆论场借助新媒体平台频频发声，形成气候。新媒体成为舆论的集散地，成为一个模拟的准"公共领域"。"公共领域（public sphere）"的概念是由美籍德裔杰出的女思想家汉娜·阿伦特最早提出的。20世纪60年代德国著名社会学家哈贝马斯在《公共领域的结构转型》中对"公共领域"这个概念的起源、结构、功能做了透彻的分析。哈贝马斯认为："以国家与社会的二元对立为基点，以国家与社会的关系互动为主线，描绘了一个理想范型——介于私人领域与公共权力领域之间的资产阶级公共领域。该领域的生存空间取决于其上下两个界限的冲突与整合：随着国家与社会的分离而产生，随着国家与社会的融合而消亡。"① 新媒体、新技术将原来分散的、缓慢的意见聚合转换成在网络"公共领域"中的即时讨论，打破了性别、年龄、种族、地域的限制，拓展了公众舆论场的边界。

公众舆论场中舆论生产权回归公众本身，新媒体提供了技术支撑。"低准入、低门槛"使得任何人都可以掌握话语表达的工具，新媒体还赋予了人们重新诠释文本、重新建构意义的权力。近来的热点舆论事件中，舆论的生成发酵机制表现为：传统媒体报道或网友

---

① ［德］尤尔根·哈贝马斯著：《公共领域的结构转型》，曹卫东译，学林出版社1999年版，第171页。

爆料（微博异军突起）——公众讨论（新闻跟帖、论坛发帖等）——形成舆论压力（"意见领袖"作用突出）——媒体跟进呼应、挖掘新的事实（新老媒体互动）——有关部门应对——再掀波澜（假如应对不当）——再次应对——公众注意力转移——舆论消解（流行语、视频等娱乐化的尾巴长期流传）。新媒体的 UGC 功能，尤其是 140 个字的微博满足了更多人的需求，加快了意见的传播速度，"转发"功能在表达个体的态度时，提升了事态和意见的重要程度。从而促使公众的利益诉求更加明确，集群效应更加明显。如"红会事件"、陕西"表哥事件"、"不雅视频事件"、"强拆事件"等舆情事件，都是典型案例。新媒体在改写了主流媒体"只读"的特征的同时，已经将媒体世界变成一个可写的世界。在这个可写的世界中，新媒体拓展了人们的公共空间，为公众提供了直接参与舆论生产、舆论扩散的条件。

三、舆论会消失吗

舆论与人类社会的形成相伴生。在原始的群体活动中，它扮演着个人的自由意志和群体合作秩序之间的协调者角色，以抑制、规范和引导个人的行为来维护有序的群体生活。在复杂多变的现代生活中，舆论是社会发展的晴雨表，是社会心理和社会思潮的公开表露，是实施社会调控的制约力量。因此，舆论是公民最有社会影响力的表达活动，舆论同公众同呼吸共命运。

人类社会是一个不断发展进化的整体，是社会最基本构成单元——人的整合意志的历史呈现，舆论是这一意志集合的集中体现。从现代心理学的研究路径来看，舆论是一种浮动的意识形态。以弗洛伊德为代表的精神分析学派认为，人类精神生活的大部分以无意识（潜在）的形态存在，意识的表达相当于浮在海面上的冰山，无意识则深藏在水下。意见的表达与个人基本愿望是分不开的，舆论是一种社会意识，是相当数量的人对某一特定社会问题的意见、信念的汇集。社会学认为，由意见构成的舆论是文化传统、社会结构、社会环境所塑造的。简而言之,有社会便有舆论。

因此,即便面对来自各方的影响或是压力,舆论都不会消亡,只可能暂时沉寂。无论是政府宣传、媒体引导、政策管控、经济控制等,这些可能成为舆论形成和舆论沉寂的影响要素,但不会是舆论的终结者。"无论哪个时代,公共舆论总是一支巨大的力量,尤其在我们的时代更是如此。因为主观自由这一原则已获得了这种重要性和意义。现实应使有效的东西,不再是通过权力,也很少是通过习俗和风尚,而确实通过判断和推理,才成为有效的。"[①] 舆论是伴随着人类历史而相生相伴,并对社会发展具有重要作用,舆论是不会消亡的。

第二节 舆论形成中的新闻传播

一、舆论形成的阶段分析

(一) 舆论的内在结构

要看舆论是怎样形成的,首先就要看看舆论本身的内在结构是怎样的。在已有的研究中,一些学者给出了答案。例如在陈力丹所著的《舆论学》中,舆论被分解成八个要素,分别为:①舆论的主体:公众;②舆论的客体:现实社会以及社会中的各种现象、问题;③舆论自身:信念、态度、意见和情绪表现的总和;④舆论的数量:一致性程度;⑤舆论的强烈程度;⑥舆论的持续性(存在时间);⑦舆论的功能表现:影响舆论客体;⑧舆论的质量:理智与非理

[①] [德] 格奥尔格·威廉·弗里德里希·黑格尔著:《法哲学原理》,范扬、张企泰译,商务印书馆1961年版,第332页。

智。① 刘建明所著的《舆论传播》中舆论被分解为三点，分别为：①意见与见解：舆论本体；②舆论主体与集合意识；③舆论内核：社会知觉。② 无论是哪种解构方式，都包含以下三个要素：①公众；②现实社会以及社会中的各种现象、问题；③意见、情绪及其表达。

尽管各家说法不同，但综合分析，舆论的结构要素大致有三：

第一，舆论作为公众的意见和议论，其主体是公众，而且是达到一定数量的公众。哈贝马斯认为在公共领域中从事公共舆论的主体，是具有不同价值观念的个人，从各自所理解的公共利益出发，对公共事务进行公开讨论和争辩，最后在公共交往和批判的基础上形成舆论。可见这时的主体不是分散、消极、隐匿又无统一话题的人群，而是一群有自主性、能够自由表达意见、能够在某些问题上形成较为一致的意见的公众。哈贝马斯反复强调公共领域中的主体不应该是党派或群体，必须是纯粹代表个人的、无组织的、自由的公众。而也有学者认为，公众就是指那些以某种公共事务为共同的话题、参与社会议论过程的个人、群体和组织。③

第二，现实社会以及社会中的各种事件、现象、问题是舆论形成的土壤和激发因素。任何一种舆论都不会从天而降，静止和一成不变的事务往往不会引发人们的关心，能够引起公众关心的往往是变动中的事实，这也是为什么往往新闻能够反映舆论的原因。被公众所关注的现实社会以及社会中的各种事件、现象、问题往往呈现出了一些特点：要么是为大家所普遍关心的，包括了现实社会中关乎公共利益的热点；要么是争议性的社会现象和事件。无论是哪种，都能够激起公众兴趣，把原本分散的公众联系聚集起来，形成舆论本身的客体和讨论评价对象。

第三，意见、情绪及其表达。这种意见与情绪的表达有以下几个特点：首先，表达的情绪和意见具有强烈的倾向性，在经历复杂

---

① 陈力丹著：《新闻理论十讲》，复旦大学出版社2008年版，第10页。
② 刘建明编著：《舆论传播》，清华大学出版社2001年版，第31页。
③ 参见徐向红著：《现代舆论学》，中国国际广播出版社1991年版，第199页。

的激荡过程后，往往是以公开支持或反对某一观点、现象、倾向的激烈姿态出现。其次，这种倾向在量上应达到一定的程度。陈力丹认为："舆论不是可以随便说的，说'舆论认为'，你必须要拿出证据说明你说的那个'舆论'是舆论。"① 人们认为，按照统筹学上黄金比例0.618的说法，"在一定范围内，持某种意见的人数超过总数的三分之一，才可以讲这样的意见视为舆论"。当这种意见达到了黄金分割比例，也就是三分之二，这一意见就成为主导性的舆论。再次，这种意见的表达可以是情绪、态度，也可以是言论、行为。舆论的表现方式是多种多样的，可能是理性的、健康的，也可能是非理性的、充满谬误的。

（二）舆论形成的几个阶段

舆论的形成是一个复杂的过程，从话题的出现到诉诸行动大都经历这样的阶段：问题出现——社会讨论（精英起主导作用）——形成强大舆论——以舆论的名义促进社会改革或民主化进程。② 那究竟舆论的形成是怎样的一个过程？

学者们将舆论的形成过程进行了阶段划分，试图把握具体舆论的产生、形成、发展和沉寂。

1889年美国政治学家J. 布莱士在《美利坚民主国》中将舆论形成分为历史和现实两个过程。在历史中舆论被动的人受权威支配和统治。在现实过程中，大体要经过四个阶段：基于情绪和期待的印象形成阶段、单纯的交换或获取新闻的消极传播阶段、通过谈论和争论而使舆论得到组织化的积极传播阶段和形成最终合意付诸行动的阶段。

1928年，克莱德·今指出了舆论形成要经过的四个阶段：①公众对一事件产生不满，相信通过团体行动能够加以匡正；②公众的

---

① 陈力丹著：《新闻理论十讲》，复旦大学出版社2008年版，第7页。
② 陈力丹著：《舆论学——舆论导向研究》，中国广播电视出版社1999年版，第33页。

不满普遍地表达出来，意识到他们的共同需要；③公众通过报纸进行讨论和争辩，问题被具体化；④权力组织进行判断和决策。这里强调了公众通过媒体将需求表达的过程，也强调了舆论会引起权力组织的决策。①

　　戴维森有关舆论过程十阶段的划分被认为是最著名的。1958 年，他提出舆论形成的十个阶段：当话题从一个人传到另一个人时，话题开始萌芽——在一定范围内，人们开始普遍讨论，话题出现，逐渐形成——热心人士参与或社会团体关心处理这个话题——政党领袖谈论这个话题——大众媒介或专业机构、专业人士加入这个话题——这个话题被简单化地加以概述——话题引起广泛的注意，舆论开始形成——许多人虽然互相不认识，但议论时抱有相同的看法（这时舆论完全形成）——公众开始面对面地谈论，并在自身体现、团体影响、刻板印象、个人期望等综合作用下诉诸行动——舆论设计的问题消失或论题已经完成立法，蔚为风尚或社会规范时论题消失或者舆论已经变成立法、成为风尚和社会规范，新目标出现，新论题产生。② 这个细致的过程划分对后来的研究产生了重要的影响。但是这种划分也被批评为过于机械，忽略了舆论在形成过程中千差万别的细节。

　　在我国，研究者对舆论的形成做了三阶段或四阶段的划分，但本质上并无差别。陈力丹认为舆论形成分为三阶段：第一，社会发生较大的变动，或者累积了一些问题，大家对周围的变化和存在的问题议论纷纷。这时的意见形态是较为分散的多样化个人意见。第二，多样化的个人意见在社会群体的互动中趋同。在这一过程中，会出现舆论领袖。第三，权力组织及其领导人、大众传媒促成希望的舆论。刘建明则认为舆论的形成必经四个阶段：第一阶段，个人意见的多样化及其相互靠拢；第二阶段，社会讨论和舆论圈的出现；

---

　　① 孟小平著：《揭示公共关系的奥秘——舆论学》，中国新闻出版社 1989 年版，第 48 页。

　　② 侯东阳著：《舆论传播学教程》，暨南大学出版社 2009 年版，第 70 页。

第三阶段，舆论领袖的评价指导；第四阶段，获得权威性，也就是说舆论领袖把完善的、理想化的意见传播到公众中，消除了各种舆论圈的差异，形成共同服从的权威性意见和强制性意见，对多数人产生影响力。①

（三）网络时代舆论的形成

"沉默的螺旋"理论曾经被认为是大众媒介下社会舆论形成的一般规律。然而，随着科技的发展与传播媒介的演变，尤其是互联网出现之后，这一理论面临着严峻的挑战。"沉默的螺旋"仅仅是社会舆论形成的一种形式，而不是全部。社会舆论形成意见表现的复杂性与多样性，是事物发展变化的本来面目。尤其在网络时代，"变幻的螺旋"的形态也许才是社会舆论形成的真实写照。

1. "向上循环的螺旋"

诺依曼提出的"沉默的螺旋"实际上是向下循环的螺旋。与之对应，应该有一种"向上循环的螺旋"。这种循环式上升的螺旋，不仅在网络时代经常出现，即使在传统媒介形式也时有发生。所谓"向上循环的螺旋"是指一种意见一开始属于少数人的意见（一种微弱的声音），没有被社会所关注，但是由于互联网传播的快捷性，一旦这种声音出现便很快引起社会的广泛关注。

2. "上下反复循环的螺旋"

所谓"上下反复循环的螺旋"是指一种意见或一个人物、一个事件，由于社会对其有分歧意见，支持者的数量忽多忽少，意见气候一会儿偏向支持者，一会偏向反对者，从而造成"上下反复循环的螺旋"现象。

3. "发散式螺旋"

所谓"发散式螺旋"是指一种意见出现之后，很快在周边扩散，一层一层向外蔓延，即由一个中心点出发，向四面八方传播，最终形成"意见气候"，"一石激起千层浪"就是这种现象的形象表述。

---

① 刘建明著：《基础舆论学》，中国人民大学出版社1988年版，第97页。

网民不崇拜任何权威和权力，只要不符合网民的意愿，他们就会一拥而上，大声疾呼，形成发散式螺旋攻势，直到有关方面予以澄清或纠正为止。

4."聚焦式螺旋"

所谓"聚焦式螺旋"是指大众对某一事件从一开始就有很多分歧意见，经过一段时间的反复讨论，最后大家逐渐取得一致，最终达成共识。如果说发散式螺旋式由里向外扩散的话，那么聚焦式螺旋则是由外向里的收敛。

总之，当今是传统媒体与新兴媒体相互依存的时代，传播渠道的多样性决定了意见气候形成的复杂性。

二、舆论形成中的新闻传播

新闻和舆论同作为信息传播活动使得人们常常使用"新闻舆论"这个概念。马克思也有关于"报刊是广泛无名的社会舆论机关"[①]的论断，这都表明了新闻传播与舆论形成间的密切关系。那到底新闻与舆论是怎样的关系呢？

对此，陈力丹在论述两者关系时提到："新闻可以反映舆论，特别是在报道某个群众性事件的时候。但是，多数新闻报道的是一个一个具体的事实，而且往往与大局没有关系，在这种情况下，不能说具体的新闻反映了舆论，这是舆论与新闻的关系。"[②] 他还强调，虽然媒体是舆论的载体，但是在某些情况下，传媒不一定代表舆论。但是，一般情况下，可以说传媒是舆论界。

新闻与舆论不同质。按照陆定一的新闻定义，新闻是对新近发生的事实的报道。而舆论作为公众对感兴趣的事件、问题、现象所表达的情绪、态度、意见观点的总和，可以看作是一种评价。新闻作为对事实的报道，真实和客观一直被看作是新闻的基本原则，即

---

① 《马克思恩格斯全集》第一卷，人民出版社1956年版，第234页。
② 陈力丹著：《新闻理论十讲》，复旦大学出版社2008年版，第8页。

使这种真实如前文所提到的是被建构的真实，客观也只是理想和原则中的客观，但新闻毕竟是事实的传播，而舆论作为一种意见的总和，强烈的倾向性是其特点，这是新闻与舆论两者本质的不同。新闻是对事实的报道，事实作为新闻的本源，是第一性的，也就要求新闻传播必须坚持真实性，客观性等基本原则。而舆论中，事实与谣言、真理与谬误是相混杂的。黑格尔就说过"在公共舆论中，真理与无穷的谬误总是混杂在一起的"。①

新闻与舆论在事实和倾向性上有本质的区别，不能等同，但两者相互联系和共同之处也有很多。

第一，新闻是舆论形成的基础和依据。舆论从本质上来讲是一种意见的集合，而这种意见往往产生于公众对某一事件、问题、现象的评价和判断。这种评价和判断自然需要一个对象，这个对象往往就是新闻事件，可以说，新闻媒体无时无刻不在为舆论的生成提供着靶子，并左右着舆论的焦点。同时，"一件事、一个问题，人们只有了解了它的真实情况，弄清了它的来龙去脉，消除或减少了自己对其认识上的不确定性，才能做出评判和发表意见"。② 也就是说，在舆论形成过程中信息有着不可或缺性，而新闻正是各种信息有力的承载者。在上文中，我们强调了舆论场在舆论的形成过程中的作用，舆论场的结构与开放程度并非是一成不变的，新闻报道中任何一个事件或者问题都可能成为舆论激荡的触发点。

第二，新闻是舆论的载体。马克思把报纸比喻为"舆论的流通纸币"③，把舆论比作是报纸这头驴子上驮着的麻袋，就是强调媒体是舆论的载体。首先，舆论是新闻报道的重要内容。舆论多是公众对于现实社会一些有争议性问题、事实的争论，同时这些热点也是新闻媒体所关注的具有新闻价值的报道素材。这时的舆论经由媒体的报道得以传播，形成更具影响力的舆论而持续引发关注。其次，

---

① [德] 格奥尔格·威廉·弗里德里希·黑格尔著：《法哲学原理》，商务印书馆1961年版，第81页。
② 郑保卫著：《新闻理论教程》，北京师范大学出版社2012年版，第159页。
③ 《马克思恩格斯全集》第一卷，人民出版社1956年版，第234页。

新闻这种载体在传播的过程中将舆论放大,"使原来分散的、局部的舆论变为集中的更大范围内的舆论"。① 这种放大可能就会形成一种"舆论合力"（指的是舆论效应,是数千种甚至上万种媒介传播共同意见所造成的强势）②,而对现实产生影响。

第三,新闻能够反映舆论,也能够影响、引导舆论。1918年,徐宝璜曾在《新闻学》中论述了报纸和舆论的关系,他认为"代表舆论是新闻报纸的重要职务之一","应该代表多数人的意见,而不仅仅代表一个人或一党的意见;应该代表正当的意见;应该表达那些想说又不善于表达的意见,表达那些想说又不敢说的意见"。③ 但也有可能的是,新闻没有反映现有的舆论。对此,陈力丹举了《人民日报》在1976年"四五"运动时的例子④。当时北京市有上百万人到了天安门广场悼念周总理,但《人民日报》却在头版头条刊登了北大、清华如何批判邓小平、反击右倾翻案风,这并不是当时公众所关注的。

关于新闻能够影响和引导舆论,学界有很多的研究和论述。著名的"议程设置理论"肯定了新闻媒体引导和形成舆论的功能,美国政治学家科恩在1963年的一句话流传至今:报纸或许不能告诉我们怎样去想,却能告诉我们想些什么。更有学者将新闻媒体的作用从影响和引导舆论扩大到了能够制造舆论上。虽然雷布尔认为"报纸不可能从冰点唤起一种活动,它没有呼风唤雨的法术"⑤,但西艾弗莱在《社会团体的构造和生命》中强调,人们至少通过新闻来制造当天的舆论。作为舆论的制造者或者创造舆论的手段,新闻可能是第一种力量。

---

① 郑保卫著:《新闻理论教程》,北京师范大学出版社2012年版,第49页。
② 侯东阳编著:《舆论传播学教程》,暨南大学出版社2009年版,第211页。
③ 徐宝璜著:《新闻学》,中国新闻出版社1987年版,第285页。
④ 陈力丹著:《新闻理论十讲》,复旦大学出版社2008年版,第8页。
⑤ 刘建明著:《新闻学前沿:新闻学关注的11个焦点》,清华大学出版社2005年版,第396页。

三、舆论对新闻传播的制约与影响

（一）舆论对新闻传播的制约

麦库姆斯和肖的"议程设置"理论给新闻传播引导舆论提供了理论支持，纽曼的"沉默的螺旋"以"人害怕在社会中孤立的心理"为依据谈到了媒介对舆论的控制。但是，受众不是机械的任媒体所摆布的木偶，舆论对新闻传播也有着制约的作用，而且这种制约是与引导和控制相伴而生的。

对于新闻媒体传播的信息，受众的反映是不同的。"使用与满足理论"给出了分析。由于社会和心理因素的差异，受众会产生不同类型的媒体接触行为。《泰尤尔玛报》的发行者葛洛宙斯说："公众不希望在自己阅读的报纸中看到个人独立的见解，而希望报纸代表自己阶级的利益和意见，希望报纸按照公众所指的方向加以表现。"① 一旦媒体不能受众的愿望，受众就会排斥、不传播，或者索性舍弃媒体。另外，愈来愈扩大的"知沟"使得新闻传播对舆论的引导常常力不从心，新闻传播应重新考虑引导舆论的方式和方法了。

新闻传播与舆论是相互影响和制约的，这是一个互动的过程。同时也应该看到，对于舆论的引导是一个长期而复杂的过程。

（二）新闻传播对舆论的影响

美国的麦克利德在谈到媒介在舆论形成过程中的角色时，认为媒介是作为渠道或者联系者、变动的代言人和认识方法发挥作用的。② 无论是作为渠道或是反映者、代表者都表明在舆论形成的每个

---

① 刘建明著：《新闻学前沿：新闻学关注的 11 个焦点》，清华大学出版社 2005 年版，第 396 页。
② 参见侯东阳编著：《舆论传播学教程》，暨南大学出版社 2009 年版，第 213 页。

阶段，新闻传播都可以也能够对舆论产生影响。

美国舆论研究学者普赖斯和奥斯哈加提出了"关于舆论的社会影响来源四方格"[①]。

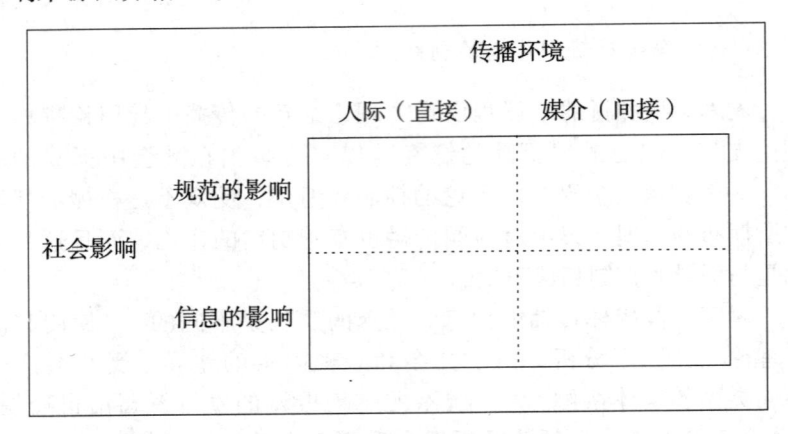

	传播环境	
	人际（直接）	媒介（间接）
规范的影响		
社会影响		
信息的影响		

图 8.1　关于舆论的社会影响来源四方格

这个四方格划分出了四种对舆论产生重要影响的领域，这个理论揭示了媒介在整体社会影响下对舆论产生的作用方式，由于这四个方格内部是可以流动的，因此，新闻报道虽然是客观的，但激发的是人们的主观见解和意见的交流，尽管存在人际和规范差异，但媒体可以通过报道改变人们某些心理的定式，将散乱的意见逐步划一，形成集中的舆论，实现新闻传播对舆论的引导。

新闻讲求客观性原则，但新闻也是被建构的事实，新闻文本是新闻从业者用符号搭建起来的王国，所谓的事实早已不是受众所能实实在在感受到的事件的本身，而是暗藏了符号使用者的价值观的被建构的事实。此外，新闻媒体作为公共权力和话语资源的享有者，在信息的传播上会以媒体自身的利益为导向，更多关注社会精英和舆论领袖，经过媒体的把关、选择、过滤，"主流"的声音就会变得

---

① 毕一鸣、骆正林著：《社会舆论与媒介传播》，中国广播电视出版社 2012 年版，第 121 页。

越来越大,而边缘的意见则会在舆论的流变中逐步沉寂。

(三) 新闻传播与舆论监督

舆论监督是我国所特有的概念,作为一个主谓结构的概念,意思就是"公众通过舆论这种意见形态,对各种权力组织和其工作人员以及社会公众人物(通常是政治家、演员、活跃的企业家和其他社会活动家,其中包括著名记者)自由表达看法的客观效果。"[①] 这个概念最初出自于"报刊批评"、"批评报道"。但实践中,监督的形式是多样的。

早在上古时期就流传着尧舜"立诽谤之木,置敢谏之鼓"的传说。在我国的历史长河中,舆论监督虽然没有形成制度,但也有了积极的实践形式,例如史官的存在。

舆论监督在本质上是非强制性的,是通过精神、道德层面上的压力或通过借助其他监督形式而产生效力。对于舆论监督的主体,学界一直存在争议,应该看到的是,虽然公众多是通过媒体来进行监督,但这仅是舆论监督的一种重要形式,行使主体作用的应该是参与公共讨论的公众。

英国政治家爱德蒙克·巴特把记者划分到"贵族"、"僧侣"、"资产者"之外的第四等级,认为第四等级比前三个阶级都重要。而在1804年杰弗逊竞选美国总统时把自由报刊看作是对行政、立法、司法起制衡作用的第四种权力。虽然西方没有舆论监督这个词汇,但马克思在1849年就提出媒体应当成为"公众的捍卫者,是当权者孜孜不倦的揭露者,是无处不在的眼睛,是热情维护自己自由的人民精神的千呼万应的喉舌"。[②]

新闻舆论监督指"公众运用新闻舆论手段所实行的社会监督;既包括对各种社会权力机构和各类社会公共事务的监督,也包括对社会成员和某一种社会现象的监督;既包括对执掌国家权力的组织

---

① 陈力丹著:《新闻理论十讲》,复旦大学出版社2008年版,第319页。
② 陈力丹著:《新闻理论十讲》,复旦大学出版社2008年版,第320页。

和个人提出问题、意见和建议,也包括对某一社会问题和社会现象发表看法和意见"。① 可以看出,新闻舆论监督的主体依旧是公众,但形式上是通过新闻舆论或者是新闻媒体来行使监督,这是舆论监督的一种形式。

　　西方国家新闻舆论监督的传统来自于媒体对自身社会功能的阐释,新闻媒体或是"监视器",或是"看门狗"、"把关人"。美国的塞缪尔·S.麦克卢尔在1903年的1月的《麦克卢尔》同时刊载了林肯·斯蒂芬斯的《明尼阿波利斯之羞》、埃达·塔贝尔的《美孚石油公司史:1872年石油战》和雷·贝克的《工作的权利》。这三篇文章分别从政界、企业界和劳工界三大领域对美国社会进行揭露,这便是历史上著名的"扒粪运动",这一运动巩固了普利策时期开启的媒体的舆论监督地位。后来《华盛顿邮报》、《纽约时报》等对水门事件以及五角大楼案的报道也是这种传统的延续。

第三节　反映—引导舆论:新闻传播的权力隐喻

一、新闻传播对舆论的反映与重构

　　进入公众视野的观点、意见等才是舆论,在当今社会,观点进入大众视野的最主要途径是新闻媒体。虽然有人将两者等同看待,有人又将新闻仅仅看作是舆论的载体,但事实上,新闻传播是对舆论的反映与重构。

　　新闻媒介是舆论的载体。舆论是社会信息传播的产物,离开传播活动,就不可能有舆论的产生和存在。不论是个体意识的萌生,还是人际间互动,不论是社会规范的约束,还是社会信息的影响,都不能离开信息的传播。对于舆论的形成来说,新闻传播在其中所

---

① 郑保卫著:《新闻理论教程》,北京师范大学出版社2012年版,第253页。

第八章 反映—引导舆论：新闻传播的权力隐喻

起的作用尤为突出。舆论传播通过大众媒介来表达和发挥影响，新闻对社会事件的呈现过程中，尽管真实、客观一直都是高高飘扬的旗帜，但是新闻并不是对世界的客观反映和完整呈现，而是传播者主观、成规性地对事实的建构，新闻报道的事实是重新建构了的事实。

新闻传播对于舆论的反映并不是简单的呈现，而是有选择性的反映与解读，是对事件框架的重新建构。从新闻媒体为公众设定议程到谁设置了媒介议程这一关注中心的转移，把舆论的生产置放到了更为宏观层面的社会大环境中，拓展了新的研究路径——框架设置。框架的概念通常被认为源自人类学家贝特森的"心理框架是一组信息或具有意义的行动"的思想，而高夫曼将这个概念引入文化社会学，20世纪70—80年代，框架理论被引入到大众传播研究中。高夫曼在其《框架分析》中指出，所谓框架，是人们将真实转换为主观思想的重要凭据，所有我们对于现实生活经验的归纳、结构与阐释都依赖于一定的框架；框架能使我们确定、理解、归纳、指称事件和信息。框架被视为个人或组织（包括新闻媒介）对社会事件的主观解释和思考结构。媒介框架即是传媒通过对有关某一议题的事实、细节、特点等的选择、强调和排除，形成传媒对该议题的解释与思考结构，亦即框架。其功能就在于为受众提供思考新闻故事的特殊角度。

李普曼在《公众舆论》一书中提及的舆论模式是：专家提供图像给政府或者大众进行决策。在大众传播高度发达的现代社会，人们的行动与三种意义上的"现实"发生着密切联系：实际存在的"客观世界"、传播媒介有选择地提示的"象征性现实"（即拟态环境）、人们在自己头脑中描绘的"关于外部世界的图像"（即主观现实）。在这三种"现实"中，主观现实往往受着客观现实和象征性现实的双重影响。又由于主观现实对外部的认知是有局限性的，特别是在媒介发达的今天，网络、手机、电视等各种大众媒介已经成为人们了解客观现实的主要来源，而媒介在通过语言、画面、文字等符号传递信息时，总是根据媒介自身预设的观点加工组合这些符号,从而达到预期的传播效果。

新闻媒体通过议程设置或者设置事件框架形塑、引导舆论。德国政治学家、传播学者诺依曼说过:"大众传播通过营造'意见气候'来影响和制约舆论,舆论的形成不是社会公众'理性讨论'的结果,而是'意见气候'在作用于人们惧怕孤立的心理,强制人们对'优势意见'采取趋同行动这一非合理过程的产物。"[1]

新闻媒介对舆论的反映与重构实质上是权力的实现过程。

二、舆论引导中的权力运行

(一)新闻传播与舆论引导

舆论自从诞生时起就与媒介结下了不解之缘,通过媒介,舆论才得以形成,得以产生影响力。李普曼论证说,媒介是"不可触、不可见、不可思议"的。在这样一个庞大的社会中,人们只与世界的很小部分有联系,处于自身的需要必须对世界事务做出决断,他们的依据大部分依赖于传播媒介。

舆论与新闻传播,两者相互依傍,相互作用,在唇亡齿寒的密切关系中获取各自的力量,发挥各自的影响力。新闻媒介依靠舆论主体——公众的支持来保证自身的生存与发展,舆论主体要利用新闻媒介发表、声张自己对问题的看法和主张。新闻媒介通过报道引人关注的事件来吸引公众关心和讨论,而舆论传播中的中心话题或热点问题又是具有新闻价值的传播内容。

舆论引导包含着丰富的含义,它不仅指对于传统的新闻传播媒体的引导,还应包括政府、政党以及社会组织,对社会公众的引导。舆论引导是社会主导者通过传播社会特定的评价信息影响社会公众对现实社会中的各种现象、问题的关注与评价的手段,使公众按照

---

[1] 刘微:《变化中的新闻内涵——美国互留媒体20年来新闻呢报道的变化》,载《国际新闻界》1999年第5期。

主导者意愿，或朝着符合社会规范和道德准则的方向发展。舆论引导的目的是把社会公众的心理、思想情感和行为引导到社会所需要的方向上去，弘扬正向舆论，抑制负向舆论。这其中，具体引导并形成主流舆论的重要武器就是新闻媒介。

（二）舆论引导过程中的权力运作

在对现代社会中的权力动因进行评论时，葛兰西认为，文化领导权是一种"自发"同意的关系。在根本上占统治地位的集团规定了社会生活的总方向，而广大民众则"自发"同意了这一方向，这就是同意产生的"历史"原因。葛兰西这里所说的同意，实际上也是舆论引导成为可能的理论依据。新闻记者再现事实的过程并不是对外部世界的中立反映，而是试图帮助人们理解既有的社会规范和价值体系，从而形成社会共识。

这就说明，新闻报道远不只是反映了一个新闻事件的真实情况，它实际上为如何理解事件提供了一个框架和坐标。霍尔说："通过这些语言文字指代的背景框架，新闻事件的定义、分类和组织都是媒体使读者和观众理解他们所报道的世界的根本方法。这种使事件易于理解的过程是一个社会过程——它是由大量具体新闻实践构成的，它们体现了（通常只是含蓄的）关于什么是社会和社会怎样运作的关键设想。其中一个重要的背景假设是社会的共识性：构建意义的过程——将社会意义赋予事件之中——既假定又利于把社会构建成为一个'共识体'。这一说法假设，我们之所以作为一个社会中的成员而存在，是因为我们享有共同的知识储备：我们掌握着相同的通向这些'意义地图'的路径。我们不仅能够按照这些'意义地图'来理解事件，还具有同样的根本利益、价值观和兴趣，这些都体现或者反映在这些地图上。"①

德国新闻学者道比法特在《新闻学》一书中强调："报纸反映、

---

① ［英］斯图亚特·艾伦著：《新闻文化》，方杰、陈亦南、牟雨涵、吴娱译，北京大学出版社2008年版，第95页。

承担、宣布和传播公众意见。在某种场合，报纸还创造性地形成公众意见。"① 大众传播媒介往往服务于主流社会，不管自觉还是不自觉，它往往反映的是一种精英意识。这种隐形的影响力使人们习惯了根据媒体提供的信息和对各种问题的重视程度，确立自己看待事物的顺序和重要程度，也使公众渐渐产生了新闻报道中"播出了的就是新闻、新闻里没有报道的就不一定是新闻"的错觉。

　　新闻传播的首要任务是传播事实性信息，但实际上，权力的触角已悄悄渗入到新闻传播过程中，究其原因是新闻传播媒介掌握了传播通道和话语权力。在当今社会，新闻媒介是掌握了较大话语权的"人"。大众媒介是实行社会控制的手段，是社会舆论的助推器和集散地。马尔库塞曾说道："人们真的能将作为信息和娱乐工具的大众媒介同作为操纵和灌输力量的大众媒介区别开来吗？必须记住，大众媒介乍看是一种传播信息和提供娱乐的工具，但实质上不发挥思想引导、政治控制等功能的大众媒介在现代社会是不存在的。"②"大众媒介既是作为传播信息和娱乐群众的过程，它也是国家权力对群众进行灌输和操纵的过程。说到底，大众媒介是国家的'话筒'，是权力的工具，它的运作过程是受到国家控制与操纵的。"③ 新闻传播中呈现的舆论往往受到媒体政治、意识形态的控制，其操纵和控制的方式多种多样。例如为观众思考的问题设计一个简单的主题或故事，使事件新闻化；根据需要以信息突显的方式利用传播渠道表现某信息，使之更突出；借用各种说明权威的符号和手段增加信息的可信度；面对不同的新闻事件，信息传播者都可能为之建立合适的信息架构，以某种恰当的表达方式来传递信息。不知不觉中，权力在新闻传播内部无形产生，并强有力地影响着公众舆论的走向。此外，新闻媒体在各种权力集团的操控下，还通过信息架构、信息

---

　　① 大众媒介与公众媒介，http：//bbs. zsu. edu. cn/bbsane? Path/personal/sanji/jiuban/2010/yuanehuang/M. 955099313. A.
　　② [德] 赫伯特·马尔库塞著：《单向度的人》，张峰等译，重庆出版社1993年版。
　　③ 邵培仁、李梁：《媒介即意识形态》，载《浙江大学学报》（哲学社会科学版）2001年第1期。

突显等议程设置和媒介手段，控制着舆论的走向。

当然，舆论的形成和发展乃至沉寂是个复杂的过程。社会学家米尔斯指出，大众传媒自身有多元性，不同的媒体中也涌动着语言、符号、图像、声音和娱乐的巨大洪流，其中不乏公开的争议、迥异的价值判断等，很难汇聚成一个标准的世界图景。因此，媒体内部也在相当大的范围内，彼此展开竞争。

三、新闻传播与控制舆论

马克思和恩格斯把舆论比作纸币，把观点的传播看作是纸币的流通。他们认为报刊在舆论中流通的畅塞与否，取决于它反映舆论的程度，就像纸币必须代表一定数量的价值才能流通一样。的确，报刊不能也不应该强制人们接收某种观点或意见，应当也只能是通过反映舆论来影响或指导舆论。马克思在揭示新闻传播与舆论的关系的同时，也提出了一些新的命题。马克思和恩格斯在谈到他们创办的《新莱茵报评论》时，就公开申明自己的目的是"经常而深刻地影响舆论"。[①] 马克思在担任《莱茵报》主笔时，反映家乡种植葡萄的农民的艰辛困苦，在普鲁士全境形成了同情农民的舆论，当该报被查封时，农民纷纷向国王请愿，要求撤销查封。为此，马克思写过一篇著名的文章《摩塞尔记者的辩护》，他说："'自由报刊'是社会舆论的产物，同样地，他也制造这种舆论。"[②] 这句话的含义我们可以理解为通过表达舆论来反映舆论，进而影响舆论，也可以理解为通过发现舆论来扩大舆论，进而指导舆论。在《新莱茵报创办发起书》中，马克思这样谈到自己的任务："报刊最适当的使命就是向公众介绍当前形势、研究变革的条件、讨论改良的方法、形成舆论、给共同的意志指出一个正确的方向。"[③] 这里，马克思同样给

[①] 《马克思恩格斯全集》第七卷，人民出版社 1959 年版，第 600 页。
[②] 《马克思恩格斯全集》第一卷，人民出版社 1956 年版，第 231 页。
[③] 《马克思恩格斯全集》第四十三卷，人民出版社 1972 年版，第 488 页。

出了我们思考的空间——什么是共同的意志？正确的方向由谁判定？

显然，马克思、恩格斯对舆论的本质有着深刻的理解和洞察。舆论是自发的，这种自发性使强大性与软弱性共生于舆论形成和发展的全过程，它既是对各种政治、经济权力的制约，也可能受控于政治、经济权力。"分析种种当时的统治阶级对舆论的控制行为，揭露其中的丑恶行径，是马克思和恩格斯关注舆论问题的另一个原因。"① 舆论发展有着广阔的可能空间和极大的不确定性，各种权力凭借手中的资源掌控舆论就有了可能性，这就是舆论的控制问题。马克思和恩格斯认为，权力对舆论的控制方法主要包括以下几种：公开对抗舆论，当控制者对全局的把握十分稳定时，往往用公开的方式"制服"舆论；争取舆论，通常由施控者用言论或行动影响舆论；利用舆论，以达到施控者的特殊目的；形式上顺应或安抚舆论，使舆论不至于危及自身。② 这其中，马克思、恩格斯谴责最多的是以下三种：有意转移舆论的兴奋点，减轻对焦点问题的舆论压力；迷惑舆论，使舆论顺从控制者；组织和制造舆论，以控制真实的舆论。从马克思恩格斯的报刊实践和对统治阶级舆论控制的谴责中可以看出，他们实际上早已经洞悉了然了舆论的争夺实际上是权力的争夺。

新闻媒介反映舆论，但毕竟是靠新闻手段实现自己的影响，对新闻的选择和建构实质上有了舆论引导和指导的意味。即便是那些报道范围最广、最全面的新闻媒介能否把所有的公众情绪、意见和观点全面反映出来呢？新闻媒介在舆论的酝酿、形成、冲突、沉寂的过程中扮演着什么样的角色呢？

李普曼关于媒体如同探照灯的比喻，很形象地说明了媒体所特有的权力。"新闻机构并不是制度的替代物，它像一道躁动不安的探照灯光束，把一个事件从暗处摆到了明处再去照另一个。人们不可能仅凭这样的光束去照亮整个世界，不可能凭着一个一个插曲、一个一个事件、一个一个突如其来的变故去治理社会。他们只有靠着

---

① 陈力丹著：《精神交往论》，开明出版社 1993 年版，第 187 页。
② 参见陈力丹著：《精神交往论》，开明出版社 1993 年版，第 188—194 页。

一道稳定的光束——新闻机构——去探索,让这光束对准他们,使一种局势足够明了,以便大众作出决定。"① 新闻传播的功能,就在于能使分散的、个别的、无组织的一般公众的舆论,经过选择、集中和放大,变成有组织的、有倾向性的和有影响的社会舆论。

首先,新闻传播控制舆论要建构语境。语境在人类行为意义产生过程中发挥重要的基础作用。语言哲学认为,没有语境就没有陈述。文字内在有一种自身的感召力——通过改变文字和内容改变效果,要理解某个行为(一种传统行为)的意义,就必须将其放回到发生行为的语境中去。语境是新闻媒介制造舆论的地基,从广义上说也就是社会情境的塑造。社会情境中的规范赋予了新闻传播特殊的意义,才使得某些行为方式产生预期的效果。语境的另一个作用是对公众兴趣的操控,使得他人对设置的舆论感兴趣。围绕受众感兴趣的内容,通过一种内在的状态(激起兴趣)促使行为发生;站在公众的角度思考问题,才能传递自己的想法、影响他人。新闻传播不仅是信息的传输,更是一种可以改变某些语境的东西。

其次,新闻传播控制舆论要建构意义。我们之所以说某句话或做某件事,是因为这句话或这件事对我们来说是有意义的。传播学认为,意义来自于关系的建立,也就是说当人们试图去理解和赋予意义时,他们的思想中总是努力建立联系、理解关联,在综合众多联系之后,意义就产生了。雷蒙·勒德律告诉我们,某个事物、某个事件、某个机制的意义,"在于他们'被理解'的事实"。② 因而,意义就是理解的产物,有理解才有意义。所有能与其他事物和我们的经验(我们的行为,我们的情感、我们的观点……)建立联系的,就具有意义。具有意义的一个事物只有与其他事物联系在一起才有意义。新闻传播活动的影响力和说服力旨在构建意义,当人们关注新闻传播中传递的信息时,意义就产生了。与意义相伴,舆论也就

---

① [美]沃尔特·李普曼著:《公众舆论》,上海世纪出版集团2006年版,第259页。

② [美]雷蒙·勒德律著:《社会中的形态与意义》,子午线出版社1984年版,第48页。

产生了。舆论是为主体准备的,如果没有主体的关注和参与,舆论也就不会形成和演变。

需要在这里说明的是,控制或者制造舆论一直是一个争议颇多的概念。正如人们对舆论内涵的理解各不相同一样,很多人提出要废止这个概念,从价值判断和道德反思的角度看,这种提法是可以理解的,制造舆论让人自然而然想到思想的钳制、民意的操弄,是和现代政治文明相悖的,也与新闻传播真实、客观的理念不相容。在现有的新闻传播研究文献中,人们不大愿意涉及制造舆论这个话题,但不管承认与否,制造舆论作为一种传播现象一直就存在着。如果说主张废止这个概念代表了一种学术立场的话,那么正视学术逻辑和传播现实,揭示制造舆论的奥秘和动机同样是一种学术担当。在出版《世界大战中的宣传技巧》后,拉斯韦尔遭受了许多诟病,但他却为传播学研究提供了更多的学术资源,毕竟社会科学研究是植根于社会实践需要的。

第四节 微博传播对公共舆论形成的负面影响分析

一、微博空间:一个可能的公共领域

如今,微博已经成为人们获知消息、发表言论的一个重要渠道。微博"将自媒体的去中心化、个人化、社会互动等特点进一步扩大,在提供更多的个人表达自由、更充分的知情权、更多的社会及政治生活参与等方面,具备优势条件"。[①] 巨大数量的碎片化信息充斥于

---

① 袁靖华:《微博的理想与现实——兼论社交媒体建构公共空间的三大困扰因素》,载《浙江师范大学学报》(社会科学版)2010年第6期,第20—25页。

微博之中，极大地满足了人们对于信息的需求。微博所具有的一定的匿名性为人们自由地进行言论表达提供了便利条件，同时匿名性还导致了现实身份与微博身份的分离。现实中的权威也并不一定能够延伸到微博传播之中，权威中心的瓦解为普通公众提供了更多自由言说的机会，激发了人们参与公共事务的积极性。

微博在为人们提供平等的表达权和知情权方面取得了很大成就。很多学者乐观地认为，微博可以重新建构一个提供网民自由讨论、交流意见、达成共识，最终改变世界的"公共领域"。但是，需要注意的是，微博是一把双刃剑，在为社会提供自由论争场所的同时，它的某些固有特性也在阻碍甚至是消解着作为公共领域精神内核的公民意识的形成。

公民意识是在社会公共精神之下所形成的对公民自身在社会中的地位、权利和责任的一种自觉的自我认识。公共精神是"孕育于公民社会中的位于最深的基本道德和政治价值层面的以公民和社会依归的价值取向。它包含民主、平等、自由、秩序、公共利益和负责任等一系列最基本的价值命题"。[①] 公共精神作为公民社会构建的价值取向基石，既是每个公民自身价值取向的一个公共集合体，又是孕育公民意识的温床。基于公共精神所确立的价值取向就决定了公民意识将是公民理性、责任、民主等意识的全面展示。公民意识的实现可由低级到高级划分为三个层面：

第一，公民独立自由人格的养成和主体意识的觉醒，即公民拥有独立的人格，可以进行独立的理性思考，并且通过独立思考获知自由的真正含义，由此确立自己的主体地位。

公民权利与责任意识的形成，即"公民对自身享有的权利和履行义务的内心感受和生活实践"。[②]

第三，公民参与意识和批判精神的觉醒，即公民既要有参与公

[①] 谭莉莉：《公共精神：塑造公共精神的基本理念》，载《理论与改革》2002 年第 5 期，第 90—92 页。

[②] 李艳霞：《社会转型期第二，中国公民意识的良性构建——以社会生活各领域关系为视角的分析》，载《社会主义研究》2010 年第 1 期，第 35—38 页。

共事务管理的意识与能力，又要具有以发展前进为最终目的的批判精神。

微博空间中所存在的一些消解公民意识的因素，对公民主体意识的觉醒、权利与责任意识的形成、参与意识和批判精神的生成产生了一定的负面影响。而公民意识的消解又增加了人们所期待的"公共领域"形成的不确定性。

二、微博的匿名性：对主体性的消解

微博的匿名性是网民得以发表意见、传播信息的保护伞。以新浪微博为例，通过加 V 认证，并且公开了个人身份信息的用户只是一小部分，而大多数的微博用户都选择了隐匿自己的真实身份信息，其中还包括了一些颇具影响的草根名人。众多微博用户的身份标识仅仅是一个代号，人人都成为微博中的无名氏，人与人之间的个性化差异不再明显。

真实身份的隐匿造成了个人主体性的消解，在群体中的人不再以自己为主体发表言论，每个人都成为无名氏群体的一部分，隐匿于"无名氏"这个统一的名称之下。"群体中的个人不但在行动上和他本人有着本质的区别，甚至在完全失去独立性之前，他的思维和情感就已经发生了变化，这种变化是如此深刻，它可以让一个守财奴变得挥霍无度，把怀疑论者变成信徒，把老实人变成罪犯，把懦夫变成勇士。"[1] 隐藏于无名氏面具下的人们逐渐淡忘了自己原来的模样，大家都成为网络无名氏的一部分，众人都成为无差异的"我"，个人的主体性由于缺乏"你"和"他"的建构而逐渐丧失。很多网民就像是 1789 年 8 月 4 日晚上的法国贵族，往往会因为一时的激情澎湃，毅然决然地发表某些见解，但如果他们只是单独考虑这件事，没有一个人会坚持自己的见解。

---

[1] ［法］古斯塔夫·勒庞著：《乌合之众：大众心理研究》，冯克利译，中央编译出版社 1998 年版。

人通过寻找自身在社会结构中的位置塑造自己的主体性，同时也会在内心产生规范自身的意愿。而微博中的匿名性致使人有了从作用于他们自身并建构其主体性的社会结构中脱离的机会。丧失了主体性的人不再注重对自身的规范，更无法拒绝无名氏群体提供的这样一种诱惑：即使他们不再为自身的行为承担责任，但还是能够享有自身应得的，甚或是更多的权利。以匿名的身份出现在网络事件之中的网民，意识到自己作为群体中无差别的一员，无论做出什么举动都会受到群体的保护，而群体的力量已经强大到足以给网民个体一种他可以摆脱现实中的约束的错觉。"孤立的个人很清楚，在孤身一人时，他不能焚烧宫殿或洗劫商店，即使受到这样做的诱惑，他也很容易抵制这种诱惑。但是在成为群体的一员时，他就会意识到人数赋予他的力量，这足以让他生出杀人劫掠的念头，并且会立刻屈从于这种诱惑。"[①]

微博传播的匿名性为人们更好地传播消息、进行讨论提供了便利的条件，但是伴随匿名性所产生的混乱倾向却正在一定程度上消解着网民的公民意识。网民群体面临着一种主体性的危机：网民在群体无意识的作用下再次抛弃了自身的个性特征，集合为规模庞大的无名氏群体，并且借由群体的保护不再为自身的行为承担责任，网民的主体性在微博传播中经受着巨大的挑战。匿名的微博传播可能对公民意识与公民社会的形成有所促进，但也有可能成为阻碍甚至消解网民自由独立意识与责任意识的工具。

三、去中心化：隐蔽的控制

微博的出现给予大众普遍说话的权利，任何人都可能成为传播的中心、话语权力的拥有者。微博传播中平等观念进一步提升，只要受到足够关注，任何人都可以是中心，与传统的大众传媒严肃、

---

① [法] 古斯塔夫·勒庞著：《乌合之众：大众心理研究》，冯克利译，中央编译出版社1998年版。

权威的面孔不同，微博因去中心化的特点颇具亲和力。"微博提供了一个平等的交流平台，它打破权威，鼓励创新，张扬个性。这在一定程度上填补了大众传媒的传播空隙，降低了传播的成本和门槛，使精英阶层的话语权下移，彰显了草根性与平民化的传播个性。"①

但是，实际情况却是"网络上的意见领袖具有惊人的人气，只要掌握了 20% 的知名博主，就可以控制 80% 的流量，对舆论有巨大的影响"。② 微博传播并没有真正消除权威与中心，微博为大众提供的仅仅是一种理论上的去中心化的可能性——只要受到关注，人人都可以是中心。微博上的知名博主们大多还是现实社会中的政要、名人等精英阶层，所谓的微博去中心化的真正内涵其实并不是现实社会精英阶层话语权的下放，而是现实社会精英阶层与网络社会精英阶层的整合。现实中的权威中心将联系大众的渠道由大众媒体变更为微博，其中心与权威地位虽有所下降，却并没有出现本质的变化，掌控微博话语权的大多数还是社会的精英阶层，比如著名商人、著名作家、著名记者等。微博缩短了草根与精英之间的传播距离，但是精英依然在微博中扮演着中心与权威的角色。

"从一定意义上说，在微博公共空间中，人们的表现会接近于勒庞所描述的'乌合之众'，他们一方面表现得特别不服从权威，另一方面又在操纵下特别容易对权威产生崇拜甚至盲从。"③ 网民在微博时代对现实权威与网络权威的矛盾态度的根源就是微博平台对传播控制的隐蔽化。在去中心化的作用下，网民具有一种虚假的平等感，即任何人都有成为中心的可能。在这种可能的前提下，传播中的控制逐渐隐于台下，网民在传播中的被控制感逐渐弱化，他们会乐意接受其他中心的影响，因为他们相对地也有机会成为影响他人的中

---

① 刘宏毅、何芳：《微博舆论传播特征及面临的困境》，http://media.people.com.cn/n/2012/0911/c348953-18978913.html.

② 朱海松著：《网络的破碎化传播——传播的不确定性与复杂适应性》，中国市场出版社 2010 年版。

③ 赵鼎新：《微博、政治公共空间和中国的发展》，http://www.dfdaily.com/html/150/2012/4/26/782916.shtml.

心。这样，借由一个机会平等，精英阶层对网民的影响与控制就得以更加隐蔽、更加自然化。微博平台上网络控制的合法化，削弱了普通民众对精英阶层控制传播的抵触心理，令现实精英与网络精英联合组成的知名博主群体对大部分网民的控制与引导变得更加轻松与强大，知名博主的意见领袖地位得到强化。以某知名博主抗拆事件为例，该博主接连发出多条微博，称自己老家房屋面临强拆。经过微博名人的积极声援转发，这个事件被展现在大量网民面前，网民在不知不觉中就已经受到引导，纷纷加入到讨论中来，将一个私人事件在很短的时间内发酵成为微博热门话题，以至于多家媒体都纷纷跟进报道。知名博主群体对网民议题的控制可见一斑。此外，对意见领袖的盲目崇拜使粉丝组成了一个庞大的非理性群体，"永远漫游在无意识的领地，会随时听命于一切暗示，表现出对理性的影响无动于衷的生物所特有的激情，他们失去了一切判断能力，除了极端轻信外再无别的可能"。[①] 以知名博主为中心存在的众多网民，某种程度上丧失了自身理性思考的能力。网民的思考受到来自意见领袖的有意或无意的暗示，并且在群体的氛围中失去明辨是非的能力。

四、信息的碎片化与理性危机

每条微博的内容仅限于 140 个汉字，内容短小，且多以思维的片段、一时的想法为主。而通过智能手机，用户可以随时随地更新微博内容，发表即时的想法和信息。微博内容的短小与发送的便捷使人们养成了琐碎思考、琐碎表达的习惯。这些信息看似富有信息量和哲理性，但都是一时的思维火花，缺乏深入的、系统性的思考。同时数量庞大的碎片化信息的不断生产会造成信息的超载，少量有用的信息将淹没于巨量的无意义喧哗之中。

[①] ［法］古斯塔夫·勒庞著：《乌合之众：大众心理研究》，冯克利译，中央编译出版社 1998 年版。

数量巨大的碎片化信息，在理想状态下本应能够整合形成反映事件全貌的系统化信息，但信息整合工作量的庞大却让个人不得不望而却步。面对多变而复杂的事物时，人们往往会选择将其简单化，将其转化为非黑即白的二元对立结构。这样的简化在微博传播中比比皆是，某一事件的复杂性不是仅用 140 个字就能完全陈述清楚的，在众多的信息中抓住事件中最具冲突性的双方，用简化的二元对立结构将其表述出来，成为大多数微博的写作范式。同时，"语言的碎片化必然会带来思维的碎片化、认知的碎片化"。① 人们逐渐习惯于获取碎片化的信息，同时人的思维和认知也逐渐变得琐碎，思维往往只是止步于思想火花的产生，而无法进行深入系统的理性思考，将火花转化为熊熊的火焰。简单的二元对立结构的泛滥和思维碎片化的产生，使公民的理性批判精神逐渐衰落。"所谓批判，其实就是站在一个更高的层面上，对历史或现实作甄别和审视，对人或事进行分析和解剖，以期发现问题和解决问题。其最终目的是为了更好地发展，其着眼点是广阔的未来。批判的充分必要条件，是思想、人格和精神的独立，因此批判所引申出来的丰富内涵和积极意义，便远远地大于批判本身。"② 缺乏对人和事的分析解剖致使人们只能简单地得出肯定或否定的结论，却无法对历史或现实做出甄别和审视，从中寻找出解决问题的办法而推动更好的发展。这样的环境下产生的只能是批评现实者而并非批判者。

　　简单的二元对立结构的泛滥与碎片化思维还容易导致网民思维能力的弱化和独立精神的丧失。非黑即白、非此即彼的简单二元对立思维更容易使网民出现群体极化现象，思维的碎片化特点又令网民极易表现出强烈的支持或者强烈的反对情绪。在极端群体情绪的感召下，所有理性的思考都将与行为分离，网民失去自身应有的判断能力，变得异常轻信，极易被暗示影响控制，网民原本应具有的

---

　　① ［美］赫伯特·席勒著：《大众传播与美利坚帝国》，刘晓红译，上海译文出版社 2006 年版。

　　② 刘效仁：《批判精神普遍缺失不仅是学界之悲》，http：//www.china.com.cn/review/txt/2007-11/01/content_9155394.htm.

思想、人格和精神的独立就此丧失,批判精神也便失去了立足的理性基石。

法国当代思想家埃德加·莫兰认为,理智的危机与过于简单的、抽象的、专断的思想有关。庞大的、琐碎的信息导致了网民思想的简单化与专断化,简单而专断的思想摧毁了理性批判精神存在的根基,网民公民意识的形成再一次遇到了阻力。

从微博传播的匿名性、去中心化、碎片化的特点来看,微博传播对网民公民意识的形成是有消极影响的。微博在为人们提供一个更加自由平等的交流传播环境的同时,也在消解着网民的独立自主意识,混淆着权利与责任的界限,并且阻碍了网民进行理性的批判。虽然微博给我们带来了改变现状的巨大希望,但是微博为我们带来的消极影响也不应被忽视。

余 论

　　新闻学研究的范畴是什么？很多人会说，要从历史、实践、理论三个方面确定，但如何确定？可行性的建构方式是什么？不回答这样的问题，新闻学研究的对象基本问题何以确定呢？

　　假定依照托马斯·库恩的方式问：新闻学的核心逻辑和轴心范式是什么呢？也许会有很多人说，新闻学是研究新闻的本质特征、新闻传播中的基本矛盾、新闻工作的一般规律和原则以及新闻事业的地位和作用的科学。似乎正确。可是若继续问，新闻的本质是由什么规定的、新闻传播中的基本矛盾如何锚定、新闻事业的地位由谁来确定等，恐怕就要见仁见智了，甚至会大相径庭。这些问题和困惑可能在提示我们，新闻学学科建制层面的共识尚未建立起来，学科定位、研究对象、理论体系等尚待科学的建构。

　　在本书准备和撰写阶段，这些苦恼一直纠缠着笔者。新闻学的建构如何才能达成共识，笔者不能给出明确的答案。尽管知道这是个不可能完成的任务，但依然不想放弃。如何找到一个较好的观察位置来关照新闻、新闻传播、新闻事业呢？这个观察点也许只能在新闻之外去寻找，到新闻传播的过程中去寻找，到新闻业所处的宏观社会权力结构中去寻找，原因很简单，新闻的规定性不可能是自己赋予自己的。

　　对新闻传播过程中的无处不在的权力的发现给了笔者启发。无论是对新闻传播进行线性考察还是结构性考察，权力都是一个无法回避的概念。新闻媒体的运作中各种权力在出没；新闻文本的建构中权力和意识形态如影随形；传播者和接受者进行着持续的权力博弈；新闻媒体在被权力规制的同时也在生产着自身的权力，媒体的控制和反控制斗争从未停歇过。正是从这里出发，新闻传播是权力斗争的领域便成为逻辑必然。当然，这里的权力不再仅仅以穿着黑袍的君主的面貌出现，而是不停变换着面孔和手法。不管是政治权力、经济权力、文化权力还是象征性权力，都可看作是权力的万花筒；不管是控制的权力、协商的权力还是反抗的权力，都随时在新闻传播的过程中演绎。新媒体的出现改变了权力结构和权力方式，但参与新闻传播的各方新闻传播机构和其他社会机构对权力的追逐意志不会变。从这个意义上说，新媒体成了透过权力视角观察新闻生产和新闻传播的新领域，必然会催生新闻学研究的新对象、新方法。因此，对权力的考察便成了本书立论的基础。

关于对范畴和范式的建构和梳理，是完全建立在权力这个观察基点之上的，也可以说是权力新闻学建构的必然取向。新闻与事实、传播者与受众、控制与自由之所以成为新闻学的基本范畴，是因为在这三对基本矛盾中隐含了新闻传播中的几乎所有问题。同时，这三个范畴又互为前提，共同影响着新闻学的学术规范和价值追求。对新闻学研究范式的梳理，是沿着权力这条主线，围绕三个基本范畴展开的。三种范式可能带来三种研究旨趣、研究方法和研究对象，也可能成为辩论和质疑的对象。

参考文献

期　刊

[1] 陈芳：《权力与话语：意识形态对翻译实践的操纵》，载《湖南第一师范学报》2004年第3期。

[2] 陈力丹、王亦高：《深刻理解"新闻客观性"》，载《新闻大学》2006年第1期。

[3] 池岩、云国强：《对传播学发展及其理论贫乏状况的反思》，载《河南大学学报》（社会科学版）2009年第3期。

[4] 邓正来：《社会科学与知识类型——兼评荷曼斯的〈社会科学的本质〉》，载《中国书评》1994年第2期。

[5] 邓理峰：《理解媒介现实的两种范式》，载《现代传播》（中国传媒大学学报）2008年第3期。

[6] 郭镇之：《客观新闻学》，载《新闻与传播研究》1998年第5期。

[7] 孔大为：《"新闻无学论"何以死而不僵——读〈对"新闻无学论"的辨析与反思〉一书的困惑》，载《青年记者》2011年第3期。

[8] 刘立刚：《新闻客观性本身就是一种意识形态》，载《新闻与写作》2008年第5期。

[9] 刘建明：《从主体论到客体论的新闻自由观》，载《清华大学学报》（哲学社会科学版）1996年第3期。

[10] 李建利：《话语分析与新闻语言》，载《西北大学学报》（哲学社会科学版）2005年第6期。

[11] 李青：《对传播媒介权力的思考》，载《国际新闻界》

1999年第3期。

［12］马汉广：《论福柯的微型权力理论》，载《学习与探索》2009年第6期。

［13］单波、李加莉：《奥威尔问题统摄下的媒介控制及其核心问题》，载《上海大学学报》（社会科学版）2008年第4期。

［14］孙楠楠：《对社会化媒体的传播学思考》，载《传媒观察》2009年第9期。

［15］田心军：《逻辑范畴理论的新探索，新成果》，载《信阳师范学院学报》（哲学社会科学版）2002年第1期。

［16］田平：《托马斯·库恩后期的科学文本思想》，载《武汉大学学报》（人文科学版）2001年第2期。

［17］徐李子：《"新闻事实"不等于客观事实》，载《新闻知识》2004年第1期。

［18］杨保军：《新闻道德与新闻自由关系初论》，载《山西大学学报》（哲学社会科学版）2009年第6期。

［19］杨保军：《论新闻的媒体建构》，载《四川理工学院学报》（社会科学版）2008年第10期。

［20］闫志刚：《社会建构论：社会问题理论研究的一种新视角》，载《社会》2006年第1期。

［21］张昆、程凯：《杰斐逊与罗伯斯庇尔新闻自由思想之比较》，载《武汉大学学报》（人文科学版）2002年第3期。

［22］张梅：《从社会建构主义到新闻建构论》，载《福建师范大学学报》（哲学社会科学版）2011年第1期。

［23］杨保军：《新闻源主体对新闻的建构》，载《新闻与写作》2008年第7期。

［24］杨保军：《新闻建构：从收受主体出发的分析》，载《阴山学刊》2008年第3期。

著　作

［1］毕一鸣、骆正林：《社会舆论与媒介传播》，中国广播电视出版社2012年版。

［2］陈力丹：《传播学是什么》，北京大学出版社2007年版，第166页。

［3］陈力丹：《世界新闻传播史》，上海交通大学出版社2007年第6页。

［4］陈力丹：《新闻理论十讲》，复旦大学出版社2008年版第2版。

［5］陈力丹：《舆论学——舆论导向研究》，中国广播电视出版社1999年版，第33页。

［6］陈力丹：《解析中国新闻传播学》，人民日报出版社2012年版。

［7］陈卫星：《传播的观念》，人民出版社2008年版，第19页。

［8］董绍克、阎俊杰主编：《汉语知识词典》，警官教育出版社1996年版。

［9］何扬鸣、张健康编著：《20世纪中国新闻学与传播学·宣传学和舆论学卷》，复旦大学出版社2002年版。

［10］丁海晏：《电视传播的哲学》，北京广播学院出版社2001年版。

［11］冯契：《逻辑思维的辩证法》，华东师范大学出版社1996年版。

［12］郭庆光：《传播学教程》，中国人民大学出版社1999版，第161—162页。

［13］高宣扬：《当代法国思想五十年（下）》中国人民大学出版社2005年版。

［14］何梓华、成美副主编：《新闻理论教程》，高等教育出版社1999年版。

［15］胡春阳：《话语分析：传播研究的新路径》，上海人民出版社2007年版。

［16］郝雨：《新闻学引论》，上海交通大学出版社2008年版。

［17］侯东阳：《舆论传播学教程》，暨南大学出版社2009年版。

［18］孔明安、陆杰荣主编：《鲍德里亚与消费社会》，辽宁大

学出版社 2008 年版。

［19］雷跃捷：《新闻理论》，北京广播学院出版社 1997 年版。

［20］雷跃捷、辛欣主编：《网络新闻传播概论》，北京广播学院出版社 2001 年版。

［21］雷跃捷：《媒介批评》，北京大学出版社 2007 年版。

［22］刘建明：《西方媒介批评史》，福建人民出版社 2007 年版。

［23］刘建明：《新闻学前沿：新闻学关注的 11 个焦点》，清华大学出版社 2005 年版。

［24］刘建明：《社会舆论原理》，华夏出版社 2002 年版。

［25］刘迪：《现代西方新闻法制概述》，中国法律出版社 1998 年版。

［26］刘亚猛：《追求象征的力量》，香港：生活·读书·新知三联书店 2004 年版。

［27］刘放桐等：《现代西方哲学》，人民出版社 1990 年版。

［28］刘海龙：《大众传播理论：范式与流派》，中国人民大学出版社 2008 年版，第 76 页。

［29］李彬：《全球新闻传播史》，清华大学出版社 2009 年版。

［30］李彬：《媒介话语：新闻与传播论稿》，新华出版社 2005 年版。

［31］李彬主编：《大众传播学》（修订版），清华大学出版社 2009 年版。

［32］李彬：《传播学引论》（增补版），新华出版社 2003 年版。

［33］李有梅：《组织社会学及其决策分析》，上海大学出版社 2003 年版。

［34］李洁：《传播技术建构共同体——从英尼斯到麦克卢汉》，暨南大学出版社 2009 年版。

［35］李幼蒸：《理论符号学导论》，中国人民大学出版社 2007 年版。

［36］李跃娥、范宏雅：《话语分析》，上海外语教育出版社 2002 年版。

［37］罗贻荣：《走向对话》，中国社会科学出版社2006年版。

［38］罗纲、刘象愚主编：《文化研究读本》，中国社会科学出版社2000年版。

［39］林子仪：《言论自由与新闻自由》，台湾月旦出版社1993年版。

［40］吕巧萍：《媒介化生存——中国青年媒体素质研究》，中国传媒大学出版社2007年版。

［41］卢之超主编：《马克思主义大辞典》，中国和平出版社1993年版。

［42］卢少华、徐万珉著：《权力社会学》，黑龙江人民出版社1989年版。

［43］《马克思恩格斯全集》第一卷，人民出版社1956年版。

［44］《马克思恩格斯选集》第三卷，人民出版社1995年版。

［45］孟小平：《揭示公共关系的奥秘——舆论学》中国新闻出版社1989年版。

［46］欧力同、张伟：《法兰克福学派研究》，重庆出版社1990年版。

［47］彭克宏等主编：《社会科学大词典》，中国国际广播出版社1989年版。

［48］彭启福：《理解之思——诠释学初论》，安徽人民出版社2005年版。

［49］邵培仁著：《传播学》，高等教育出版社2007年版。

［50］唐远清：《对"新闻无学论"的辨析及反思：兼论新闻学学科体系建构和学科发展》，中国广播电视出版社2008年版。

［51］位迎苏：《伯明翰学派的受众研究》，中国传媒大学出版社2011年版。

［52］万俊人：《现代西方伦理学史》，北京大学出版社1992年版。

［53］吴信训：《世界传媒产业评论》（第一辑），中国国际广播出版社2008年版。

[54] 吴文虎主编：《传播学概论》，武汉大学出版社 2000 年版。

[55] 汪晖、陈燕谷：《文化与公共性》，三联书店 2004 年版。

[56] 汪民安：《福柯的界限》，中国社会科学出版社 1997 年版。

[57] 王敏梓：《自杀式恐怖袭击的"泛伊斯兰化"：媒体对事实的建构与影响．理论界》，2012 年版，第 10 页。

[58] 谢选骏：《神话与民族精神》，山东文艺出版社 1986 年版。

[59] 徐大同、马德普：《现代西方政治思想》，人民出版社 2003 年版。

[60] 徐向红：《现代舆论学》，中国国际广播出版社 1991 年版。

[61] 徐宝璜：《新闻学》，中国新闻出版社 1987 年版。

[62] 彭漪涟主编：《概念论》，学林出版社 1991 年版。

[63] 喻国明、欧亚等著：《微博：一种新传播形态的考察——影响力模型和社会性应用》人民日报出版社 2011 年版。

[64] 杨伯溆：《全球化、起源、发展和影响》，人民出版社 2002 年版。

[65] 杨保军：《新闻理论研究引论》，中国人民大学出版社 2008 年版。

[66] 杨保军：《新闻本体论》，中国人民大学出版社 2008 年版。

[67] 征民安：《福柯的界限》，中国社会科学出版社 2002 年版。

[68] 曾庆香：《新闻叙事学》，中国广播电视出版社 2005 年版。

[69] 赵月枝：《传播与社会：政治经济与文化分析》，中国传媒大学出版社 2011 年版。

[70] 郑保卫：《新闻理论教程》，北京师范大学出版社 2012 年版。

[71] 郑保卫主编：《新闻法制学概论》，清华大学出版社 2009 年版。

[72] 郑保卫：《论新闻学学科地位及发展》，中国传媒大学出版社 2010 年版。

[73] 郑保卫主编：《中国共产党领导人新闻实践与新闻思想研

究》，中国人民大学出版社 2011 年版。

［74］郑保卫主编：《新闻学论集》（第 28 辑），经济日报出版社 2012 年版。

［75］郑保卫主编：《中国新闻业发展现状与趋势》经济日报出版社 2008 年版。

［76］彭启福：《理解之思——诠释学初论》，安徽人民出版社 2005 年版。

［77］董璐：《传播学核心理论与概念》，北京大学出版社 2008 年版。

译　著

［1］［美］J. 赫伯特·阿特休尔（Altschull，J. H.）著：《权力的媒介》，黄煜、裘志康译，华夏出版社 1989 年版。

［2］［法］路易·皮埃尔·阿尔都塞著：《哲学与政治》，阿尔都塞读本，陈越编译，吉林人民出版社 2003 年版。

［3］［英］阿雷德·鲍尔德温等著，《文化研究导论》，陶东风等译，高等教育出版社 2004 年版。

［4］［美］鲍勃·富兰克林（Bob Franklin）等著：《新闻学关键概念》，诸葛蔚东等译，北京大学出版社 2008 年版。

［5］［英］波特兰·罗素著：《权力论》，吴友三译，商务印书馆 2008 年版。

［6］［法］皮埃尔·布尔迪厄著，《关于电视》，许钧译，辽宁教育出版社 2000 年版。

［7］［美］大卫·克罗图、威廉·霍伊尼斯著：《媒介·社会——产业、形象与受众》，邱凌译，北京大学出版社 2009 年版，第 282 页。

［8］［美］丹尼斯·K. 姆贝著：《组织中的传播和权力：话语、意识形态和统治》，陈德民、陶庆、薛梅译，中国社会科学出版社 2000 年版。

［9］［英］戴维·莫利著：《电视、受众与文化研究史》，史安斌等译，新华出版社 2005 年版。

［10］［美］戴维·斯沃茨著：《文化与权力》，陶东风译，上海译文出版社 2006 年版。

［11］［英］E. P. 汤普森著：《英国工人阶级的形成》，钱乘旦等译，译林出版社 2001 年版。

［12］［法］迪迪埃·埃里蓬著：《权力与反抗》，谢强、马月译，北京大学出版社 1997 年版。

［13］［荷］梵·迪克著：《作为话语的新闻》，曾庆香译，华夏出版社 2003 年版。

［14］［荷］冯·戴伊克著：《话语 心理 社会》，施旭、冯冰译，商务印书馆 1993 年版。

［15］［英］格雷姆·伯顿著：《媒体与社会》，史安斌译，清华大学出版社 2007 年版。

［16］［德］尤尔根·哈贝马斯著：《公共领域的结构转型》，曹卫东等译，学林出版社 1999 年版。

［17］［德］尤尔根·哈贝马斯著：《作为未来的过去——与著名哲学家哈贝马斯对话》，哈勒、章国锋译，浙江人民出版社 2001 年版。

［18］［德］尤尔根·哈贝马斯著：《交往与社会进化》，张博树译，重庆出版社 1989 年版。

［19］［美］J. 赫伯特·阿特休尔著：《权力的媒介》，黄煜等译，华夏出版社 1989 年版。

［20］［奥］卡尔·波普尔著：《猜想与反驳——科学知识的增长》，傅纪重等译，上海译文出版社 1986 年版。

［21］［德］汉斯-格奥尔格·伽达默尔著：《真理与方法》，洪汉鼎译，上海译文出版社 1999 年版，第 380 页。

［22］［美］托马斯·杰斐逊著：《杰斐逊文集》，刘祚昌、邓红风译，三联书店 1993 年版。

［23］［英］雷蒙德·威廉斯著：《文化与社会》，吴松江、张文定译，北京大学出版社 1991 年版。

［24］［法］保罗·利科尔著：《解释学与人文科学》，陶远华等

译，河北人民出版社 1987 年版。

［25］［法］保罗·利科尔著：《诠释学的任务》，见洪汉鼎主编：《理解与解释——诠释学经典文选》东方出版社 2001 年版。

［26］［英］利萨·泰勒、安德鲁·威利斯著：《媒介研究：文本、机构与受众》，吴靖、黄佩译，北京大学出版社 2005 年版。

［27］［美］罗纳德·德沃金著：《认真对待权利》，信春鹰、吴玉章译，中国大百科全书出版社 1998 年版。

［28］［英］罗德里克·马丁著：《权力社会学》，丰子义、张宁译，三联书店 1992 年版。

［29］［法］罗兰·巴特著：《神话学》，许蔷蔷、许绮玲译，新知出版社 1999 年版。

［30］［法］罗兰·巴特著：《神话修辞术》，屠友祥、温晋仪译，上海人民出版社 2009 年版。

［31］［德］马克思、恩格斯著：《马克思恩格斯全集》，中共中央马克思恩格斯列宁斯大林著作编译局编译，人民出版社 2008 年版。

［32］［法］米歇尔·福柯著：《性经验史》，于碧平译，上海人民出版社 2001 年版。

［33］［法］米歇尔·福柯著：《性史》，姬旭升译，青海人民出版社 1999 年版。

［34］［法］米歇尔·福柯著：《求知之志》，尚恒译，见杜小真编选《福柯集》，上海远东出版社 2003 年版。

［35］［英］约翰·弥尔顿著：《论出版自由》，吴之椿译，商务印书馆 1989 年版。

［36］［加］马歇尔·麦克卢汉著：《理解媒介》，何道宽译，商务印书馆 2003 年版。

［37］［加］马歇尔·麦克卢汉、秦格龙著：《麦克卢汉精粹》，何道宽译，南京大学出版社 2000 年版。

［38］［美］迈克尔·埃默里（Michael Emery）、埃德温·埃默里（Edwin Emery）、南希·L. 罗伯茨（Nancy L. Roberts）著：《美

国新闻史：大众传播媒介解释史》，展江译，中国人民大学出版社 2009 年版。

［39］［美］斯坦利·巴兰（Stanley J. Baran）、丹尼斯·戴维斯（Dennis K. Davis）著：《大众传播理论：基础、争鸣与未来》，曹书乐译，清华大学出版社 2004 年版。

［40］［美］尼尔·波兹曼著：《娱乐至死》，章艳译，广西师范大学出版社 2004 年版。

［41］［英］尼克·史蒂文森著：《认识媒介文化：社会理论与大众传播》，王文斌译，商务印书馆 2001 年版。

［42］［法］皮埃尔·布尔迪厄、华康德著：《实践与反思—反思社会学导论》，李康、李猛译，中央编译出版社 1998 年版。

［43］［英］斯图亚特·艾伦著：《新闻文化》，方洁等译，北京大学出版社 2008 年版。

［44］［美］托马斯·库恩著：《科学革命的结构》，金吾伦、胡新和译，北京大学出版社 2003 年版。

［45］［美］托马斯·库恩著：《必要的张力》，范岱年、纪树立等译，北京大学出版社 2004 年版。

［46］［英］特伦斯·霍克斯著：《结构主义和符号学》，瞿铁鹏译，上海译文出版社 1997 年版。

［47］［美］威尔伯·施拉姆、威廉·波特著：《传播学概论》，何道宽译，中国人民大学出版社 2010 年版。

［48］［美］沃尔特·李普曼著：《舆论学》，林珊译，华夏出版社 1989 年版。

［49］［美］弗雷德里克·S. 西伯特、威尔伯·施拉姆、西奥多·彼得斯著：《传媒的四种理论》，戴鑫译，中国人民大学出版社 2008 年版。

［50］［加］哈罗德·亚当斯·英尼斯著：《帝国与传播》，何道宽译，中国人民大学出版社 2003 年版。

［51］［加］哈罗德·亚当斯·英尼斯著：《传播的偏向》，何道宽译，中国人民大学出版社 2003 年版。

[52]［英］约翰·斯托里著:《文化研究与大众文化研究》,常江译,北京大学出版社2007年版。

[53]［美］约翰·费斯克著:《传播研究导论:过程与符号》,许静译,北京大学出版社2008年版。

[54]［美］约翰·费斯克等著:《关键概念:传播与文化研究辞典》(第二版),李彬译,新华出版社2004年版。

[55]［美］约翰·费斯克著:《传播符号学理论》,张锦华等译,远流出版事业股份有限公司2001年版。

[56]［美］约翰·费斯克著:《解大众文化》,王晓珏、宋伟杰译,中央编译出版社2001年版。

[57]［英］约翰·斯道雷著:《文化理论与通俗文化导论》,南京大学出版社2001年版。

[58]［英］约翰·斯图亚特·密尔著:《论自由》,许宝骙译,商务印书馆1959年版。

[59]［美］约书亚·梅罗维茨著:《消失的地域:电子媒介对社会行为的影响》,肖志军译,清华大学出版社2002年版,第118页。

[60]［英］詹姆斯·库兰、美米切尔·古尔维奇著:《大众媒介与社会》,杨击译,华夏出版社2006年版。

[61]［英］詹姆斯·卡伦著:《去西方化媒介研究》,卢家银、崔明伍等译,清华大学出版社2011年版。

[62]［英］詹姆斯·卡伦著:《媒体与权力》,史安斌、董关鹏译,清华大学出版社2006年版。

[63]［美］詹姆斯·W. 凯利著:《作为文化的传播》,丁未译,华夏出版社2005年版。

[64]［美］詹宁斯·布赖恩特(Jennings Bryant)、苏姗·汤普森(Susan Thompson)著:《传媒效果概论》,陆剑南等译,中国传媒大学出版社2006年版。

[65]［日］佐藤卓己著:《现代传媒史》,诸葛蔚东译,北京大学出版社2004年版。

电子文献

[1]《什么叫建构论哲学》，http：//zhidao. baidu. com/question/411903079. html. 2013 年 4 月 5 日。

[2] 何敏：《老人被弃医院子孙不肯露面医生护士设爱心账户》，http：//www. southcn. com/news/community/shzt/lfs/daily/200510310396. htm. 2005 年 10 月 31 日。

[3] 李希光：《恐惧来自何方？关于非典报道的媒体批判》，http：//tech. sina. com. cn/other/2003 - 05 - 30/1355192706. shtml. 2003 年 5 月 30 日/2013 年 4 月 5 日。

[4] 梁宵：《"新闻客观性"演变的二元路径和现实矛盾》，http：//www. studa. net/xinwen/090821/1050321. html，2013 年 4 月 5 日。

[5] 李彦冰：《文化全球化语境下意识形态对新闻专业主义的消解》，http：//www. qnjz. com/xbyk/2005disanqixbyk/200504/t20050422_ 1040917. htm，2006 年 8 月 23 日/2013 年 3 月 1 日。

[6]《权力向新媒体转移》，http：//www. cctv. com/cctvsurvey/special/01/20110706/111106. shtml，2011 年 1 月 6 日/2012 年 11 月 2 日。

[7] 吴飞：《西方新闻传播学研究发展报告》，http：//www. zeview. com/plus/view. php？aid = 270. 2010 年 11 月 29 日/2012 年10月 20 日。

[8] 谢樱、帅才：《中国"80 后"、"90 后"眼中的雷锋》，http：//news. sohu. com/20120220/n335291365. shtml. 2012 - 2 - 20/2013 - 1 - 8。

[9]《人民日报》数据库检索系统，http：//data. people. com. cn，2012 年 10 月 20 日。

英文著作

[1] Antonio Gramsci, Selections from the Prison Notebooks of Antonio Gramsci, edited and translated by Quintin Hoare and Geoffrey Nowell Smith, New York: International Publishers, 1971.

[2] Carl Friedrich and Zbigniew Brezezinski, Totalitarian Dictatorship and Autocracy, New York: Praeger, 1967.

[3] Charles R. Wright, Mass Communication: A Sociological Perspective, New York: Random House, 1975.

[4] David Morley, Television, Audiences & Cultural Studies, London: Routledge, 1992.

[5] David Berry, John Theobald (eds), Radical Mass Media Criticism: A Cultural Genealogy, Montreal: Black Rose Books, 2006.

[6] Daniel Bell, The Cultural Contradictions of Capitalism, New York: Basic Books, Inc. , Publishers, 1978.

[7] Fred S. Siebert, Theodore Peterson, Wilbur Schramm, Four Theories of the Press, Chicago: University of Illinois Press, 1956.

[8] H. T. Gans, The message behind news, Columbia Journalism Review, 1979.

[9] Impact of Mass Media: Current Issues. edited by Ray Eidou Hiebert, Addison Wesley Longman. Inc. , 1999. 10. Jodi R. Cohen, Communication Criticism: Developing Your Critical Powers, California: Sage Publications, 1998.

[10] John HarHey, Uses of Television. Routledge, 1999.

[11] John Vivion, The Media of Mass Communication, Ally&Bacon, 1997.

致　谢

　　难产的书稿终于画上了句号，但感受不到丝毫的轻松，相反，莫名的失落和忧伤却越来越浓重。在一次次的冲动和否定之后，选择了这样一个题目作为研究领域，想将自己多年来对新闻学的学习和思考做个总体上的回顾和反思，可整个写作过程却是一波三折：时而乌云密布，步履维艰；时而阳光破云，神清气爽；山穷水尽时，苦恼得难以入眠；柳暗花明时，兴奋得难以入眠。就在希望与绝望、前行与徘徊之间，走过了这段艰辛的学术之旅。此时，才真正懂得了我的博士生导师雷跃捷先生曾经对我说过的一句话：对学术一定要有敬畏心！对"学术"二字的沉重总算有所体会，这也算是一大收获吧。至少，在接下来的学术探索中，我会变得从容些。

　　感谢我的博士生导师雷跃捷先生。先生给予精神上的鼓励和学术上的点拨，使我有勇气在昏暗的学术隧道中继续前行。先生为人为学的境界和情怀深深影响着我，先生教诲，受益终身！

　　感谢我的夫人张文斐女士，当我处于人生低谷时，扶我随我，以特有的坚韧和聪慧使我不至于放弃学术追求和人生责任，重又回到了正常的事业和生活轨道，谢谢！

　　感谢我刚满一周岁的女儿，看到她甜美的笑，听到她娇嫩的咿呀，我知道，必须要承担责任，做好该做的事，谢谢！

　　感谢我的硕士研究生张喆、李沐霖、王艳蕊、蒋梦捷、秦亮、苏馨、王子珺、赵春凤，他们帮我搜集资料、校对文稿，付出了大量的时间和精力，谢谢！

感谢我在中央民族大学的领导和同事，他们的鼓励和支持给了我极大的帮助。谢谢！

　　此时此刻，惭愧与感激再次涌来，我享受这惭愧与感激。

2013 年 9 月